Die Wahrheit über die Plejaden

Billy Meier

Die Wahrheit über die Plejaden

Billy Meier

SILBERSCHNUR VERLAG

ISBN 978-3-931652-07-4

6. uflage 2022

Cover- und Layoutgestaltung: DTP Graphikdesign HUBER, Boppard

Verlag »Die Silberschnur« GmbH · Steinstraße 1 · D-56593 Güllesheim

Inhaltsverzeichnis

Anmerkungen des Verlages

Billy Meier ist einer der wenigen, die einen intensiven, dauerhaften und direkten Kontakt zu Außerirdischen pflegten. Seine ungewöhnlichen Begegnungen sind häufig überprüft und angegriffen worden, aber nicht zu widerlegen (siehe Anhang Michael Hesemann).

Für unser menschliches Bewußtsein ist es kaum faßbar, daß Zeit- und Raumsprünge, Dematerialisation, Beamen und viele andere Prozesse möglich sind. Wichtig ist, daß wir trotz dieser technischen und vielleicht auch bewußtseinsmäßigen Überlegenheit der Plejadier unsere Kritikfähigkeit nicht verlieren und die Aussagen auch von Außerirdischen in Frage stellen können.

In naher Zukunft werden wir viellleicht kollektiv mit intelligenten und bewußten Wesen, die auf anderen Planeten leben, konfrontiert. Wir sollten wachsam sein, denn auch die Europäer zeigten sich den Indianern überlegen, als sie Amerika entdeckten. Technisch war dieses vielleicht der Fall, aber nicht auf anderen Gebieten.

Dieses Buch ist ein authentischer Erfahrungsbericht, der Verlag identifiziert sich jedoch nicht in allen Bereichen mit der Philosophie der Plejadier oder der F.I.G.U., sondern uns ist es wichtig, dem Leser aufzuzeigen, daß wir nicht die einzigen intelligenten Lebewesen im Universum sind und auf allen Gebieten noch ungeahnte positive Möglichkeiten für die Menschheit auf dem Planeten Erde existieren.

Wir sollten niemals eine außerirdische Zivilisation kopieren, allerdings können wir uns von ihr positive Ratschläge und Impulse geben lassen.

Wir wünschen den Leserinnen und Lesern bei der Lektüre dieses Buches nicht nur neue Erkenntnisse, sondern auch spannende Unterhaltung.

Ihr Verlag »Die Silberschnur«

Vorwort von Michael Hesemann

Wenn Sie dieses Buch gelesen haben, werden Sie nicht wissen, ob es sich um einen spannenden Science-Fiction-Roman oder um eine wahre Geschichte handelt. Vielleicht sollte auch wirklich jeder die »Wahrheit über die Plejaden« selbst ergründen. Aber fest steht: Beim Autor dieses Buches handelt es sich um einen der faszinierendsten Menschen unserer Tage. Für die einen ist er ein Prophet außerirdischer Lebensformen, für andere ein schillernder, kosmischer Abenteurer, für dritte ein genialer Scharlatan. Aber kalt läßt Eduard »Billy« Meier niemanden, der einmal mit ihm in Berührung kam. Und vielleicht ist er etwas von alledem, jedenfalls weit davon entfernt, »durchschnittlich«, »bürgerlich« oder »konventionell« zu sein. Möglicherweise ist das der Grund, weshalb er als einer der ersten Erdenmenschen der Neuzeit in Kontakt mit Außerirdischen kam: Ein interessanteres Studienobjekt hätte man sich kaum aussuchen können. Billys Leben: Das ist der Stoff, aus dem man Abenteuerfilme macht. Nur mit dem Unterschied, daß seine Vita wahr ist - wir haben die wichtigsten Stationen überprüft, Augenzeugen aus dieser Zeit interviewt, Briefe eingesehen, die er von den entlegensten Ecken und Enden der Welt geschrieben hat - er war tatsächlich überall. Wer ihn kennt, den erstaunt er immer wieder durch Anekdoten oder eine Demonstration seiner erstaunlichen Fähigkeiten. Oder besser gesagt: Eigentlich überrascht er niemanden mehr damit, denn bei Billy Meier weiß man, daß alles möglich ist.

»Billy« behauptet, daß er zum ersten Mal im Alter von fünf Jahren Kontakt mit Außerirdischen hatte. Weil er als Schüler eher ein Außenseiter und Querulant war, steckte man ihn in verschiedene Erziehungsanstalten, aus denen er ebenso schnell wieder entkam. Mit 15 verschlug es ihn zur Fremdenlegion, der er bald entfloh, bevor er sich auf »große Wanderschaft« begab und von 1957 bis 1969 durch 42 Staaten Europas, Afrikas und Asiens trampte wo er sich durch eine Unzahl verschiedener Jobs (darunter Schlangenfänger, Medizinmann und Privatdetektiv) seinen Lebensunterhalt verdiente. Immer wieder verbrachte er einige Wochen in verschiedenen geistigen Schulen, so auch im Ashoka-Ashram in Mehraulj, Indien, wo er seine ersten UFO-Fotots aufnahm. Auf einer dieser Reisen durch den Nahen Osten verlor er 1965 bei einem schweren Busunglück in Iskenderum in der Türkei seinen linken Arm. Noch im selben Jahr lernte er in Griechenland seine Frau Kalliope kennen, die er im März 1966 heiratete. Erst dann kehrte er in die Schweiz zurück, wo 1975 wieder seine Kontakte mit Außerirdischen von den Plejaden einsetzten.

In den Jahren 1975 bis 76 lieferte er der UFO-Forschung mehr Beweise für die Realität außerirdischer Besuche als irgendjemand vor ihm: Acht 8 mm-Filme, über tausend Fotos, Tonbandaufnahmen der Sirrgeräusche der fremden Raumschiffe und Metallproben, die nach Ansicht prominenter Metallurgen und Chemiker durch ein auf der Erde unbekanntes Verfahren, »kalte Fusion«, hergestellt worden waren. Eine ganze Reihe renommierter UFO-Eyperten untersuchte den Fall vor Ort und fand keinerlei Hinweise auf einen Schwindel. Im Gegenteil: Einige von Meiers Fotos waren von so ausgezeichneter Qualität, daß eine Fälschung ausgeschlossen werden konnte. Trotzdem - oder gerade deswegen - wurde und wird Meier nach wie vor heftig angegriffen. Das verwundert nicht, denn schon vor ihm wurden die großen Pioniere der Menschheitsgeschichte Opfer jener, die den Status Quo bevorzugten. Man unterstellte Meier, der größte Fälscher in der Geschichte des UFO-Phänomens zu sein, und tatsächlich fand man einige Fotos, die eher dubios erschienen. Das heißt: Der Fall wurde kontaminiert. Von seinen Gegnern, die ihn damit in Miskredit bringen wollten? Von den Außerirdischen, denen die Akzeptanz ihrer Existenz doch ein wenig zu schnell (und damit zu oberflächlich, ohne die notwendige geistige Umorientierung) ging? Oder von Meier selbst, der sich damit eine »Hintertür« offen halten wollte für den Fall, daß ihm und seiner Familie alles zuviel wird? Wir wissen es nicht.

Ich gebe zu, ich war auch zuerst sehr skeptisch. Doch was mich überzeugte, waren gar nicht einmal die Fotos, sondern die zahlreichen Augenzeugen, die Meier hatte: Grundehrliche, bodenständige Menschen, die ungläubig zu ihm gekommen sind und Zeugen des Unglaublichen wurden. Denn 1975/76 war es Meier immer wieder möglich, Zeugen mitzunehmen, wenn er nachts zu seinen Kontakten aufbrach. Rund 50 waren es insgesamt, von über 30 liegen uns schriftliche (und teilweise beeidete) Aussagen vor. Ich interviewte eine Reihe von ihnen persönlich - darunter den österreichischen Schuldirektor Guido Moosbrugger und seine Frau- und bin fest davon überzeugt, daß sie die Wahrheit sagen. Das aber heißt: Billy Meier hatte (und hat möglicherweise immer noch) echte Kontakte. Von denen, die das bezweifeln, hat sich keiner, aber wirklich keiner, die Mühe gemacht, die Zeugen zu interviewen. Wenn das aber der Fall ist, wenn »Billy« tatsächlich regelmäßig mit Wesen einer anderen Welt kommunizierte, dann kann das nur eines bedeuten: Hinhören, was er zu sagen hat! Prüfet alles und das Gute behaltet...

Düsseldorf, 14 Juli 1996 Michael Hesemann

Vorwort von Bernadette Brand

Das vor Ihnen liegende Buch, geschätzte Leserinnen und Leser, eröffnet Ihnen eine Welt und erzählt Ihnen eine Geschichte, die Sie in Form einer Science-Fiction-Story sicherlich als spannend, unterhaltsam und anregend empfinden würden. Das eine oder andere Kapitel, die eine oder andere Passage, wird sicherlich Ihre ungeteilte Zustimmung finden und Ihre Phantasie beflügeln, besonders vielleicht jene Stellen, in denen über hochentwickelte Lebensformen, die mittels ihrer technischen Möglichkeiten, die jenseits unserer wissenschaftlichen Erkenntnisse und weit über unserem Vorstellungsvermögen liegen, die unendlichen Weiten des Alls durcheilen, um ihren Aufgaben nachzukommen. Sicherlich werden Sie nach beendeter Lektüre das Buch beiseite legen und sich gut unterhalten fühlen. Vielleicht werden Sie die eine oder andere Passage wegen ihrer Aussage kritisieren und das Buch trotzdem dem einen oder anderen Bekannten oder Freund weiterempfehlen mit der Bemerkung: »Doch, doch, eigentlich ist es ganz gut gemacht.«

Dieses Buch ist aber keine Science-fiction-Story, weder eine gut gemachte noch eine schlecht ausgedachte, sondern es erzählt die absolut phantastischste Geschichte, die sich das moderne Leben auf unserem Planeten auszudenken vermochte, nämlich die der völlig realen Kontakte des Schweizers ›Billy‹ Eduard Albert Meier zu Außerirdischen. Mit dieser Geschichte, die uns ›normaldenkende‹ Menschen oft an den Rand unserer Vorstellungskraft und unserer Toleranz bringt, wird unsere Fassungskraft vielfach arg strapaziert, und sicher wird der eine oder andere das Buch aus den Händen legen mit dem Gedanken, daß er einem bombastischen Schwindel auf den Leim zu gehen droht. Gerade diese spontane Skepsis aber, dieser unwillkürliche Drang zum Hinterfragen des Gelesenen, der auch zum Widerspruch reizt, entfacht eine natürliche Kontroverse, die unser Denken zu befruchten und gewissermaßen zu befreien vermag, wenn wir uns an der Geschichte entlangtasten und die dargelegten Argumente, Erklärungen und Erlebnisse gewissenhaft überdenken. Der Gewinn aus der neutralen, vorurteilslosen Beschäftigung mit diesem Buch könnte nicht nur der sein, daß wir einen ungewöhnlichen Menschen kennenlernen, der ein ungewöhnliches Leben lebt und deshalb eine unwahrscheinliche Geschichte zu erzählen hat, sondern er könnte vor allem auch darin liegen, daß uns dieses Buch und sein Autor dabei helfen können, in unserem Denken freier und unabhängiger zu werden. Durch die Beschäftigung mit den uns vorgetragenen Fakten können wir bei objektiver Betrachtung sehr viel über die heutige Menschheit und ihr Wesen lernen.

Die Erlebnisse des kleinen Jungen, der in den frühen vierziger Jahren plötzlich die Äußerungen eines erdfremden Menschen in sich wahrnimmt und sich dieser erschreckenden Entdeckung auf eine erstaunlich bodenständige, neutrale und erwachsene Weise stellt, sind ebenso phantastisch real wie die unerwarteten Erlebnisse des Jugendlichen und jungen Mannes. Sie konfrontieren ihn mit ungeheuerlichem Wissen, unbeschreiblichen technischen Entwicklungen und Errungenschaften und schier unglaublichem Geschehen und bringen selbst ihn, den ›Eingeweihten‹, den Freund und Schüler der Außerirdischen, oft an den Rand seines Fassungsvermögens. Mehr als einmal überprüft er die Realität seines Erlebens auf ebenso ursprüngliche und realistische Art und Weise, wie dies schon der kleine Junge tat. Auch die harten Kämpfe des erwachsenen Mannes, der sich nun schon im Herbst seines Lebens bewegt, sind während all dieser Jahre von dieser besonderen Bodenständigkeit gekennzeichnet, von einer besonderen, nüchternen und neutralen Art und Weise, sich dem Leben und spezifisch seinem Erleben zu stellen und es zu bewältigen, wie ungewöhnlich oder wie schwer es auch immer sein mochte und sein mag. Sein Leben lang hat dieser bescheidene Mensch, dieser scheinbar einfache, aber hochintelligente und äußerst gebildete Mann, sich eine ganz besondere Kraft und Gabe erhalten, die wir sonst nur an kleinen Kindern beobachten können, nämlich die Fähigkeit, alles, was ihm begegnet, als genau das anzunehmen, als was es sich ihm präsentiert. Absolut neutral und unvoreingenommen reagiert er in äußerst wacher Nüchternheit auf die Realitäten des Lebens und handelt genau entsprechend den momentanen Gegebenheiten. Gerade diese Realitätsbezogenheit, dieses selbstbewußte und selbstverständliche ›mit den Füßen auf dem Boden Stehen‹ zeigt auf, wie hoch das Bewußtsein und der Geist dieses ungewöhnlichen Menschen in den ›Himmel‹ hinaufreichen. Mit Fug und Recht kann von ihm gesagt werden, daß er ein Mann wie ein Baum ist; eine starke, tief verwurzelte Eiche, deren Krone in andere Welten hineinragt und deren Lied uns eine Geschichte aus unserer noch weit entfernten Zukunft zu singen vermag.

Der Autor dieses Werkes, der auf eine sehr fruchtbare schriftstellerische Arbeit zurückblicken kann, öffnet sich hier dem geneigten Leser in völliger Aufrichtigkeit und läßt ihn tief in sein Menschsein Einblick nehmen. Er breitet seine Gefühle und Empfindungen, seine Bedenken und Gedanken, sein Wollen und Streben vor dem erstaunten Leser aus wie einen reichbestickten Teppich, der für den Kenner und Verständnisvollen zu einer ungewöhnlichen Kostbarkeit wird. In einer rar gewordenen Offenheit und Ehrlichkeit berichtet er nüchtern und schnörkellos, aber niemals simpel, von seinen Erlebnissen; er legt die Beweggründe für sein Handeln dar und erzählt seinen einmaligen Werdegang, ohne auf die Zustimmung von Fachleuten, UFOlogen, Parapsychologen oder Wissenschaftlern zu schielen und ihnen nach dem Munde zu reden. Er versucht beim Erzählen seiner Geschichte auch niemals den Leser zu überzeugen oder ihn auf seine Seite zu ziehen, sondern er schildert einfach, wie alles anfing, wie es sich weiterentwickelte, was letztendlich daraus wurde und welchen Zweck seine Kontakte und die von ihm übernommene Mission haben. Ohne in irgendeiner Form zu beeinflussen, legt er seinen Bericht völlig neutral und immer mit einer angenehmen Distanz dem Leser vor und gibt ihm damit Gelegenheit, sich unbeeinflußt sein eigenes Bild zu machen. Er zeigt und erklärt uns, wie wir unsere Welt morgen und übermorgen erbauen können, wenn wir uns den Gegebenheiten unserer Gegenwart vernünftig, selbstverantwortlich und fortschrittlich stellen.

Die heftig umstrittene und doch unwiderlegbare Tatsache seiner Kontakte, durch die er vom ersten Moment seines öffentlichen Auftretens an die Kontroverse um die Existenz extraterrestrischen menschlichen Lebens richtungweisend und kompetent beeinflußt hat, belegt er mit Hunderten von gestochen scharfen Fotos, mit außerordentlichen Schmalfilm- und

Videodokumenten und mit einmaligen Beweisstücken in Form von Metallproben und Tonaufnahmen usw. Entgegen allen Behauptungen von Neidern, Profiteuren und Verleumdern jeder Couleur verfügte der Autor niemals über die finanziellen Mittel, um seine Beweismittel fälschen zu können. Während der entscheidenden Jahren seiner offiziellen Kontakte lebte er mit seiner Familie am Rande des Existenzminimums, allein angewiesen auf eine läppisch kleine Invalidenrente, die er anfänglich noch durch die mageren Einkünfte als Nachtwächter aufbesserte, bis er aus gesundheitlichen Gründen und aufgrund seiner wachsenden Popularität damit aufhören mußte. Obwohl er in relativ kurzer Zeit zu einer öffentlichen Person avancierte, hatte diese Tatsache für ihn keinerlei positive finanzielle Auswirkungen; im Gegenteil, sein Material wurde von Anfang an hemmungslos und ohne die geringsten Entschädigungen abgekupfert und veröffentlicht, und das wenige, was er mit seinen Veröffentlichungen doch ab und zu verdienen konnte, steckte er in vollem Umfang in den Auf- und Ausbau des Semjase-Silver-Star-Centers, das die Mitglieder seiner inzwischen gegründeten ›Freien Interessengemeinschaft‹ als heruntergekommene Klitsche gemeinsam gekauft hatten.

In all den Jahren, seit er mit seinem überreichlichen, hervorragend fotografierten Material in der weiten Welt zu einer bekannten und umstrittenen Persönlichkeit geworden ist, änderte sich an seinem finanziellen Hintergrund nur recht wenig. Wohl verdiente er hin und wieder etwas an Tantiemen und dadurch, daß er in seltenen Fällen für einige seiner Bilder, die veröffentlicht wurden, eine Entschädigung erhielt, jedoch war das niemals so viel, daß er durch seine Arbeit zu einem reichen Mann geworden wäre.

Den Unvoreingenommenen, den ehrlich Interessierten und den offen denkenden Skeptiker, der eine logische Tatsache als solche zu akzeptieren vermag, auch wenn sie die Möglichkeiten unserer wissenschaftlichen und technischen Errungenschaften bei weitem überflügelt, überzeugt die vorliegende Geschichte gerade durch ihre utopische Realität. Den ewigen Negierern und Zweiflern, die behaupten, daß das reichlich vorhandene Foto- und Diamaterial mit Hilfe von Modellen zustandegekommen oder gefälscht und getürkt worden sei und daß ›hauseigene‹ Fachleute Fotomontagen und aufwendige Retouchen vorgenommen hätten, sei entgegengehalten, daß solche Fälschungen zur Zeit der Aufnahmen einerseits finanziell nicht möglich waren und daß andererseits damals auch die heutigen technischen

Mittel bestenfalls in den ersten Anfängen entwickelt waren. Um ausnahmsweise auf diese Vorhaltungen einzugehen, sei kurz erklärt, daß die Mittel der Reproduktion und der Vorlagenherstellung um die Mitte der 70er Jahre noch nicht so ausgereift und raffiniert waren, wie das heute, rund 20 Jahre später, der Fall ist. Es war zwar durchaus möglich, aufwendige Fotomontagen und Retouchen herzustellen, aber der technische Weg dazu war aufwendig und äußerst kostspielig und niemals so professionell, daß ein aufgeweckter Fachmann den Schwindel nicht hätte bemerken können. In diesem Zusammenhang ist es sehr interessant festzustellen, daß just zu dem Zeitpunkt von den Plejadiern die Bewilligung zum Fotografieren zurückgezogen wurde, als die ersten brauchbaren elektronischen Geräte auf den Markt kamen, die über einigermaßen taugliche Bildbearbeitungs- und Retoucheprogramme verfügten. Heute sind diese Programme soweit entwickelt, daß sie praktisch jeglichen Eingriff an Abbildungen jeder Art unterstützen und der Phantasie bezüglich Bildbearbeitung und Bildkombination kaum mehr Grenzen setzen. Selbst der Fachmann kann heute geschickt ausgeführte Retouchen und Bildmontagen nicht mehr ohne weiteres auf den ersten Blick analysieren – und die dazu notwendigen Programme sind inzwischen derart erschwinglich und einfach in der Handhabung geworden, daß selbst Ungeschulte recht brauchbare Ergebnisse erzielen können. Genau ab der Zeit der ersten elektronischen Bildbearbeitungssysteme wurden nur noch ausnahmsweise ›zufällige‹ Schnappschüsse durch Zeugen aufgenommen, die in der Regel jedoch keine eigentlich definierbaren Schiffe mehr zeigten, sondern nur noch Licht- oder andere Phänomene, die mit der Anwesenheit der Plejadier in Zusammenhang gebracht werden konnten. Billy selbst berührte von dem Moment an seine Fotokamera nicht mehr, in dem die Erlaubnis zum Herstellen von Fotobeweisen zurückgezogen wurde.

Die von ›Billy‹ Eduard Albert Meier im Jahre 1975 gegründete, nichtgewinnbringende ›Freie Interessengemeinschaft für Grenz- und Geisteswissenschaften und UFOlogiestudien‹ dient nicht nur dazu, das von den Plejadiern erhaltene Material und die vom Autor selbst erstellten Schriften zu verbreiten, sondern sie ist gemäß den Vereinsstatuten eine Gemeinschaft von Suchenden, Forschenden und Wissenden im Sinne der geistigen Wahrheit und der geistigen Gesetzmäßigkeiten sowie deren Nutzung und Nutzbarmachung im Rahmen der schöpferisch-naturmäßigen Gesetze und Gebote.

Die ›Freie Interessengemeinschaft‹ besteht aus Menschen aller möglichen Berufsrichtungen und Altersklassen. In der Regel wurden zumindest die Mitglieder der Kerngruppe, des inneren harten Kernes, oftmals Zeugen von ungewöhnlichen Vorgängen, die nicht ohne weiteres mit den üblichen Beweismitteln zu belegen waren. Einerseits wurden von Kerngruppe-Mitgliedern Sichtungen und ab und zu auch Fotos von den Raumschiffen der Plejadier gemacht, andererseits wurden sie vornehmlich in den ersten Jahren in Hinterschmidrüti oft auch Zeugen anderer Geschehen im Zusammenhang mit den Kontakten des Autors. Alle diese Zeugen, die auch heute noch unverbrüchlich zu ihren Aussagen stehen, sind völlig normale, rechtschaffene Menschen und aufrechte Bürger, die ebenso normalen gutbürgerlichen Berufen nachgehen, in denen sie es aufgrund ihres Einsatzes und ihrer persönlichen Integrität nicht selten zu einiger Beliebtheit und zu einem gewissen Ansehen gebracht haben. Alle haben ihr gutes Auskommen und brauchen sich weder in der Öffentlichkeit zu profilieren noch mit ihren Erlebnissen im Zusammenhang mit Billy Meier zu prahlen, um damit ihr Einkommen aufzubessern oder sich in irgendeiner Weise hervorzutun, um so allfällige psychische Mankos auszugleichen. Außerdem sind sie auffallend skeptisch, um nicht zu sagen mißtrauisch, und sie neigen weder dazu, auf jeden Mumpitz hereinzufallen, noch sind sie schwärmerisch oder sektiererisch veranlagt, sondern sie sind eher penetrant nüchtern zu nennen. Die meisten von ihnen sind starke Persönlichkeiten, die sich nicht leicht leiten und führen lassen. In der Regel sind sie nur aufgrund eigener Einsicht und nach eigenem Ermessen bereit, bestimmte selbstgewählte Pflichten im Zusammenhang mit der Mission zu erfüllen. Sie wären für einen Guru wahrlich eine undankbare Gefolgschaft, stets zum Widerspruch bereit, selten ohne penible Fragen und unangenehm autark.

Lassen Sie sich, geehrte Leserinnen und Leser, nun in die Welt des ›Billy‹ Eduard Albert Meier und seiner Kontakte einführen, und ziehen Sie ihre eigenen Schlüsse aus seinen phantastischen Erlebnissen und seinen für unsere Zeit richtungweisenden Worten.

Hinterschmidrüti, den 5. Januar 1996 Bernadette Brand

Einführung

Schon in den fünfziger Jahren befand ich mich unermüdlich auf Wahrheitssuche, indem ich mir sowohl philosophische und naturwissenschaftliche als auch religiöse Schriften zu Gemüte führte. Dennoch erzeugten alle derartigen Bemühungen nicht den Widerhall in mir, der mich hätte sagen lassen: »Heureka – ja, das ist es, wonach ich gesucht habe!«

Weil ich jedoch in meinem Bestreben nicht nachließ, stieß ich eines Tages auf eine Gruppe, die in München regelmäßig UFO-Vorträge veranstaltete. Und da mir für meine Evolution kein Weg zu weit ist, fuhr ich fleißig zu den monatlichen Zusammenkünften.

Eines dieser Treffen brachte schließlich eine bemerkenswerte Änderung und Bereicherung in mein Leben, denn ich wurde zum erstenmal mit Billys einmaligem UFO-Bildmaterial konfrontiert, was mich veranlaßte, den sogenannten Billy Meier-Fall an Ort und Stelle gründlich unter die Lupe zu nehmen. Billy Meier wurde damals schon weltweit angefeindet und von seinen Widersachern als Lügner, Betrüger und Scharlatan beschimpft. Aber gerade dadurch wurde mein Interesse erst recht entfacht und auf Hochtouren gebracht. Auf meinen Wunsch, ihn zu besuchen, reagierte Billy prompt, indem er mich kurzfristig in sein damaliges Domizil nach Hinwil einlud, dessen Adresse ›Wihaldenstraße 10‹ mir noch heute geläufig ist.

Mein erster Besuch bei ihm wurde wider Erwarten mit einer sehr erfreulichen Überraschung belohnt, obwohl ich ihn mit gemischten Gefühlen angetreten hatte. Ich wollte seine Glaubwürdigkeit testen. Bereits nach einem eineinhalbtägigen Aufenthalt konnte ich – dank Billys Hilfe – mein erstes UFO-Erlebnis verbuchen, dem dann Schlag auf Schlag weitere Erlebnisse folgten. So ergab es sich fast wie von selbst, daß sich meine Besuche im Zürcher Oberland zu einer regelmäßigen und für mich unverzichtbaren

Gewohnheit etablierten, wobei mein wachsames Auge für Billys Aktivitäten aller Art keineswegs erlahmte. Meine anfänglichen Zweifel und Bedenken, es könne vielleicht doch nicht alles mit rechten Dingen zugehen, schrumpften schnell auf ein Minimum zusammen. Die allerletzten Zweifel in bezug auf die ufologischen Belange konnte ich jedoch zugegebenermaßen erst im Laufe der Zeit eliminieren. Denn sporadisch traten immer wieder äußerst merkwürdige Vorfälle in Erscheinung, die sich kein Mensch erklären konnte. Eine diesbezügliche Aufklärung ließ oft jahrelang auf sich warten. Sie entpuppten sich meistens als eine Reihe nicht vorhersehbarer Umstände, die letzten Endes dann doch noch klargestellt werden konnten.

Für Wahrheitssuchende hat Billy Meier in der Tat unzählige Meilensteine mit seinen Schriften der Geisteslehre usw. gesetzt, das muß bei dieser Gelegenheit einmal ganz deutlich gesagt werden. Wer sich aber ganz speziell für das Leben Billy Meiers und seine Kontakte mit den Plejadiern interessiert, dem kann ich dieses Buch nur wärmstens empfehlen, denn was wäre wohl naheliegender, als sich direkt aus erster Hand bzw. aus der Feder des Autors informieren zu lassen? Deshalb möchte ich allen Interessenten gratulieren, die sich dazu entschließen konnten, diesem interessanten und aufschlußreichen Werk ihre Aufmerksamkeit zu schenken und ihm einen gebührenden Platz in ihrer Hausbibliothek einzuräumen.

Niederstaufen, am 17.12.1995 — Guido Moosbrugger

1
Wie alles begann: Der Silberblitz

Mein erstes bewußtes UFO-Erlebnis hatte ich im Alter von fünf Jahren. Es fand statt am Dienstag, den 2. Juni 1942. Es war ein strahlender Sommermorgen mit einem azurblauen Himmel, und gerade hatte die Turmuhr der reformierten Kirche im nahen Städtchen die neunte Stunde geschlagen, als ich zusammen mit meinem Vater hinter unser Haus in Niederflachs bei Bülach ging, wo wir neben einem großen Walnußbaum stehenblieben und über die Wiesen zum Städtchen und zum etwas abseits gelegenen Schwimmbad hinüberblickten. Plötzlich fühlte ich etwas in meinen Gedanken, das mir irgendwie vertraut und dennoch unbekannt war: den sanften Drang wie gebannt ostwärts zu blicken, wobei ich nur ungenau wußte warum. Der Drang schien mir dabei nicht nur drängend, sondern gar auffordernd zu sein, beinahe wie ein Befehl, der mich veranlaßte, zum Kirchturm zu blicken und dann auf den weit dahinter hochsteigenden Hügelzug, um dann über dem Osthorizont in der azurenen Bläue des Himmels nach etwas Ausschau zu halten, von dem ich keine Ahnung hatte, was es sein sollte. Alles war mir sehr rätselhaft und doch wiederum vertraut, weshalb ich diesem Drang Folge leistete und angestrengt am herrlich blauen Himmel Ausschau hielt.

Etwa zehn oder fünfzehn Minuten mochten vergangen sein, als mein Blick plötzlich von etwas sehr Eigenartigem gefesselt wurde: In der azurenen Bläue des Himmels und hoch über dem Horizont gab es eine gewaltige grellrote Lichtexplosion, die ebenso schnell wieder verschwand, wie sie erschienen war, und im gleichen Augenblick schoß an derselben Stelle aus dem hellheiteren Himmel in rasender Schnelle ein silberner Blitz hervor und auf den Hügelzug des Eschenmoser-Berges herunter. In geringer Höhe über der Hügelkette änderte er abrupt und in gleichbleibend rasendem Tempo die Richtung und schoß weiter, mit unverminderter Geschwindigkeit, haargenau auf den 75 Meter hohen Kirchturm zu. Es schien, als ob er geradewegs in den Turm hineinrasen würde und es keine Möglichkeit mehr gäbe, diesem auszuweichen. Es wirkte alles unwirklich, und doch war dieser Blitz real, der durch seine ungeheure Geschwindigkeit wie ein gigantischer metallener Pfeil wirkte und nun um einiges tiefer dahinschoß als der Kirchturm hoch war. Kurz vor dem Turm wich der Silberblitz aus und schoß in Kirchendachhöhe rechts daran vorbei und direkt auf unser Haus zu, wobei er rasend schnell wieder an Höhe gewann und praktisch senkrecht in den Himmel schoß, um jedoch gleich wieder niederzustürzen und in horizontalem Flug in etwa 200 Meter Höhe über unser Haus hinwegzusausen, und zwar völlig geräuschlos, mit einem starken Windstoß, der den Walnußbaum in Bewegung versetzte und auch für meinen Vater und mich spürbar war.

Als der Silberblitz bei der Kirche senkrecht in den Himmel schoß und rasend schnell wieder niederfiel und über unser Haus hinwegschoß, wurde erkennbar, daß es sich um eine gigantisch große, runde und sehr flache Metallscheibe handelte, die wie ein riesiger Diskus wirkte und eine Größe von 250 bis 300 Meter hatte (später wurde mir von Außerirdischen erklärt, daß der Durchmesser 280 Meter betrug). So blitzartig, wie die Scheibe hoch über dem Osthorizont aus dem Nichts erschienen war, so blitzartig war sie auch im Westen über dem Höragenwald wieder verschwunden. Mir erschien das Ganze wie ein phantastischer Spuk, der meines Erachtens nur gerade einen Sekundenbruchteil gedauert hatte (wobei ich mich später belehren lassen mußte, daß das ganze Geschehen knappe neuneinhalb Sekunden gedauert hatte).

Als die Scheibe über dem Höragenwald verschwunden war, blickten mein Vater und ich noch lange dorthin, von dem Geschehenen gebannt und in Gedanken vertieft. So mochte etwa eine Minute oder etwas weniger vergangen sein, als uns ein lauter Donnerschlag herumfahren ließ, der berstend hoch über den Eschenmoser-Berg hallte. Und es schien gerade so, als käme er von dort, wo etwa eine Minute zuvor die grellrote Lichtexplosion stattgefunden hatte und wo wie aus dem Nichts der Silberblitz erschienen war, der sich als riesige metallene Scheibe entpuppte. Die Distanz zwischen unserem Standort und dem Lichtexplosionspunkt dürfte 15-20 Kilometer betragen haben. Wie sich herausstellte, hatte auch der beste Freund meines

Vaters, Fritz Seidel, die grellrote Lichtexplosion über dem Eschenmoser-Berg gesehe und anschließend auch den silbernen Blitz. Fritz Seidel stand zur Zeit der Beobachtung jedoch nicht bei uns, sondern hielt sich vor unserem Hause auf, von wo aus er ebenfalls eine gute Sicht zum Eschenmoser-Berg hin hatte, jedoch den Höragenwald nicht einsehen und folglich nicht beobachten konnte, wie die metallene Scheibe am Westhorizont verschwand.

Nach dem Donnerschlag blickten Vater und ich wieder nach Westen, wo das Objekt schon längst verschwunden war. Dabei beobachtete ich, daß mein Vater ratlos dreinschaute und den Kopf schüttelte. Offenbar konnte er das Erlebte nicht richtig erfassen und war äußerst verwundert. Trotzdem fragte ich ihn nach dem Wie, Woher und Warum der so schnell vorbeigeflitzten Riesenscheibe. Auch wunderte ich mich über den schmetternden Donnerschlag und die grellrote Lichtexplosion, zu der mir jedoch mein Vater keine Erklärung geben konnte. Auf die Frage nach der Scheibe aber betrachtete er mich längere Zeit sehr nachdenklich und sagte dann: »Das war wohl die neue Geheimwaffe von Hitler«, und das war für ihn zur damaligen Zeit des Zweiten Weltkrieges die einzig logische Antwort.

Zwar war ich zum Zeitpunkt dieses Erlebnisses gerade mal fünf Jahre und vier Monate alt, doch vermochte ich bereits allerhand von der Realität zu erfassen. Ich möchte sagen, daß ich ein Frühdenker war und bereits damals den Dingen auf den Grund ging. So hörte ich wohl die Antwort meines Vaters, die dann auch von seinem Freund Fritz Seidel vertreten wurde, doch war sie für mich äußerst unbefriedigend und einfach zu phantastisch, wenn ich die mir bekannte irdische Technik betrachtete. Einerseits sah ich oft die sehr schwerfälligen amerikanischen Liberatorbomber über unsere Gegend hinwegfliegen, die hie und da zu ihrem Schutze auch von Jagdmaschinen begleitet wurden und die des öfteren in der Schweiz Bombardements durchführten und viel Schaden anrichteten und Menschenleben forderten, wie z.B. in Zürich, Bern, Oerlikon, Neuhausen und Rheinfelden usw. Auch kamen von Deutschland her ab und zu Stukas in den Schweizer Luftraum hineingeflogen, außerdem manchmal ein Zeppelin, wobei dieser von der Schweizer Luftwaffe mit ihren Abfangjägern ebenso vertrieben oder abgeschossen wurde wie die amerikanischen Bomber, was schon recht früh geschah bereits im Juni 1940 kam es über dem Jura zu schweren Luftkämpfen mit deutschen Kampfflugzeugen. All diese Maschinen aber waren meines Erachtens nicht nur äußerst schwerfällig, sondern primitiv. Diese Tatsache paßte nicht zu der Erklärung meines Vaters und dessen Freund, die beide als einfache Männer dem Alten anhingen und sich keine allzugroßen Gedanken um die Entwicklung der Technik machten. Ich aber interessierte ich mich schon als Fünfjähriger umso mehr dafür, denn bereits damals bastelte ich aus allem Möglichen fahrende und fliegende Maschinen und Flugzeuge, allerdings unter der Mithilfe eines um zehn Jahre älteren Jungen namens Walter Baumann. Das wilde und böse Kriegsgeschrei rundum, das ich im Radio verfolgte und durch das ich auch bereits einigermaßen die schriftdeutsche Sprache erlernte, trug noch speziell zu meinem Interesse bei, obwohl ich mich fürchtete, wenn amerikanische Bomber- und Jagdgeschwader über unser Städtchen hinwegzogen oder die lange anhaltenden Donner der schweren Panzer- und Artilleriegeschütze sowie Bombardements zu hören waren, die über viele Kilometer hinweg bis zu uns herüber klangen.

Die silberne Diskusscheibe, die sehr futuristisch ausgesehen hatte, ließ sich in keiner Weise mit der primitiven und mörderischen Technik des Zweiten Weltkrieges vereinbaren. Obwohl die Scheibe gigantisch war, schien mir diese nichts Bedrohliches auszustrahlen, sondern eher etwas Beruhigendes und Vertrautes, genauso wie das fremd-vertraute Drängen und Rufen in mir war, das ebenso schnell wieder verschwand, wie es kam, als die grellrote Lichtexplosion und dann der Silberblitz am Osthimmel über dem Eschenmoser-Berg sichtbar geworden waren.

Vater und Fritz Seidel, der kurz nach dem Geschehen zu uns neben den Walnußbaum getreten war, verließen den Platz, während ich noch immer am selben Ort stand und westwärts über den Höragenwald hinwegblickte. Bei meinen Überlegungen über das Erlebte prallten aber immer wieder zwei in sehr vielen Dingen verschiedene Welten aufeinander, und die Antwort und Erklärung meines Vaters und seines Freundes ließen sich nicht mit meinem aufgewühlten Innern vereinbaren. Es mußte eine andere und befriedigendere Antwort geben als die meines Vaters, und zwar nicht nur meiner Gedanken wegen, sondern auch darum, weil mir das Objekt immer vertrauter erschien und ich den Gedanken nicht mehr los wurde, daß ich gleiche oder ähnliche Scheiben schon anderswo gesehen hatte, und zwar unter guten und friedlichen Umständen. Und plötzlich hatte ich eine Art

Vision: Ich sah mich in einem mit vielen vertraut wirkenden Apparaturen versehenen Raum in der Unendlichkeit des Weltenraumes, der mir ebenfalls vertraut erschien. Durch große ovale Fenster hindurch sah ich unzählige Sterne und unweit entfernt drei große diskusförmige Scheiben, ähnlich denen, die ich kurz zuvor gesehen hatte. Doch so schnell, wie die Vision erschien, war sie auch wieder verschwunden. Und immer noch stand ich dort und blickte über den Horizont des Höragenwaldes. Ich konnte mich nicht entfernen und war wie gefesselt. Erst Großmutters Hund, ein prächtiger Dürbächler (Berner Sennenhund), der mich anstieß und anbellte, riß mich aus meinen Gedanken.

2
Die »fahrenden Sterne« und das Fremd-Vertraute

Fortan beschäftigte mich mein Erlebnis immer und immer wieder, und meine Gedanken führten mich zu weiteren Visionen und zu der Ahnung, daß ich solche Scheiben des öfteren beobachten könnte, wenn ich nur genau den Himmel in Augenschein nehmen würde. Also begann ich tagsüber den Himmel zu beobachten, und nachts stieg ich aus dem Bett, wenn alles schlief, und guckte aus dem Fenster zum Himmel hoch. Und tatsächlich, immer öfter sah ich bei Nacht hoch am Himmel ›fahrende Sterne‹, teils größere, teils kleinere, die mit großer Geschwindigkeit über das Firmament zogen. Meistens waren sie so groß wie Sterne, manche aber auch größer, wobei einige sogar die Größe des Vollmondes hatten. Satelliten gab es damals noch keine, und Bomber oder Jagdflugzeuge kannte ich zur Genüge. Außerdem waren diese äußerst laut, während die ›fahrenden Sterne‹absolut geräuschlos waren. Auch vermochten die primitiven irdischen Flugzeuge nicht in so enormen Höhen zu fliegen wie die ›fahrenden und oft auch blinkenden Sterne‹, die zudem sehr häufig auch äußerst abrupte Zick-Zack-Flugbahnen hatten und oft wie kleine Sonnen aufleuchteten, wenn ich dies gedanklich wünschte. All das war unmöglich für irgendwelche irdischen Flugzeuge, denn deren Technik war viel zu primitiv.

Noch heute ziehen diese ›fahrenden Sterne‹ wie damals nachts am Firmament vorüber - sehr hoch am Himmel, in 20 bis 40 Kilometer Höhe, und bei sternklarem Wetter. Und es sind auch heute keine Satelliten, obwohl seit meiner Kindheit inzwischen viele davon weit draußen die Erde umkreisen. Satelliten aber haben eine Mindesthöhe von etwa 140 Kilometern, fliegen also nicht in 20 bis 40 Kilometer Höhe, wie eben die ›fliegenden Sterne‹, die heute schlichtweg UFOs genannt werden, wenn sie nicht zu identifizieren sind. Sie können von jedermann mit bloßem Auge gesehen werden, wenn man sich die Mühe der Beobachtung macht, wobei sich dazu am besten die Zeit zwischen 22.00 Uhr und 2.00 Uhr eignet, weil zu dieser Nachtzeit die der Sonne abgewandte Erdseite vollkommen im Schatten liegt und also keine vorbeiziehenden Satelliten in 20 bis 40 Kilometern Höhe aufleuchten könnten, wenn es in dieser Höhe welche geben würde. Meistens sind diese so sichtbaren UFOs, wenn sie hoch am Himmel ihre Kontrollflüge über der Erde durchführen,nicht größer zu sehen als normale Sterne. Dennoch ist es bei gewissen unbemannten Kontrollscheiben bzw. UFOs möglich, diese durch Gedanken zu beeinflussen, so daß sie durch Gedankenkraft gesteuert gewünschte Flugmanöver ausführen oder ihr Licht zum Aufleuchten bringen.

Meine ersten UFO-Sichtungen nach dem ersten großen Ereignis fanden zunächst nur in der Nacht statt, wenn ich vom Fenster aus den Himmel beobachtete oder heimlich aus dem Zimmer schlich, um mich jenseits des Hausgartens ins Gras zu legen und zum Himmel hochzuschauen. Das änderte sich aber schon nach verhältnismäßig kurzer Zeit, denn noch im gleichen Jahr sah ich an einem schönen und warmen Spätsommernachmittag zu meiner riesigen Freude ein kugelförmiges Objekt langsam am azurblauen Himmel dahinziehen und tiefer sinken, bis ich es als richtige Kugel erkennen konnte. In seiner Azurbläue sah der Himmel aus wie weicher Samt, und davor glitzerte die Kugel im Sonnenlicht. Dann plötzlich verschwand sie schlagartig und spurlos, ohne irgendein Geräusch und ohne erkennbaren Grund. Die Kugel war plötzlich einfach verschwunden, und nur ein schwaches, schillerndes Flimmern war für einen kurzen Augenblick zu sehen.

Die Anzahl der Nachtsichtungen von ›fahrenden Sternen‹ blieb sich immer etwa gleich, so daß ich nachts, oft bis weit nach Mitternacht, drei bis fünf von ihnen beobachten konnte, ehe ich müde wurde und dann doch schlafen ging, und zwar ohne daß jemals meine Eltern oder Geschwister meine nächtlichen Eskapaden bemerkt hätten. Beflügelt durch meine nächtlichen Sichtungen, hielt ich natürlich auch tagsüber meine Augen offen und beobachtete den Himmel. Zunächst geschah nichts, was sich mit Beginn des Herbstes änderte, denn fortan häuften sich die Tagsichtungen derart, daß ich bis zum Spätherbst vier größere Objekte über den Himmel hatte ziehen sehen. Zwei davon waren große runde Scheiben, wie ich sie von meiner ersten Sichtung her kannte. Silbern glänzend flogen sie in einigen Kilometern Höhe, nicht schneller als ein gewöhnliches Flugzeug, von Richtung Kloten (Südrichtung) über unsere Gegend hinweg Richtung Deutschland (Norden), verfolgt von drei Abfangjägern der Schweizer Luftwaffe, die ganz offensichtlich versuchten, der beiden metallenen Scheiben habhaft zu werden oder sie zur Landung zu zwingen. Ein Unterfangen, das auf mich ungeheuer lächerlich wirkte, denn je höher die Abfangjäger stiegen, desto mehr zogen auch die beiden Diskusscheiben in die Höhe. Und obwohl die Scheiben um vieles höher flogen als die Abfangjäger, wirkten diese gigantisch gegenüber den kleinen Flugzeugen. Es schien gerade so, als wollten drei Mücken gegen einen Sperling angehen. Der Versuch der Abfangjäger mißlang natürlich, denn erstens flogen die zwei Scheiben um vieles höher als die Militärflugzeuge, und zweitens waren die beiden Objekte weitaus wendiger. Den Menschen, die diese Scheiben flogen – denn um solche mußte es sich handeln, das war für mich absolut klar – schien es Spaß zu machen, die Piloten der Abfangjäger zu narren: Plötzlich schossen die beiden Scheiben rechts- und linkswinklig voneinander weg nach dem Eschenmoser-Berg und dem Höragenwald zu, also nach Osten und nach Westen, um dann abrupt in der Luft stillzustehn, während die drei Flugzeuge weiter geradeaus flogen und dann schwerfällig in langen Kehrtschleifen zurückkehrten, während die beiden Diskusscheiben schnell wieder aufeinander zuflogen und ihre alte Position einnahmen, um dann wieder gemächlich mit Flugzeuggeschwindigkeit in Richtung Kloten davonzufliegen, neuerlich verfolgt von den Abfangjägern. Die Piloten der Flugzeuge schienen keinen Spaß an der Sache zu finden, denn mit einem Male drehten sie ihre Maschinen steil nach oben auf die etwas höher und vor ihnen fliegenden zwei Scheiben zu. Vielfach blitzte es dann in einigem Abstand unter den Scheiben grell auf, gerade so, als ob kleine Blitze explodieren würden. Dann war zwei oder drei Sekunden Ruhe, und wieder blitzte es mehrmals in der gleichen Form auf. Daraufhin war nichts mehr am Himmel zu sehen und zu hören als die drei Abfangjäger, die nun wieder geradeaus flogen und wild umherkurvten, um offenbar die zwei Diskusscheiben zu suchen, die urplötzlich verschwunden waren. Erst im nachhinein ertönte schließlich mit sekundenmäßiger Verzögerung ein vielfaches Knallen, das jedoch abrupt wieder endete, um nach einem Augenblick wieder zu ertönen. Dieses Knallen kannte ich, denn ich hatte es schon mehrfach gehört, wenn Abfangjäger Warnsalven auf amerikanische Liberatorbomber oder auf Jagdmaschinen abgegeben hatten. Mir war plötzlich klar, daß die Flugzeugpiloten mit ihren Bordkanonen auf die beiden Scheiben geschossen hatten, wobei die Geschosse in einem gewissen Abstand unter den Scheiben an irgendeiner Schutzvorrichtung in grellen Blitzen explodiert sein mußten. Das war für mich derart klar, daß es keinerlei Zweifel gab. – Bei der ganzen Geschichte vermag ich mich noch sehr gut daran zu erinnern, daß man außer den Motorengeräuschen der drei Abfangjäger keinerlei andere Geräusche vom Himmel herab hören konnte. Die beiden Diskusscheiben mußten also völlig geräuschlos gewesen sein.

Ein weiteres Objekt konnte ich zwei Tage später beobachten. Es war Sonntagmorgen. Als ich nach der protestantischen Sonntagsschule durch das Erachfeld heimwärts schlenderte, hatte ich plötzlich das Empfinden, mich umdrehen und zum Bruderberg zwischen Bülach und Bachenbülach blicken zu müssen. Also gab ich meiner Empfindung nach, doch konnte ich auf dem Hügelzug oder darüber nichts feststellen, das sehenswert gewesen wäre. Das Empfinden jedoch blieb, und so setzte ich mich in die Wiese, um der Dinge zu harren, die da kommen sollten. Nur zu gut erinnerte ich mich an den fremd-vertrauten Drang, Monate zuvor, als über dem Eschenmoser-Berg die grellrote Lichtexplosion erschien, aus dem der silberne Blitz herausschoß, der sich als Diskusscheibe entpuppte. Also mußte sich auch über dem Bruderberg etwas Ähnliches ergeben. Doch es dauerte und dauerte, und nichts geschah, während die Empfindung aber blieb. Schon fragte ich mich, ob ich mich vielleicht getäuscht haben könnte und wollte aufstehen und weitergehen, als ich direkt über dem höchsten Punkt des Bruderberges unter den schwachen Wolkenfetzen ein Flimmern sah. Plötzlich begann das Flimmern in allen Farben zu schillern, wie ich es einige Zeit zuvor schon einmal gesehen hatte, als ich eine große fliegende Kugel am Himmel beobachten konnte. Also, dachte ich, würde diese Kugel wieder erscheinen, doch darin hatte ich mich getäuscht, denn aus dem schillernden Flimmern heraus bewegte sich langsam etwas, das für mich erst wie ein metallener Balken aussah, der sich dann schnell schräg von hoch über dem Bruderberg auf mich zubewegte. Näherkommend entpuppte sich das Balkenobjekt als ein großes Dreieck, das etwa zweimal so groß war wie ein Abfangjäger. Als es auf meiner Höhe war, blieb es über einer Pappelreihe in der Luft stehen, schwebte langsam tiefer und auf mich zu. In der vorderen Spitze des Dreiecks erkannte ich eine durchsichtige Front und dahinter eine junge Frau, die mir zuwinkte, während sich in mir ein Gefühl der Liebe und Geborgenheit ausbreitete. In mir war plötzlich alles froh und heiter, und alles erschien mir sehr vertraut: Das Dreieckobjekt und die gesamte Situation, in der ich mich befand und auch die junge Frau, doch konnte ich mich einfach nicht daran erinnern, ob ich sie zuvor schon einmal gesehen hatte.

Das Objekt schwebte nun völlig lautlos wenige Meter über dem Boden und sicher nicht weiter entfernt als etwa acht bis zehn Meter (wie ich heute schätze). Plötzlich verspürte ich ein Drängen, auf das Objekt zuzugehen, und erhob mich. Doch weiter kam ich nicht, denn es ertönte hinter einer unweit entfernten Scheune ein schriller Pfiff – und weg war das Dreiecksobjekt. Von einem Augenblick zum anderen war es einfach verschwunden. Im selben Augenblick kam hinter der nahen Feldscheune ein Reiter auf einem schwarzen Pferd hervorgeritten, dem ein kläffender Hund vorauseilte, nach dem der Reiter pfiff. Ganz offensichtlich hatte der Mann das Dreiecksobjekt nicht gesehen, denn ohne mich zu beachten, ritt er weiter, den Feldweg nach Bachenbülach entlang. Ich hingegen verweilte noch eine geraume Zeit am selben Ort und sinnierte über das Erlebte nach, ehe ich dann doch den Heimweg antrat, nachdem das Objekt trotz meines Wartens nicht mehr zurückgekehrt war.

Das vierte Objekt sah ich etwa eine Woche später, und zwar wiederum, als ich mich abseits der Wohngebiete an einem Stauwehr des Glatt-Flusses in der Furt zwischen Niederflachs und Jakobstal aufhielt, wo ich des öfteren alleine hinging, um die über das kleine Wehr stürzenden Wasser zu beobachten, die mich faszinierten.

Es war Nachmittag, als ich am linken Glattufer unterhalb des Wehres saß und versonnen in die quirlenden Wasser blickte, in denen hie und da einige große Fische zu sehen waren. Plötzlich war wieder dieser fremd-vertraute Drang in mir, der mich diesmal aufforderte, nach oben hochzublicken. Gerade als ich das tun wollte, legte sich ein großer Schatten über mich und das Wasser, und dieser Schatten konnte nur von oben kommen. Also sah ich hoch und erblickte eine große metallische Kugel, die in der Höhe der Wipfel der beiden Pappelbäume auf dem Damm zwischen der Glatt und dem Glattkanal schwebte. Plötzlich doch erschrocken über das unerwartete Erscheinen dieser Kugel, sprang ich auf und rannte vom Fluß weg in die Wiese hinein, wo ich bald stehenblieb, als das Fremd-Vertraute in mir sich zu etwas Belustigendem wandelte. Es schien etwas in mir zu lachen, fein, harmonisch und liebevoll. Also wandte ich mich um, und jetzt sah ich, daß die in Baumhöhe schwebende Kugel gar keine solche war, sondern wie eine große Birne aussah und das strahlende Sonnenlicht derart reflektierte, daß Blitzstrahlen von dem Objekt wegzuschießen schienen. Die Reflektion blendete meine Augen, weshalb ich meine flache Hand halb schräg über diese hielt, was offenbar im Objekt beobachtet wurde, denn dieses bewegte sich plötzlich und völlig lautlos seitwärts, und zwar derart, daß ich nicht mehr geblendet wurde. Dann stand es still und blieb in der Luft schweben, so daß ich es gut betrachten konnte. Es schien vollkommen aus Metall zu sein, und irgendwelche Fenster konnte ich nicht entdecken. Alsbald fühlte ich wieder dieses Vertraut-Fremde in mir. Dieses Gefühl veränderte dann langsam seine Form und wurde zu einer Stimme in meinem Kopf, wobei sich mir unerklärliche Bilder abzeichneten, die aus seltsamen Formen und Figuren bestanden, die ich nicht zu entziffern vermochte, die mir aber trotzdem auf eine Art und Weise vertraut waren, daß sie mich beruhigten. Dann, nach und nach, begriff ich den Sinn der seltsamen Bilder, Zeichen, Formen und Figuren und erkannte, daß es sich dabei um eine Sprache handelte, die mir geläufig, jedoch nicht aussprechbar, sondern nur durch Zeichen beziehungsweise Symbole zu verstehen war. Diese forderten mich ebenso wie die fremd-vertraute Stimme intensiv auf, mich um eine Antwort zu bemühen.

Gerade als ich diese Erkenntnis gewonnen hatte, dachte ich voller Schreck daran, daß meine Eltern mich sicher bereits suchen würden, denn ich war daheim einfach weggegangen, ohne Bescheid zu sagen, und seit meinem Weggehen waren sicher schon mehrere Stunden verstrichen. Im metallenen, birnenförmigen Objekt wurde mein Erschrecken ganz offenbar bemerkt, denn nun kamen beruhigende Worte und Bilder, die mir übermittelten, daß ich sofort nach Hause gebracht und zu späterer Zeit wieder gerufen würde, wenn ich mich darauf vorbereitet und um eine Antwort bemüht hätte, wobei ich aber nicht wußte, was diese Antwort sein sollte. Damit verstummte die Stimme in meinem Kopf und auch die Bilder in mir verblaßten. Im nächsten Augenblick verschwamm vor meinen Augen die gesamte Landschaft und ward zur Umgebung hinter unserem Haus, wo ich auf dem plattenbelegten Fußweg stand. Doch wie ich in einem winzigen Augenblick von der Kilometer weit entfernten Furt zu unserem Haus gelangt war, das wußte ich damals noch nicht und konnte es mir auch nicht erklären. Das alles ereignete sich im Spätherbst des Jahres 1942.

Die mir völlig fremde Erscheinung, plötzlich an einem Ort zu verschwinden und an einem anderen Ort wieder aufzutauchte, ängstigte mich, obwohl auch dieses Geschehen etwas Vertrautes hatte. Auch die in mich gedrungene Stimme und die Bilder lösten eine gewisse Ängstlichkeit in mir aus. Diese Angst beruhte jedoch nicht auf der Tatsache, daß dies tatsächlich alles geschah, sondern darauf, daß ich nicht wußte, woher die Stimme und die Bilder in mir kamen und welcher Antwort ich mir bewußt werden sollte. Weder kannte ich damals die Zusammenhänge des Erlebten noch die Zusammenhänge um meine Person und deren Vergangenheit in geistiger Form. So kam ich in meiner damaligen Unkenntnis auf den nächstliegenden Gedanken, daß ich wohl verrückt und irre würde. Das war ein Grund für mich, einen unserer protestantischen Pfarrherren aufzusuchen, den ich schon als kleiner Junge gut kannte. Von ihm, Pfarrer Zimmermann, erhoffte ich Rat und Hilfe. Er war dann auch tatsächlich sehr hilfsbereit, und erstaunlicherweise besaß er umfassende Kenntnisse hinsichtlich der ›fahrenden Sterne‹ und der diskus-, dreieck-, kugel- und birnenförmigen Objekte. Auch war er offenbar über meine eigenen Erlebnisse bestens informiert, obwohl ich ihm zuvor niemals etwas erzählt hatte. Erst war ich darüber erstaunt und zugleich erleichtert, dann jedoch verwundert, als er mir erklärte, daß er schon seit langen Jahren über diese Dinge Bescheid wisse und im Städtchen Bülach als Sonderling von einem Pfarrer gelte, weil er sich mit mystischen Dingen beschäftige. Außerdem, so vertraute er mir unter dem Versprechen der Verschwiegenheit an, hätte er seit mehreren Jahren telepathischen Kontakt zu Menschen außerirdischen Ursprungs, die ihn verpflichtet hätten, dem kleinen Dreikäsehoch Eduard Albert Meier beizustehen, wenn dieser zu ihm kommen und um Rat und Hilfe ersuchen würde. Und daß ich eines Tages tatsächlich zu ihm kommen würde, daran hätte er niemals gezweifelt. Nun sei ich also tatsächlich zu ihm gekommen, wie ihm schon vor Jahren angekündet worden sei, und nun sei es an ihm, mir das Notwendige zu erklären. Also klärte er mich über all das auf, was ich wissen mußte, in bezug auf die in mir sprechende Stimme ebenso wie auch hinsichtlich der in mir in Erscheinung tretenden Bilder in Form von Zeichen und Figuren. Er machte mir klar, daß diese in mir sprechende Stimme ebenso eine Form der Telepathie sei wie auch die in mir in Erscheinung tretenden Zeichen und Figuren. Beides beruhe auf einer Gedankenübertragung, die eine stimmenmäßig, auf materiell-bewußtseinsmäßiger Basis, und die andere bild-, zeichen- und figurenmäßig, in rein immateriell-geistiger Form.

Ich vermag mich noch sehr genau daran zu erinnern, daß Pfarrer Zimmermann mir freundlich lachend meine Angst nahm mit den Worten: »Du brauchst keine Angst zu haben, denn weißt du, was du in dir hörst und siehst, das ist nur Telepathie.« Ich blickte ihn dabei wohl etwas verständnislos und erstaunt an, woraufhin er mir ausführlich erklärte, was ich unter Telepathie im allgemeinen und unter materiell-bewußtseinsmäßiger und immateriell-geistiger Telepathie im besonderen zu verstehen hatte. Außer dieser Erklärung gab er mir noch viele andere, und so erfuhr ich von ihm viele Dinge, die ich damals als knapp Sechsjähriger noch nicht ganz zu verstehen vermochte, jedoch in den folgenden Jahren und teilweise auch noch später vollauf zu verstehen lernte, wobei mir dann auch klar wurde, daß Pfarrer Zimmermann ein Eingeweihter war, der mit Außerirdischen in Kontakt stand und ihr Mittelsmann war. Auf meine Darlegung hin, daß mich die Stimme und die Bilder, Zeichen und Figuren in mir immer aufforderten, eine Antwort zu geben, von der ich nicht wisse, um welche Form von Antwort es sich dabei handle und wie ich sie geben müsse, erklärte er mir folgendes: Ich müsse auf die in mir rufende Stimme und die Symbole in der Art und Weise eine Antwort schaffen, indem ich meine Gedanken stark zu konzentrieren und auf die Stimme auszurichten hätte. Dadurch würden meine Gedanken auf jene Person übertragen, deren wispernde Stimme ich so oft in mir hörte. Dazu sei ich trotz meiner Jugend sehr wohl fähig, denn ich sei mit der Gabe der Telepathie ebenso ausgestattet wie mit verschiedenen anderen Fähigkeiten, wie eben Telekinese, Television, Teleportation und Heilkraft.

3
Der weise alte Mann und die Reise im lautlosen Flugobjekt

Was mir der Pfarrer geraten hatte, tat ich: Sehr intensiv bemühte ich mich fortan, meine Gedanken stark zu konzentrieren und auf die so oft in mir ertönende Stimme auszurichten und sie anzurufen. Desgleichen bemühte ich mich immer öfter und stärker um die anderen Belange, die Fähigkeiten, die mir der Pfarrer nahegelegt hatte. Ich befolgte außerdem seine Anweisungen hinsichtlich einer auszuübenden Meditation, durch die sich meine von Pfarrer Zimmermann erwähnten Fähigkeiten mehr und mehr herauskristallisierten, die ich heimlich immer öfter zur Anwendung brachte. Dann geschah es eines Tages, kurze Zeit nach dem ersten Gespräch mit dem Pfarrer: Plötzlich fühlte und empfand ich, daß meine konzentrierten Gedanken Kontakt fanden. Die erste Reaktion von der anderen Seite war ein leises, feines Lachen, das ich tief in meinem Bewußtsein hörte und empfand – wohltuend und lockernd, beruhigend, und es machte mich froh. Danach erlosch dieser Kontakt abrupt wieder, und ich hörte fortan weder eine Stimme in mir noch sah ich irgendwelche Symbole. Es war nichts mehr, und ich war wieder allein mit meinen Gedanken, so wie früher. Dann, etwa zwei Wochen später, in den letzten Novembertagen 1942, am letzten Sonntag des Monats, da kam wieder die fremd-vertraute Stimme in mein Bewußtsein, und die Symbolbilder traten wieder in Erscheinung. Sie forderten mich auf, in den ›Langenzinggen‹ hinter dem Höragenwald zu gehen, einem recht abgelegenen Ort, einer großen, weiten Wiese, auf der Segelflugzeuge an langen Stahldrahtseilen von Autos hochgezogen wurden. Also machte ich mich auf den Weg, nachdem ich meine Mutter gefragt hatte, ob ich weggehen dürfe, was sie mir erlaubte. Der Tag war sonnig und warm trotz des fortgeschrittenen Jahres. Schnee war noch keiner gefallen, und die Felder, Wiesen und Wege waren trocken. Es dürfte wohl etwa eine Stunde gedauert haben, ehe ich im ›Langenzinggen‹ anlangte. Kein Mensch war zu sehen, dafür jedoch einige Rehe, die auf der weiten Wiesenfläche an diesem Spätnachmittag ästen. Ich beobachtete sie vom Waldrand her, ohne daß sie mich sahen. Plötzlich hoben sie ihre Köpfe und versuchten, etwas zu wittern, um dann wie gehetzt in Richtung eines kleinen Wäldchens davonzujagen, das inmitten der großen Wiesenfläche wie eine Insel aussah. Irgend etwas mußte sie erschreckt haben, doch konnte ich nicht ausmachen, was es war. Ich wollte nachsehen und trat aus dem Wald heraus, ging einige Meter in die Wiese hinein, wobei ich jedoch nichts entdecken konnte, was die Rehe erschreckt hatte. Dabei stellte ich auch fest, daß die Sonne seit meinem Weggehen von zu Hause verschwunden und der Himmel inzwischen mit Wolken bedeckt war. Das war mir bis dahin völlig entgangen. Und wie ich nun so zu dem wolkenverhangenen Himmel emporblickte, da wurde ich eines birnenförmigen metallenen Objektes gewahr, das langsam und völlig lautlos aus den Wolken herabglitt, niedersank und unweit von mir auf dem Boden aufsetzte. Es war etwa so groß wie ein Zwetschgenbaum (ca. 5-6 Meter), schätzte ich, und es waren weder Fenster noch Türen zu sehen – die Metallhülle war völlig glatt. Nur unten, am Boden, waren vier kurze Stützen ausgefahren, die in abgerundeten Tellern endeten, die jedoch eigenartigerweise, obwohl sie auf dem Boden auflagen, diesen kaum zu berühren schienen.

Eigenartigerweise verspürte ich keinerlei Angst in mir und harrte der Dinge, die da kommen sollten. Irgendwie kam mir alles vertraut vor, und zwar nicht nur deshalb, weil ich dieses Fluggerät schon vom Sehen her kannte. Ich sinnierte eine ganze Weile, warum mir dieses Objekt so vertraut erschien, als sich im oberen Drittel etwas zu bewegen begann. Ein etwa mannsgroßes Stück des Metalls begann zu flimmern, schob sich nach außen und zur Seite und machte eine Luke frei, ohne daß Scharniere zu sehen gewesen wären. Die eigenartige Türe bewegte sich völlig frei, ohne irgendeine Verbindung mit den Außenwänden des Objektes. Gleichermaßen schob sich aus der Luke eine Plattform heraus, auf die ein sehr alter Mann heraustrat, der in einen enganliegenden, graufarbenen Overall gekleidet war. Dann fuhr die kleine Plattform schnell herunter, um wenige Zentimeter über dem Boden schweben zu bleiben. So wie die Türe hatte auch die Plattform keinerlei Verbindung zur metallenen Außenhaut des Objektes, und tatsächlich bewegte sie sich schwebend durch die freie Luft. Der alte

Mann lächelte freundlich und gebot mir durch eine Handbewegung, zu ihm zu kommen und auf die Plattform zu steigen, wobei er kein Wort sprach. Ebenso wortlos folgte ich seiner Aufforderung und trat zu ihm auf den eigenartigen Lift, ohne daß ich mich auch nur im geringsten geängstigt hätte. Er strahlte eine derartige Vertrautheit, Harmonie und Liebe aus, wie ich sie von meinem Vater her kannte, der immer nur lieb und gut zu uns Kindern war, selbst dann, wenn er einmal schelten mußte.

Völlig geräuschlos erhob sich die Plattform vom Boden und schwebte zur Luke empor, in die der alte Mann eintrat und mich wiederum wortlos aufforderte, ihm zu folgen. Ins Innere des Luftgefährtes tretend, sah ich mich plötzlich einer verwirrenden Anzahl von Apparaturen und kleinen Fensterchen gegenüber, in denen ich die nähere und weitere Umgebung des ›Langenzinggen‹ und des Höragenwaldes sowie den Himmel sah – kleine Bildschirme, wie mir zu späterer Zeit erklärt wurde. Es waren aber auch drei eigenartig geformte Sessel und viele andere Dinge, die nicht in unsere Welt paßten, wie kleine Fensterchen, in denen sich Linien, Wellen oder Punkte bewegten (Oszillographen usw.). Alles erschien mir so irdisch-fremd, dennoch aber derart vertraut, daß es mich aus mir unerklärlichen Gründen im Halse zu würgen begann und mir Tränen über die Wangen liefen, während mich der alte Mann wortlos betrachtete, liebevoll lächelte, seine rechte Hand auf meine linke Schulter legte und verständnisvoll mit dem Kopf nickte. Dann trat er an die ringförmig im Raum angebrachten Apparaturen und legte seinen rechten Mittelfinger mit leichtem Druck auf einen farbig leuchtenden Punkt. Plötzlich waren die metallenen Wände des Raumes durchsichtig, und ich konnte die gesamte Umgebung, den Wiesenboden und den Himmel sehen. Nun wußte ich plötzlich, warum dieses Luftgefährt keine sichtbaren Fenster hatte. Das schien mir selbstverständlich zu sein, weshalb ich mich auch nicht wunderte; alles schien klar und verständlich, ja selbstverständlich zu sein, daß ich keinerlei Bedürfnis empfand, auch nur eine einzige Frage zu stellen. Ich wunderte mich nur darüber, warum und woher ich plötzlich das Verständnis dafür hatte und warum die Stimme in mir nicht mehr zu hören war, seit das birnenförmige Flugobjekt aus den Wolken aufgetaucht war. So in Gedanken versunken, sah ich plötzlich, daß sich das Objekt nach oben bewegte. Es war weder ein Abheben vom Boden spürbar noch ein Geräusch hörbar. Nur im Vergleich zur Außenwelt merkte ich, daß das Luftgefährt langsam in die Höhe schwebte, höher und immer höher, bis ich in einiger Entfernung unser Städtchen überblicken konnte. Dann sank das Fluggerät wieder nieder und setzte sanft auf dem Boden auf, nicht mehr im ›Langenzinggen‹, sondern jenseits des Höragenwaldes am Waldrand, von wo aus ich in kurzer Zeit daheim sein konnte. Noch immer wortlos gebot mir der alte Mann mit einer Handgeste auszusteigen, um mich dann ernsthaft lächelnd anzuschauen und mir abermals seine rechte Hand auf die linke Schulter zu legen. Ich trat durch die wieder geöffnete Luke auf die bereits draußen schwebende Plattform hinaus, worauf diese sich absenkte. Kurz darauf betrat ich den Boden und machte ein paar Schritte zurück, während die Plattform wieder hochschwebte und in der Luke verschwand, worauf sich diese schloß. Wie ein Traumwandler trat ich immer weiter vom Fluggerät zurück, rückwärts und auf das Objekt blickend, und als ich etwa zwölf oder fünfzehn Schritte getan hatte, erhob sich das Objekt und entfernte sich, senkrecht in den Himmel schießend, mit rasender Geschwindigkeit, und zwar so schnell, daß ich nun doch staunte und noch eine ganze Weile hinterherblickte, als es schon lange in den Wolken verschwunden war.

Tief in Gedanken versunken, machte ich mich auf den Heimweg und überlegte, ob ich von diesem Erlebnis jemandem erzählen sollte. Ich entschloß mich dann jedoch zu schweigen und selbst Pfarrer Zimmermann nichts davon zu berichten, weil ich vermutete, daß er sowieso Bescheid wußte. Das absolut wortlose Erlebnis mit dem alten Mann in seinem Raumschiff, denn um ein solches handelte es sich, wie ich aus mir noch unergründlicher Quelle erkannt hatte, öffnete mir die Gedankenwelt in ungeahnter Weise. So wurde ich durch die Konzentrationsmeditation fähig, Informationen zu erlangen, die mir hier auf der Erde verschlossen blieben.

4
Die Geheimnisse des Dorfpfarrers

Während der Zeit vom November 1942 bis zum 3.2.1944 folgten nur einfache Beobachtungen von ›fahrenden Sternen‹ wenn ich nachts danach Ausschau hielt. In meinem Innern erschienen auch keine Bilder, Zeichen, Figuren und Symbole mehr, und auch die Stimme, die mehr als ein Wispern bezeichnet werden mußte und immer nur im Zusammenhang mit den Symbolen zu hören war, erklang nicht mehr. Irgendwie hatte ich mich bereits daran gewöhnt und vermißte es. Ich wußte aber nicht, daß sich die Stimme auch ohne die Symbole manifestieren konnte. Durch die Ausführungen des Pfarrers wußte ich zwar, daß es verschiedene Telepathieformen gab, eine geistige und eine materiell-bewußtseinsmäßige, doch wußte ich nicht, daß die materiell-bewußtseinsmäßige Form derart war, daß nur die wispernde Stimme hörbar wurde ohne das Erscheinen der Symbolbilder. Aus dieser Unkenntnis heraus erschrak ich neuerlich, als an meinem Geburtstag, am 3. Februar 1944, sich in meinem Bewußtsein wieder eine wispernde Stimme meldete, dieses Mal ohne die Beigabe von Symbolbildern. Die Stimme klang auch ganz anders als früher, sie war eindeutig klarer und verständlicher und forderte mich auf, fortan noch mehr und strenger zu lernen, als ich dies bis dahin getan hatte. Die Stimme erklärte mir auch, daß mir fortan auf diesem Wege der Gedankenübertragung viel Wissen übermittelt werde, das ich sammeln und verarbeiten solle.

Ich traute dieser Stimme nicht ganz und ängstigte mich, was dazu führte, daß ich mich wieder Pfarrer Zimmermann anvertraute und ihm alles erzählte, auch mein Erlebnis vom November 1942, als mich der sehr alte Mann in sein Raumschiff einlud und mit mir einen kurzen Flug über den Höragenwald unternahm, ohne daß zwischen uns ein einziges Wort gesprochen worden wäre.

Der Pfarrer lauschte geduldig und aufmerksam meiner Geschichte und meinen Erklärungen, als ich ihm restlos alles bis in die kleinste Einzelheit erzählte. Sanft lächelte der weise Mann, sprach beruhigend auf mich ein und legte mir nahe, meine Angst abzubauen, denn dazu bestünde keine Veranlassung. Außerdem sei er bestens über alles informiert, und meine Erzählung entspreche genau dem, was er selbst wisse, und das zeuge für ihn davon, daß ich wirklich ehrlich sei und alles so wiedergebe, wie ich es erlebt und aufgenommen habe. Diese Ehrlichkeit sei auch eine äußerst wichtige Voraussetzung für meine spätere Aufgabe, die bedinge, daß ich ehrlich und ohne Veränderungen Botschaften an die Menschen der Erde zu übermitteln und kundzutun hätte. Es liege an mir, diese Ehrlichkeit für mein gesamtes Leben beizubehalten und niemals davon abzuweichen, und zwar auch dann nicht, wenn viele Menschen mich mißhandeln und der Lüge beschuldigen würden. Mein Leben werde deshalb nicht leicht sein, und ich müsse vielerlei Anfeindungen bis an mein Lebensende über mich ergehen lassen. Leider könne er mir dabei und auch in anderen Dingen, die mein zukünftiges Leben beträfen, nicht helfen. Ich müsse alles durch eigene Kraft und Initiative bewältigen, was nur gelänge, wenn ich meine Selbstverantwortung erkennen und gemäß dieser auch leben, denken und handeln würde. Er selbst könne für mich nur gerade soviel tun, daß er mir ausgiebig vielerlei Wissen vermittelte und mich in gewissen Dingen unterrichte. Dies aber könne er nicht offiziell tun, sondern nur heimlich, weshalb ich auch über alles absolutes Stillschweigen bewahren müsse. Besonders müsse ich über seine Hilfeleistung schweigen, weil sich das Ganze nicht mit seinem Beruf vereinbaren lasse. Er sei zwar Pfarrer von Beruf, doch sein eigentliches Interesse gelte der Mystik und all dem, was mit der Schöpfung zu tun habe. Für ihn sei die Schöpfung jene Wesenheit, die eigentlich Gott genannt werden müsse, die aber mit dem biblischen Gott nichts gemein habe, weil dieser nur ein Außerirdischer gewesen sei, der sich als Schöpfer bei den Erdenmenschen breitgemacht habe. Das seinen Kirchgängern klarzumachen, sei in keiner Weise seine Aufgabe, denn diese falle mir einmal zu, wenn ich erwachsen geworden sei. Er sei wohl einer der beiden protestantischen Pfarrherren der Gemeinde Bülach, doch übe er dieses Amt nicht aus Überzeugung aus, sondern darum, weil er in seiner Jugend durch eine Inspiration zu diesem Beruf geführt worden sei, der von ihm fordere, daß er in seine Predigten die wirkliche Wahrheit um die Schöpfung und deren Gesetze und Gebote einflechte, um die Menschen langsam über die wirkliche Wahrheit aufzuklären. Dies aber habe so zu erfolgen, daß dies von den Gläubigen nicht erkannt werde, denn die Menschen in meinem Heimatort seien ganz besonders gottgläubig, folglich sei seine Aufgabe ein sehr schweres Unterfangen. Leider hätten sein Denken und Handeln trotz all seiner Vorsicht dazu geführt, daß er als Mystiker bezeichnet werde, was seine Aufgabe erheblich erschwere. Nicht zuletzt aber sei er in Bülach in seinem Amt, weil er schon vor Jahrzehnten ebenfalls zu einem Kontakt mit einem Menschen von einer fremden Welt geführt worden sei, der ihm angekündigt habe, daß ich in Erscheinung treten würde. Dieser habe ihm auferlegt, mir bestmöglich behilflich zu sein und mir mit Rat und Tat zur Seite zu stehen, wenn er sich entschließen könne, diese Aufgabe zu übernehmen. Das habe er natürlich gern getan, und deshalb hätten wir zwei uns eben gefunden – das sei so bestimmt gewesen.

Die Worte des Pfarrers verstand ich damals noch nicht und vermochte teilweise auch nicht deren tieferen Sinn zu erfassen. Einiges begriff ich sofort, anderes erst viele Jahre später, als ich weitere Zusammenhänge erfuhr und Pfarrer Zimmermann schon beinahe vergessen hatte. Schon damals, als ich noch ein kleiner Junge war, existierte er eigentlich nicht als protestantischer Pfarrer für mich, obwohl er mich damals und auch später in der Schulzeit in der evangelisch-protestantischen Religion unterrichtete, weil dies für mein Wissen notwendig war. Er war mir eher ein weiser väterlicher Freund, der für mich nichts Pfarrherrhaftes an sich hatte und der wahrheitlich ein Freidenker war.

Pfarrer Zimmermann wußte mir damals eines ganz klar und deutlich zu vermitteln: nämlich daß die sich in meinem Bewußtsein neu manifestierende Stimme nichts mit Verrücktsein und auch nichts mit keimendem Wahnsinn zu tun hatte. Er machte mir klar, daß dies nur eine andere Form von Telepathie sei, eben eine rein materiell-bewußtseinsmäßige, und auch diese Stimme nur die Gedankenstimme eines anderen Menschen, der normalerweise irgendwo sehr weit draußen im Universum in einer fremden Welt lebte, aber zur Zeit in einem Raumschiff um die Erde kreiste. Das Erklingen der Stimme in meinem Bewußtsein, so wiederholte er, sei also ebenfalls eine telepathische Kommunikation, wie der Telepathievorgang im Jahre 1942. Diese jetzt in Erscheinung tretende Telepathieform funktioniere theoretisch genauso über unbegrenzte Distanzen hinweg und kenne kei-nerlei Hindernisse, außer einer geistigen Blockade. Dies sei jedoch wirklich nur theoretisch so, denn in Wahrheit sei diese Telepathieform räumlich begrenzt und nur anwendbar innerhalb von neunhunderttausend Kilometern, weil sich die Schwingungen dieser Telepathieform mit Lichtgeschwindigkeit ausstrahlten und in drei Sekunden erschöpften. Man sage also nur, daß die Reichweite unbegrenzt sei, weil der Begriff von rund einer Million Kilometern für uns Menschen soviel wie unbegrenzt bedeute. Tatsächlich sei aber eben eine Begrenzung gegeben, und zwar im Gegensatz zur Geisttelepathie, die effektiv keinerlei Entfernungsgrenzen kenne und mit einer Geschwindigkeit von 10^{7000}facher Lichtgeschwindigkeit arbeite.

5
Die Telepathiekontakte mit Sfath

Die Telepathiekontakte mit einer fremden und doch wiederum mir seltsam vertrauten menschlichen Lebensform mehrten sich. Dabei fanden beide Telepathieformen wechselweise Anwendung, so daß ich beide immer besser erlernte. Dann, es mochten zwei oder drei Monate vergangen sein, kurz nachdem ich in das erste Schuljahr gekommen war, wurde ich von meiner wispernden Telepathiestimme darüber aufgeklärt, daß sie beziehungsweise der Mensch, dem sie gehörte, sich SFATH nannte. Es sei ein sehr alter Mann von annähernd 1100 Jahren, der viele Lichtjahre von der Erde entfernt in einem fremden Sonnensystem beheimatet gewesen war, sich jedoch schon seit vielen Jahren auf oder rund um die Erde aufhielt, nur zu dem Zwecke, mich zu beobachten und mir beizustehen, wo immer es notwendig war. Und dieser alte Mann begann mich nun telepathisch zu schulen und zu unterrichten, wodurch ich in ungeheure, mir gigantisch erscheinende Dinge eingeweiht wurde, die mir oft genug geradezu verrückt vorkamen, die ich jedoch mit der Zeit nachzuvollziehen und zu verstehen vermochte. Dabei lernte ich frühere Reinkarnationen meiner Geistform kennen und fand den Weg, mir das Wissen aus früheren Leben wieder zu eigen zu machen. Hervorstechend war dabei besonders das Wissen um die geistigen und schöpferischen Belange in jeder Beziehung, so daß ich die schöpferisch-natürlichen Gesetze und Gebote wieder erkannte und verstand und daraus resultierend die gesamte umfangreiche Lehre des Geistes.

Es war im Jahre 1944, als mit mir wieder telepathischer Kontakt aufgenommen wurde und ich durch Pfarrer Zimmermanns Erklärungen erfuhr, daß die Telepathiegedanken von einem Menschen außerirdischer Herkunft kamen, worauf ich mich positiv zu diesem Telepathiekontakt stellte. Noch wußte ich dabei allerdings nicht, daß auch der erste Telepathiekontakt zwei Jahre zuvor auf dieselbe Quelle zurückzuführen war und daß der alte Mann, der mich in seinem birnenförmigen Fluggerät mitgenommen hatte, derselbe war, der mich neuerlich telepathisch ansprach. Ähnlich wie der Pfarrer informierte er mich nun darüber, daß ich auf eine sehr große und äußerst wichtige Aufgabe vorbereitet würde, weil dies meine Bestimmung sei, die ich durch viele Reinkarnationen hindurch erfüllt habe. Nun liege es in diesem meinem gegenwärtigen Leben an mir, mich zu entscheiden. Sfath, so nannte er sich, erklärte, daß er bereits seit einigen Jahren auf der Erde anwesend sei, um mich zu beobachten, und zwar bereits vor meiner Geburt. Und daß dem tatsächlich so sei, könne ich daraus ersehen, daß ich noch am Leben sei. Es habe sich nämlich am 3. August 1937, also in meinem sechsten Lebensmonat, zugetragen, daß ich an einer äußerst schweren Lungenentzündung erkrankt sei und auf dem Totenbett gelegen hätte, wobei es keine Hoffnung mehr gegeben habe, daß ich den Mittwochmorgen, den 4. August, noch erleben würde. Nachts um 23.00 Uhr, als der Hausarzt Dr. Strebel erschienen sei, habe ich bereits in Agonie gelegen, und man habe meine Eltern darauf vorbereitet, daß ich den Morgen nicht mehr erleben, sondern schon bald nach Mitternacht sterben würde. Bereits im Koma liegend und im Begriff, das irdische Leben zu verlassen, habe dann aber er, Sfath, eingegriffen und mich dem Leben zurückgegeben.

Natürlich wollte ich genau wissen, was sich denn tatsächlich zugetragen hatte, und so fragte ich meine Mutter nach den Geschehnissen meiner Säuglingszeit. Ich wollte dabei der Behauptung Sfaths auf den Grund gehen und sehen, ob er die Wahrheit sprach. Zwar vertraute ich ihm, doch die Dinge einmal zu prüfen, konnte sicher nicht falsch sein. Erstaunt und zugleich befriedigt, daß Sfath tatsächlich die Wahrheit gesprochen hatte, bestätigte meine Mutter alle Angaben und erklärte, daß damals ein Wunder geschehen sein müsse, das habe auch der Arzt gesagt, denn es hätte wirklich keinerlei Hoffnung mehr gegeben für mein junges Leben. Selbst der Arzt habe gesagt, daß es ihm völlig unerklärlich sei, daß ich noch lebte; tatsächlich könne nur ein Wunder stattgefunden haben, denn nach seinem ärztlichen Befund in der Nacht zuvor hätte ich spätestens am folgenden Morgen tot sein müssen. Statt dessen jedoch sei ich ver-

hältnismäßig munter gewesen und in erstaunlich kurzer Zeit vollständig genesen.
Sfath erklärte mir noch viele andere Dinge, belehrte mich unaufhaltsam, gab mir Daten und vertraute mir Geheimnisse an, über die ich Zeit meines Lebens Schweigen bewahren muß.

6
Der Flug ins Weltall mit dem gläsernen UFO

Es wurde Hochsommer 1944 und wieder einmal war ich einsam und allein unterwegs im ›Langenzinggen‹ jenseits des Höragenwaldes, denn es zog mich immer wieder dorthin. Ich war auch einmal als erster da, als ein von der Schweizer Flab abgeschossener Liberatorbomber dort notlandete und die Piloten in den Wald flüchteten, weil sie dachten; auf deutschem Gebiet zu sein, wie man mir später erklärte. Wie üblich war ich gedankenversunken und streifte ziellos über die Wiese. Als ich so dahinging, meldete sich plötzlich Sfath in seiner mir so sehr vertraut gewordenen telepathischen Form und erklärte, daß ich einige Minuten warten und nicht erschrecken solle. Erfreut wartete ich und harrte der Dinge, die da kommen sollten. Und tatsächlich dauerte es nicht lange, nur wenige Minuten, als plötzlich hinter mir hoch oben ein eigenartiges Geräusch ertönte, das ich später als Sirren definierte. Dann, als ich mich schnell umdrehte und die Quelle des Geräusches suchte, sah ich ein silbernes Objekt vom Himmel stürzen, das jedoch plötzlich seine Geschwindigkeit abbremste und langsam niederschwebte. Es war für mich ein immer noch recht komisch anmutendes Gebilde aus Metall, mir jedoch bereits recht vertraut und nicht größer als ein Zwetschgenbaum. Es war dasselbe Objekt, das ich schon mehrmals hatte beobachten können und in dem ich auch bereits einmal hoch über den Höragenwald hinauf zu einem Flug mitgenommen worden war. Unweit von mir setzte das birnenförmige Fluggerät auf der Wiese auf, während ich interessiert und zugleich fasziniert alles beobachtete, obwohl ich dasselbe schon einmal erlebt hatte. Und wieder konnte ich sehen, wie es im oberen Drittel des Objektes zu flimmern begann und sich dann eine Tür heraus und zur Seite schob, ohne daß sie in Angeln gehangen hätte. Und wie beim erstenmal schob sich eine kleine Plattform aus der entstandenen Luke heraus, auf die eine Gestalt trat, woraufhin die Plattform zur

Erde schwebte. Etwas vom Sonnenlicht geblendet, vermochte ich die Gestalt nicht genau zu erkennen, was sich jedoch änderte, als diese etwas seitwärts auf mich zutrat. Zuerst sah ich nur den recht komischen Anzug, der wie ein enganliegender Overall und zugleich wie ein Tiefseetaucheranzug wirkte, mit einem großen metallenen Kranz in Halshöhe, an dem ganz offensichtlich ein Helm festgemacht werden konnte, der jetzt jedoch fehlte. Es war scheinbar der gleiche silbrige Anzug, den ich schon 1942 bei dem alten Mann gesehen hatte, der mich zu einem kurzen Flug in sein Raumschiff eingeladen hatte. Auch jetzt war es ein sehr alter Mann, der auf mich zukam – und als ich vom Sonnenlicht nicht mehr geblendet wurde, erkannte ich ihn. Es war derselbe alte Mann, den ich schon früher gesehen und der mich über den Höragenwald geflogen hatte. Nun kam er langsam auf mich zu, und trotz seines eigenartigen silbrigen Anzuges erschien mir sein gesamtes Aussehen sehr ehrwürdig und weise, und ich weiß noch sehr genau, daß er mir wie ein altehrwürdiger Patriarch erschien.

Etwas schwerfällig, so schien mir, kam er auf mich zu, trat vor mich hin, legte seine rechte Hand auf meine linke Schulter, und sprach mich an – in meiner Muttersprache und in dem unserem Städtchen eigenen Dialekt. Ganz offenbar schien der Mann aber damit nicht ganz vertraut zu sein, denn verschiedene Silben sprach er unkorrekt aus, und auch der Akzent war etwas fremdartig. Das fiel mir sofort auf, als er sagte, daß er Sfath wäre, daß er mir sehr viel zu erklären habe, daß er von sehr weit im Universum herkomme und daß ich mit ihm in sein Raumschiff kommen solle. Also folgte ich ihm, auch wenn mir schien, als ob in mir ein leiser Zwang wäre, der mich handeln ließ, wobei dieser Zwang jedoch nicht von außen in mich zu dringen schien, sondern ein Produkt meiner eigenen Neugierde und eines Verlangens war, mehr in Erfahrung bringen zu wollen. Sfath manipulierte an seinem Gürtel herum, an dem verschiedene kleine Geräte angebracht waren, und plötzlich wurde ich emporgehoben und in der Luke abgesetzt, ohne daß ich auf die Plattform getreten wäre und diese benutzt hätte. Ich schwebte einfach frei durch die Luft und in die Öffnung, während Sfath nun gemächlich auf der Plattform stehend hochgeschwebt und ebenfalls in die Luke kam, völlig geräuschlos, wie ich das bereits von früher her kannte. Selbständig glitt die Plattform herein und ebenso selbständig schob sich die Türe von der Seite heran und verschloß die Luke, ohne daß Sfath irgendetwas an seinem Gürtel oder im Raumschiffsinnern betätigte. Dann gebot er mir, durch eine andere Öffnung im Schiffsinnern zu treten, die in einen kleinen Raum mündete, in dem drei eigenartige halbrunde Pulte voller Apparaturen, Sichtschirme, Schalttasten und Geräte rund um die Wände angebracht waren. Es war alles genauso, wie ich es vom ersten Mal her kannte. Da waren auch die verschiedenen kleinen Fensterchen, die Bildschirme, auf denen sich eigenartige Figuren bewegten oder auf denen gar die ganze Landschaft ringsumher außerhalb des Raumschiffes zu sehen war.

Sfath forderte mich auf, in einem der Sitze Platz zu nehmen, was ich wortlos tat. Das Material des Sitzes war weich und kühl und paßte sich meinem Körper an. Und wie schon bei meinem ersten Besuch im Raumschiff bemerkte ich, daß weder meiner noch die beiden anderen Sitze Beine oder Stützen hatten oder auf dem Boden festgemacht waren. Es waren bequeme Sitzschalen, die in Sitzhöhe über dem Metallboden schwebten. Geräuschlos schwebte Sfaths Sitz mit ihm an das Apparaturenpult, wo er sich an verschiedenen Dingen zu schaffen machte, wobei ich jedoch nicht verstand, was er tat. In den verschiedenen kleinen leuchtenden Fensterchen sah ich, wie sich in einigen die Figuren und in anderen die Landschaftsbilder veränderten, so daß ich die Landschaft plötzlich aus der Vogelperspektive sah. Fragend richtete ich meinen Blick auf Sfath, der sich mir zuwandte und mit seinem Sitz zu mir herangeschwebt kam. Er erklärte, die kleinen Fensterchen seien Sichtschirme beziehungsweise Bildschirme. Die einen wären Kontrollgeräte für die Apparaturen, Maschinen und Geräte des Raumschiffes selbst, während die andern bildlich die nähere und weitere Umgebung außerhalb des Schiffes zeigen würden. In der Außenhülle seien Objektive eingelassen, die wie eine Kamera Bilder aufnehmen würden, um diese dann durch Schwingungen drahtlos auf die Bildschirme zu übertragen, wo sie sichtbar würden, wie ich sehen könne. Auf der Erde würden auch bereits von Wissenschaftlern Forschungen betrieben und Versuche unternommen, um solche Apparaturen und Geräte herzustellen, so daß in naher Zukunft solche Dinge auch bei den Erdenmenschen üblich und zum täglichen Gebrauch gehören würden. Das Ganze würde dann Television beziehungsweise Fernsehen genannt. Diese Television beruhe auf einer drahtlosen Bildübertragung durch gewisse Energien, die sich die Menschen der Erde bereits nutzbar machen könnten, was jedoch gegenwärtig noch nicht publik gemacht würde, da auch militärische Machenschaften und Geheimnisse damit verbunden wären.

Während Sfath mit mir sprach, sah ich auf den Bildschirmen, daß wir höher und höher stiegen, wobei ich immer weiter über das Land unter uns blicken konnte. Den Langenzinggen und den Höragenwald sowie das Städtchen Bülach sah ich nur noch wie kleine Flecken auf den Bildschirmen, ohne sonst noch etwas zu erkennen. Sfath beobachtete mich und lachte leise, um dann kurz zum Apparaturenpult hinüber zu schweben und einen Finger auf eine kleine leuchtende Fläche zu legen. Schlagartig verschwanden rundum die Wände, genauso wie ich es schon bei meinem ersten Flug beobachtet hatte. Die Wände wurden durchsichtig wie Glas, und ich konnte weit über die Erde blicken. Die Sonne stand hoch am Himmel, doch blendete sie mich nicht, als ich zu ihr emporblickte. Die durchsichtigen Wände brachen das Blenden des Sonnenlichtes, wie mir Sfath erklärte, und so konnte ich ungehindert umherblicken. Tief unter dem Schiff erkannte ich die Landschaft, das Städtchen Bülach sowie Kloten, Glattfelden, Eglisau, Embrach, Eschenmosen, Höri, Bachenbülach und Niederglatt. Und je höher das Raumschiff stieg, desto mehr und weiter sah ich: Die Glatt schlängelte sich durch die Landschaft, und auch den Rhein sah ich; ferner den Niederhaslisee, den Zürichsee, Greifensee und Pfäffikersee und dann gar den Bodensee, den Vierwaldstättersee, den Zugersee, Genfersee, Neuenburgersee und viele kleine Seen - dazwischen hohe Berge mit ewigem Eis und Schnee, und dann sah ich tatsächlich weit im Norden, Westen und Süden große schimmernde Flächen, die nichts anderes als die Nordsee, der Atlantik und das Mittelmeer waren. Sogar die Sahara konnte ich erblicken und viele andere Gebiete. Natürlich kannte ich viele dieser Seen, Meere, Wüsten und Landschaften nicht, doch Sfath erklärte mir alles minutiös und wurde nicht müde, mir auch Besonderheiten zu zeigen. Aus einer Höhe von rund 260 Kilometern, wie er mir sagte. Für mich war dies alles eine Welt des Phantastischen, an der ich mich nicht sattsehen konnte. Die Eindrücke berührten mich tief und brachten mein Inneres in Aufruhr, wobei ich nicht bemerkte, wie schnell die Zeit verstrich. Erst Sfath machte mich darauf aufmerksam, als er sagte, daß ich schon seit rund einer Stunde bei ihm sei und daß wir uns nun einer bestimmten Aufgabe zuwenden müßten. Es sei bereits Mittagszeit, und sicher sei ich auch hungrig. Eine Tatsache, die ich bejahte. Er betätigte am Apparaturenpult einige kleine Drucktasten, woraufhin sich vor mir plötzlich eine kleine Plattform aus dem Instrumentenpult schob und schweben blieb. Dann reichte mir Sfath eine kleine oval geformte Schale, in der sich verschiedenfarbige Würfel, Kugeln, Stäbchen und Plättchen befanden, von denen zu essen er mich aufforderte. Etwas seltsam berührt, griff ich nach einer der Kugeln von der Größe einer Kirsche und schob sie in den Mund, um sie zu zerbeißen. Dabei quollen die zerbissenen Stücke sofort auf und füllten den Mund. Der Geschmack war angenehm aber ich vermochte nicht, ihn zu definieren. Genauso erging es mir mit den ebenfalls kirschgroßen Würfeln und den etwa streichholzgroßen Stäbchen und den Plättchen, die etwa die Größe und Dicke eines Zwanzigrappenstückes hatten. Schon nach wenigen Bissen war ich ausreichend satt und fühlte mich in keiner Weise mehr hungrig. Durst verspürte ich auch keinen, denn das Essen hatte genug Flüssigkeit enthalten, um den Durst zu stillen.

Nach dem Essen erklärte Sfath, daß wir inzwischen auf eine Höhe von 70 Kilometern über der Erde abgesunken seien und für die nächsten Stunden auf diesem Level bleiben würden, weil er mir ein paar sehr wichtige Dinge beizubringen hätte. Durch seine telepathischen Bemühungen und mein Lernen während der vergangenen Monate beziehungsweise der letzten zwei Jahre, so erklärte er, sei ich verstandes-, vernunfts- und wissensmäßig bereits viel weiter entwickelt als ein Erdenmensch von 35 Jahren. In bewußtseinsmäßiger Hinsicht sei ich daher Erdenmenschen im besten Lebensalter ebenbürtig. Eine sehr wichtige Aufgabe für mich selbst sei, völlige Bescheidenheit, Selbstbeherrschung, Selbstverantwortung sowie äußerliche und innerliche Unbeeinflußbarkeit zu lernen und damit auch eine unantastbare Psyche zu entwickeln, die durch keine menschlichen oder sonstigen Einflüsse zu beeinflussen sei, außer durch meinen eigenen kontrollierten Willen, so daß ich keinerlei Anfeindungen oder psychischen bzw. bewußtseinsmäßigen Schäden erliegen könne. Meine Psyche und mein Bewußtsein müßten ein unbeeinflußbares und unzerstörbares Bollwerk gegen alle negativen Einflüsse und Regungen werden.

Interessant ist für mich heute festzustellen, daß ich damals keinerlei Angst empfunden habe, als Sfath erklärte, daß wir 260, dann 70 Kilometer über der Erde schweben würden. Ganz im Gegenteil, ich war unbändig froh, so hoch über der Erde zu sein, denn ich fühlte mich so hoch droben ungeheuer frei und unbeschwert. Ich wunderte mich nicht einmal darüber, denn alles erschien mir seltsam vertraut und selbstverständlich. Auch wunderte ich mich schon lange nicht mehr über Sfaths Erklärungen, sondern nahm sie gelassen als gegeben hin, weil alles so sein mußte und ich inzwischen meine Aufgabe erkannt hatte. Ich fragte Sfath niemals nach seinem Alter, und von seiner Seite aus machte er auch niemals eine diesbezügliche Angabe. Ich aber schätzte ihn damals auf mindestens 90 bis 95 Jahre, was jedoch, wie ich später erfuhr, gerade mal etwa ein Zehntel seines wirklichen Alters war, das in Wahrheit 1054 Jahre betrug. Auch über seine Herkunft sprach Sfath nie.

Der Aufenthalt in Sfaths Raumschiff, 70 000 Meter über der Erde, dauerte damals nahezu vier Stunden, während denen er mir derart ungeheure Kenntnisse und ein Wissen vermittelte, daß ich Kopfschmerzen bekam, was ich auch zum Ausdruck brachte. Daraufhin legte mir der alte Mann seine rechte Hand mit der Innenfläche halb auf meine Stirn und halb auf den Kopf, und die Kopfschmerzen waren wie weggeblasen. Natürlich wunderte ich mich darüber, worauf er erklärte, daß ein solcher Vorgang ganz natürlich sei und daß ich das in Kürze auch lernen und beherrschen würde. Es handle sich dabei um ein durch Bewußtseinskonzentration ausgelöstes Heilen von Schmerzen und Krankheiten, wobei das materielle Bewußtsein geistige Energien heranziehe und diese heilend nutzbar mache.

Gegen Ende des Beisammenseins forderte mich Sfath auf, mich in meinem Sessel zurückzulehnen, wonach er mir ein komisches Gebilde aus unzähligen Drähten und kleinsten Apparaturen um den Kopf legte. Zwar wunderte ich mich darüber, was nun folgen sollte, war jedoch nicht beunruhigt und ließ alles geschehen. Ruhig sah ich ihm zu, wie er sich an verschiedenen Instrumenten und Geräten sowie an Knöpfen und Berührungsschaltern zu schaffen machte, und plötzlich hörte, sah, fühlte und empfand ich ungeheure Dinge in mir. Alles strömte einfach in mich hinein, war plötzlich da; ein erstaunliches, riesiges Wissen, außerordentliche Erkenntnisse, Einblicke, Eindrücke, Begriffe, Einsichten und gar Erfahrungen, die ich bis dahin noch nicht kannte. Ich spürte, wie sich mein Bewußtsein weitete und sich plötzlich eigenartige Kräfte in mir ausbreiteten, die von irgendwoher in mich drangen, ohne daß ich deren

Ursprung zu ergründen vermochte. Dinge und Ereignisse der Zukunft wurden mir sichtbar, und es entstand der Drang und das Bedürfnis, durch Kräfte in mir Menschen von Leiden und Krankheiten heilen zu wollen. Bilder und Abläufe bis zur fernsten Vergangenheit wurden lebendig, und ich erkannte die Existenzen meiner früheren Persönlichkeiten in früheren Reinkarnationen. Die gesamte Umgebung und die gegenwärtige Situation verschwanden, so daß ich nicht mehr realisierte, daß ich mich zusammen mit Sfath in seinem Raumschiff hoch oben über der Erde befand. Ich hatte auch jeden Sinn für Raum und Zeit verloren, so daß ich mich plötzlich wie in eine fremde Dimension versetzt fühlte, als all die ungeheuren Einflüsse abrupt aufhörten. Tatsächlich mußte ich mich zuerst wieder zurechtfinden und sah erst wieder klar, als mir Sfath das komische Gerät mit der Erklärung vom Kopfe nahm, daß ich nun alles an Wissen, Können und Fähigkeiten usw. besitzen würde, was mir durch die Apparaturen und Geräte eingegeben worden sei, wobei jedoch alles schon zu früheren Zeiten und Reinkarnationen von meinen früheren Persönlichkeiten entwickelt und vorhanden gewesen sei, so daß mir also nur Kenntnisse übermittelt worden seien, die zu meiner Bewußtseinsform und Geistform gehörten.

Sfath legte mir eindringlich nahe, daß ich all mein Wissen und Können und alle Fähigkeiten wie Hypnose, Telekinese, Teleportation, Levitation, Telepathie und das Heilen durch Bewußtseins- und Geisteskraft - niemals mißbrauchen solle, weder zum Zwecke des Profites noch zur Imagepflege oder zur Selbstaufwertung bei Mitmenschen. Ein andermal legte er mir eindringlich nahe, in aller Bescheidenheit zu leben und auch bescheiden nur ich selbst zu bleiben, ohne irgendwelchen Ambitionen zu verfallen, welche die Bescheidenheit, Rechtschaffenheit, Redlichkeit und Ehrlichkeit sowie die Wahrheitstreue beeinträchtigen könnten. So seien das Wissen und Können und die verschiedenen Fähigkeiten ein weiterer Prüfstein für mich, und ich wurde ermahnt, keine großangelegten Demonstrationen zu veranstalten, denn sie wären der Weg zum Verfall, zur Selbstüberhebung und zur Verantwortungslosigkeit.

Ich verstand den Sinn von Sfaths Worten und Ermahnungen sehr genau. Durch das in mir Erweckte und in mich Eingeflossene begriff ich alle Dinge nicht mehr aus der Perspektive eines jungen Mannes von 35 Jahren, der ja in Lebenszeit gemessen gerade erst achteinhalb Jahre alt war, sondern aus der Sicht eines älteren Herrn. Es erschien mir zwar damals äußerst abstrakt, daß ich wie ein solcher dachte, überlegte und sehr viele Dinge wußte und konnte, während mein Körper noch der eines Knaben war. Doch damit fand ich mich recht schnell ab, denn nur zwei Tage später war für mich alles schon selbstverständlich. Also begriff ich auch, daß das in mich eingeflossene Wissen sowie das Können und die Fähigkeiten mir nur zur eigenen Evolution und meiner Aufgabe dienlich sein durften. Würde ich diese Verpflichtung aber doch einmal mißachten und ihr aus ichbezogenen Gründen zuwiderhandeln, würde eine›miteingepflanzte Sicherung‹ alles blockieren, wobei dieser Block dann derart lange aufrechterhalten und voll und ganz wirksam sein würde, bis die Gefahr gebannt wäre. Dies, so erklärte Sfath damals, gelte auch, wenn ich mich wissenschaftlichen Tests unterzöge, oder für gewaltsame äußere Einflüsse, wenn versucht werden sollte, in mein Wissen und Können und in meine Fähigkeiten vorzudringen, etwa durch Hypnose. In dieser Hinsicht sei die Blockade sogar derart stark, daß sie selbsttätig Abwehrreaktionen auslösen würde, die unter gewissen Umständen sogar das Wohlergehen oder gar das Leben jener gefährden könnten, die gewaltsam versuchen würden einzudringen.

Nach diesen Erklärungen brachte mich Sfath zurück zur Erde, und zwar genau dorthin, wo wir Stunden zuvor gestartet waren. Dann entschwand er mit seinem birnenförmigen Raumschiff, nachdem er mir gesagt hatte, daß wir uns niemals wieder sehen würden, daß ich jedoch trotzdem stets von ihm hören und telepathisch mit ihm lernen könne. Er sei wohl stets in meiner Nähe, doch physische Kontakte würden nicht mehr stattfinden, weil dies für meine Entwicklung so notwendig sei. Dennoch würde er mir immer in gewissen Dingen und Situationen hilfreich sein, und außerdem verfüge er noch über ein zweites, kleineres und scheibenförmiges Fluggerät, das er von seinem Raumschiff aus programmieren könne, so daß es selbsttätig fliege, lande, starte und bestimmte Ziele anfliege. Mit diesem Fluggerät könne ich hie und da von ihm gelenkte oder programmierte Flüge unternehmen, denn es sei vorgesehen, daß ich noch mindestens ein bis zwei irdische Lehrer besuchen müsse, die mich in ihren Wissensgebieten unterrichten würden. Außerdem sei geplant, daß er, Sfath, aus Pali- und Sanskritschriften einiges für mich übersetze, womit ich mich dann zu befassen und einen ausführlichen Aufsatz darüber zu schreiben hätte. Dabei handle es sich um die Satipatthäna-Meditationsmethode.

Nach dem Abschied sah ich Sfath niemals wieder, nur seine telepathische Stimme vernahm ich noch mehrere Jahre lang in mir, wenn er mir vielerlei Dinge berichtete und mir ungeheures Wissen übermittelte oder wenn er mich aufforderte, irgendwohin zu gehen. Ich wurde dann von jener unbemannten, kleinen und diskusförmigen Scheibe abgeholt, wie sie mir Sfath beschrieben hatte, die mich an verschiedene Orte brachte oder in der ich auf einem Sitz Platz nehmen mußte, worauf sich ein ähnliches Gerät um meinen Kopf schloß, wie ich es von Sfath her kannte. Dabei wurde mir jedesmal viel Wissen eingegeben, während die Scheibe hoch in den Himmel stieg und über der Erde schwebte, um mich dann nach jeweils einer, zwei oder drei Stunden wieder auf den Boden zurückzubringen. Sehr vereinzelt ergab es sich auch, daß ich von Sfath schriftliches Lehrmaterial erhielt, das ich ihm aber immer wieder zurückgeben mußte, wobei das Hin- und Hergeben des Materials in der Form erfolgte, daß ich es auf dem Sitz in der unbemannten Scheibe vorfand und es nach dem Lernen auch wieder dort deponierte. Dies geschah auch so mit einer vielseitigen, in deutscher Sprache gehaltenen Übersetzung von Pali- und Sanskrittexten, die sich auf die Satipatthäna-Meditation bezogen. Diese Übersetzung erhielt ich an meinem Geburtstag, am 3. Februar 1948, als ich also elf Jahre alt wurde.

Die folgenden drei Jahre kam ich also zu einem neuen Lehrer, der Lehmann hieß. Unter seiner Anleitung fertigte ich handschriftlich ein dreiundachtzig Seiten umfassendes Manuskript an, das ich mit »Einführung in die Satipatthäna-Meditation« betitelte. Mein Werk machte auf den Lehrer einen derart großen Eindruck, daß er es auf einem schuleigenen Umdruckgerät zweihundertfach vervielfältigte und vielen ihm bekannten Personen zusandte, unter anderem auch einem Mönch in Indien, der Rahat Sanghanan hieß, und dessen Mönchsname Maha Chohan war, was soviel bedeutet wie ›großer Meister‹. Dieser Mönch, den ich dann Jahre später durch Asket kennenlernte, eine Außerirdische aus dem DAL-Universum, machte noch im selben Jahr 1948 wiederum mehrere Kopien und verteilte diese an seinesgleichen, also lange, bevor ich ihn selbst kennenlernte und von ihm unterrichtet wurde. Aus diesen Kopien wurden die ersten Schriften gedruckt, die dann leider mißbraucht und unter fremdem Namen veröffentlicht wurden.

7
Asket

Nur wenige Stunden nach Sfaths Abschied, als ich gerade ins Bett gehen wollte, drang ein neues leises Wispern in mein Bewußtsein. Diese leise Stimme war ganz anders als die von Sfath, nämlich jung, frisch und sanft und in ihrer Weichheit ganz anders harmonisch als die von Sfath. Die Stimme begrüßte mich und erklärte, sie sei eine Sie und werde Asket genannt. Fortan sei sie meine neue telepathische Begleitung, und zu einem späteren Zeitpunkt würden wir uns auch von Angesicht zu Angesicht kennenlernen. Vorerst jedoch würde ich von ihr weiterhin nach Sfaths System telepathisch in weiteren wichtigen Dingen unterrichtet, allerdings auch mittels des Gerätes in der unbemannten diskusförmigen Scheibe, die mir weiterhin zu diesem Zweck zur Verfügung stehe. Und so geschah es in den nächsten drei Jahre, in denen ich neue Dinge erlernte, die sich speziell auf die Perfektionierung der geistigen Telepathie bezogen sowie auf die Nutzbarmachung der irdischen, galaktischen und kosmischen Speicherbänke (Akasha-Chroniken). Besonders durch die Nutzung des Wissens aus den Speicherbänken erlangte ich Erkenntnisse, die mir damals noch phänomenal erschienen.

Zu Beginn des Jahres 1954 erhielt ich auf demselben Weg wie bei Sfath in der unbemannten Diskusscheibe eine neuerliche Übersetzung der Satipatthäna-Meditation, die diesmal von Asket aus Pali- und Sanskritschriften übersetzt worden war. Es war praktisch eine gleichlautende Übersetzung wie die von Sfath, doch verfügte sie über einige Erklärungen, die in der ersten Übersetzung fehlten. Also überarbeitete ich alles nochmals und erstellte in weniger als zwei Monaten meine neue Meditationsschrift ›Einführung in die Meditation‹. Nach deren Fertigstellung forderte mich Asket auf, diese mit ihrer Hilfe zum Mönch Rahat Sanghanan nach Indien zu bringen, und zwar mit der Diskusscheibe. Also bestieg ich gegen Ende März

1954 das kleine Raumschiff, das mich abholte, um mich nach Indien zu bringen, weit abseits von Darjeeling im hohen Norden Indiens, wo die Scheibe in einem Tal vor einer kleinen Höhle landete. Telepathisch wurde ich von Asket aufgefordert, mein Manuskript zu nehmen und in die Höhle einzutreten, wo ich auf Rahat Sanghanan traf, den alten Mönch, der seit nunmehr zwei Jahren als Einsiedler weit abseits der Zivilisation lebte. Er beherrschte die deutsche Sprache sehr gut, so daß ich mich mit ihm ausgezeichnet unterhalten konnte. Aus unserem ersten Gespräch entwickelte sich schnell eine Freundschaft, und so bot er sich an, mich verschiedenste Dinge zu lehren. Dies sei, wie er sagte, sehr wohl möglich, wenn ich mich des öfteren durch Asket mit dem Kleinraumschiff zu ihm bringen lasse. Ein Angebot, das ich sehr gerne annahm, weshalb ich in den nächsten Jahren oftmals bei ihm zu Gast und sein Schüler war. Mein neues Manuskript der Meditationslehre befand er für sehr gut, so daß er nach Darjeeling ging und dieses dort mit 500 Kopien vervielfältigte, die er wiederum seinesgleichen zukommen ließ.

Asket; Aufnahme im Raumschiff im DAL-Universum 26.6.1975/ Billy Meier

Wie schon zuvor die Jahre mit Sfath verstrich auch die Zeit mit Asket ungeheuer schnell, wie mir schien. So kam der 3. 2. 1956 wie im Flug heran; der Tag, an dem ich Asket das erste Mal sehen sollte; mein Geburtstag, der in meinem Leben eine besondere Role spielte, wie mir Sfath bereits anvertraut hatte, worüber ich jedoch zeitlebens Stillschweigen bewahren soll. Die persönliche Bekanntschaft mit Asket kam also am 3. Februar 1956 zustande. Es war am frühen Morgen um 2 Uhr bei klirrender Kälte, als ich in der Nähe von Gutenswil/ZH CH Askets Stimme in mir vernahm, die mich aufforderte, mich an einen bestimmten Ort zu begeben, wo ich abgeholt würde. Mehr konnte ich nicht vernehmen, und mehr wurde wohl auch nicht gewispert. Vielleicht, so machte ich mir Gedanken, würde es nun endlich soweit sein, Asket kennenzulernen. Irgendwie waren dieser Gedanke und ein gleichgerichtetes Gefühl in mir. Schon drei Jahre lang hatte ich mir viele Gedanken darum gemacht, wer Asket wohl war und wie sie aussah. Und diese Gedanken beschäftigten mich nun wieder sehr intensiv, neben vielen Fragen, so daß ich bereits am Ziel angelangt war, ehe ich mir dessen bewußt wurde. Dann ging alles sehr schnell: Kaum am befohlenen Ort angelangt, einem Platz außerhalb des Dorfes auf einem kleinen Hügel, wo ich während des Jahres oft auf einer Bank unter einem großen Lindenbaum saß und sinnierte oder mit Asket telepathisch lernte, da schoß aus dem wolkenverhangenen Himmel ein helles Licht hervor, das sich langsam Richtung Norden bewegte, also von mir weg. Es war eindeutig ein kleines scheibenförmiges Raumschiff, jedoch ein ganz anderes als das, in dem ich in all den letzten Jahren immer wieder mitgenommen worden war, um zu lernen. Dieses Raumschiff, das ich jetzt beobachtete, war das achtzehnte, das ich in solcher Nähe sehen konnte. Ein ähnliches hatte ich bereits sechzehn Tage zuvor am selben Ort gesehen, als mir telepathisch angekündigt wurde, daß ich bald Asket kennenlernen würde. Nun aber kam mir der Gedanke, ob ich mich vielleicht doch getäuscht hatte und diese Bekanntschaft nicht in dieser Nacht erfolgen würde, denn die leuchtende Scheibe war wieder in den Wolken verschwunden. Vielleicht war die wispernde Stimme in mir nur eine aus meinen Wünschen geborene Einbildung gewesen, und ich hatte mich selbst betrogen, weshalb ich mich wieder in Bewegung setzte, um heimzugehen und ins warme Bett zu kriechen. Es war mir ordentlich kalt geworden, und so rannte ich los und den Hügel hinunter. Schon war ich wieder beim Wirtshaus am Dorfeingang, als abermals die telepathische Stimme in mein Bewußtsein drang und sagte: »Du hast dich nicht getäuscht, mein Freund. Ich habe dich tatsächlich gerufen. Heute werden wir uns persönlich gegenübertreten.«

Wie elektrisiert blieb ich stehen, dann rannte ich denselben Weg wieder den Hügel hinauf, wie ich ihn hinuntergerannt war. Trotz der klirrenden Kälte kam ich ins Schwitzen und war außer Atem, als ich wieder am vereinbarten Ort war. Dort angelangt, brauchte ich nicht lange zu warten, denn auf der Kuppe des Hügels sah ich ein helles Licht aus den Wolken hervorschießen und niederstürzen.

Wie schon etwa zehn Minuten zuvor, als ich das Objekt das erste Mal sah, strahlte es in weißem Licht, das sich jedoch alsbald veränderte zu einem hellen und dann dunkleren Blau, wonach es dann wieder heller wurde und eine gelbliche Färbung annahm. Plötzlich stand das Objekt wenige Meter über dem Boden in der Luft still, um sich dann langsam zu senken und unweit von mir auf dem hartgefrorenen Boden aufzusetzen. Die Wolken hatten sich inzwischen gelichtet, und die Nacht wurde etwas heller. Als das gelbliche Leuchten des Objektes erlosch, sah ich ein mattsilbernes Diskusraumschiff, das majestätisch und ruhig auf drei Landekugeln stand und nur auf mich zu warten schien. Die Landekugeln der Scheibe waren mir völlig fremd, denn solche hatte ich bei derartigen Raumschiffen noch nie zuvor gesehen.

Wohl zwei oder drei Minuten beobachtete ich das Objekt, ehe ich Askets wispernde Stimme in mir vernahm, die mich telepathisch aufforderte, zum Schiff hinzugehen und unter dieses zu treten. Wie unter einem schwachen Zwang folgte ich der Aufforderung und ging auf das etwa fünf Meter große Raumschiff zu, dessen Unterseite etwa in Mannshöhe über dem Boden war. Als ich ins Zentrum unter das Schiff trat, wurde ich plötzlich schwerelos und wie durch Geisterhand empor- und durch eine Öffnung in das Objekt hineingehoben, denn es gab weder einen Lift noch sonstige Einstiegsmöglichkeiten. Kaum im Innern des Schiffes, schloß sich der Boden unter meinen Füssen, wobei nur ein Flimmern entstand und sich das Material verdichtete. Das gleiche hatte ich früher schon einmal erlebt bei Sfath, als er mich in sein birnenförmiges Raumschiff brachte, nur daß sich damals durch das Flimmern nicht das Metall verdichtete, sondern ohne Halterung einfach zur Seite bewegte. Auch war die Inneneinrichtung dieses Schiffes gänzlich anders als die von Sfaths Raumschiff. Es war nur ein einziger Sessel vorhanden, und zu sehen vermochte ich auch niemanden in dem runden Raum. Ganz offenbar war auch dieses Schiff unbemannt und ferngelenkt. Unaufgefordert setzte ich mich in den einzigen, äußerst bequemen Sessel, der sich sofort meinen Konturen anpaßte und mir eine gewisse Wohligkeit vermittelte. Ich saß noch nicht richtig im Sessel, als bereits eine gewaltige Veränderung in Erscheinung trat, die mir in meinem bisherigen Leben immer wie ein Traum und wie eine Phantasie erschienen war, auch als ich sie vor Jahren bei Sfath in seinem Schiff erlebte: Der Schein des von überallher kommenden Lichtes im Innern des Schiffes erlosch schlagartig, und dann schien ich plötzlich im Freien zu sitzen. Rein gar nichts war von dem Schiff und seiner gesamten Inneneinrichtung mehr zu sehen, gerade so, wie ich es ähnlich bei Sfath erlebt hatte, nur daß ich in seinem Raumschiff all die Apparate und Geräte ringsum sowie die Sitze und den Boden noch gesehen hatte. Hier aber war plötzlich alles verschwunden. Rein gar nichts war mehr zu sehen und zu erkennen, und als ich mit einer Reflexbewegung meine linke Hand vor die Augen führte, vermochte ich auch diese nicht mehr zu sehen. Gleichermaßen erging es mir mit meinem Körper und mit dem Sitz, in dem ich Platz genommen hatte. Das ganze Schiff und ich selbst waren plötzlich unsichtbar geworden. Und kaum hatte ich das festgestellt, da setzte ich mich auch schon schräg in den nächtlichen Himmel empor in Bewegung, wobei ich sah, daß die Wolken immer mehr zerrissen und die Sterne sichtbar wurden. Langsam schwebte ich in noch geringer Höhe auf das Dorf zu, jedoch stetig höher steigend. Als ich den Dorfrand erreicht hatte, senkte ich mich wieder und glitt auf unser Haus zu, das meine Eltern erworben hatten. Nur knappe zwei Meter darüber blieb ich in der Luft stehen, während plötzlich Askets telepathische Stimme in mir erklang und mir eine mehrminütige Erklärung abgab über meinen weiteren Lebensweg und über die Zukunft meiner Angehörigen sowie über meine eigene Familie, die ich in späteren Jahren haben würde.

Nach diesen Erklärungen setzte sich das immer noch unsichtbare Schiff mit mir wieder in Bewegung. Diesmal ging es ostwärts aus dem Dorf hinaus, und plötzlich schoß ich mit rasender Geschwindigkeit in den Nachthimmel, ohne daß ich dabei irgendwelche Beschwerden verspürte. Für mich fühlte es sich so an, als wenn ich unerwartet schnell mit einem Lift hochgefahren wäre. Doch diese Erscheinung trat auch nur im ersten Augenblick auf, was vielleicht von der Überraschung herrührte, dann fühlte ich mich schon wieder völlig normal und ohne die geringste Andruckbelastung. Vielleicht war es auch nur Einbildung, weil ich sehen konnte, wie ich plötzlich mit rasantem Tempo hoch in den Himmel schoß.

Es war das erste Mal, daß ich hinausgeleitet wurde in die Weite der Welt, um mich mit Asket zu treffen. Doch sollte dies nur der Anfang eines Lebensabschnitts sein, in dem ich viele lange Jahre, die mir immer äußerst kurz erschienen, die Welt bereiste, um sie zu erforschen, zu ergründen und vor allem viel über die Erde, die Tierwelt und die Menschen mit ihren vielfältigen Kulturen, Mentalitäten und Religionen zu lernen. Und natürlich war damit auch ein weiteres Lernen in allen Belangen des Geistigen und Schöpferischen sowie der Meditation verbunden.

In Minutenschnelle schoß das kleine Schiff mit mir hinauf in den Himmel, immer höher und höher – und noch immer war alles rund um mich herum und ich selbst unsichtbar. Auch bei einem zweiten Versuch konnte ich meine Hand noch immer nicht vor meinen Augen sehen. Es schien, als ob nur meine Augen und die anderen Sinne existieren würden, ohne daß sie körpergebunden waren. Es war ein eigenartiges Gefühl in mir, das mir eine unendliche Freiheit vermittelte, wie ich sie bis dahin noch nie erlebt hatte. Und weiter schoß ich in die Höhe, wobei ich mich bei dem Gedanken ertappte, zu träumen und so durch die Lüfte zu fliegen, wie ich dies eben in Träumen recht oft erlebte, seit ich die Kontakte mit Sfath und Asket pflegte. Und bei diesem Fliegen in meinen Träumen war ich genauso frei, angenehm berührt und unbeschwert, wie eben jetzt, da ich mit dem unsichtbaren Raumschiff zusammen in den Himmel schoß. Ich zwickte mich in meinen linken Handrücken und fühlte den Schmerz. Also träumte ich nicht, es war alles Wirklichkeit. Dann sah ich hoch über mir unendlich viele Sterne blinken, und zwar so, wie ich sie in meinem bisherigen Leben noch nie gesehen hatte – groß, schön, prächtig und wunderbar; kräftiger und strahlender, als ich sie jemals zuvor von der Erde aus gesehen hatte. Unzweifelhaft war ich jetzt bereits im Weltraum. Als ich meinen Kopf zur Seite wandte, sah ich auch den Mond, der immer größer wurde, weil ich offenbar darauf zuschoß. Der Anblick dauerte jedoch nicht lange, denn schon sauste ich weit am Erdtrabanten vorbei und hinaus in den freien Weltenraum. Der Mond wurde ebenso schnell kleiner wie die Erde, die ich nur noch als blauweißgrünliche Kugel sah. Doch eigentlich war es keine

Kugel mehr, sondern nur ein Teil einer Kugel, denn nun sah sie so aus wie der Mond, wenn dieser halb voll war. Durch den leeren Weltenraum schießend, sah ich eine riesenhaft strahlende Scheibe im All schweben. Das mußte wohl die Sonne sein, die im Osten von der Erde hochstieg und bereits einen großen Teil des Planeten beleuchtete. Und gerade bei dieser Feststellung bemerkte ich, daß ich nicht mehr ins All hinausschoß, sondern mich wieder auf die Erde zubewegte, die wie auch der Mond rasend schnell größer wurde. Dann, als ich den Erdtrabanten bereits hinter mir gelassen hatte, verlangsamte sich meine Geschwindigkeit, und in gemächlichem Tempo schwebte ich hoch über der Erde dahin, und zwar auf der Seite, die von der Sonne abgewandt war. Tief unter mir sah ich große Lichtermeere, die wohl große Städte sein mußten, von denen ich aber nicht wußte, um welche es sich handelte. Dann flog ich ostwärts, der aufgehenden Sonne entgegen, die mir noch riesenhafter erschien als vorher, als ich sie im Weltenraum gesehen hatte.

Von Westen nach Osten hoch über die Erde dahinfliegend, zeichneten sich schwache Konturen ab, die sich im Westen in der Dunkelheit verloren, sich jedoch im Osten zu Gebirgen formten. Im Westen war noch tiefe Nacht, während weit im Osten bereits der neue Tag erwacht war und nun langsam westwärts vordrängte. Ein wahrhaftig phantastisches Bild, ein Anblick, der mir so richtig die gigantische Größe und das Wunderbare der Schöpfung vor Augen führte. Leider vermochte ich mich nur wenige Minuten an diesem prachtvollen und gigantischen Anblick zu erfreuen – Minuten, die mir wie Sekunden erschienen –, als um mich herum plötzlich alles zu flimmern und schwach zu leuchten begann und mir die Sicht wie durch einen Nebel verwehrt wurde. Das Flimmern verdichtete sich, und dann war das Schiffsinnere mit allen seinen Apparaturen und Geräten wieder ebenso sichtbar wie auch ich selbst. Alles war wieder gegenwärtig und normal erkennbar. Fenster oder etwas Ähnliches gab es nicht, so daß ich nicht mehr hinausblicken konnte. Auch spürte ich keinerlei Bewegung, und doch war mir, als würde das Schiff mit mir der Erde entgegensinken. Dann flimmerte plötzlich der Boden neben meinem Sitz und löste sich in Nichts auf, so daß ich ungehindert durch die Einstiegsöffnung ins Freie blicken konnte. Von mir völlig unbemerkt war mein Flugobjekt gelandet. Interessiert erhob ich mich aus meinem Sitz und trat an die Einstiegsluke, wo ich plötzlich sanft in die Öffnung hinein und zum Erdboden hinuntergehoben wurde; dann stand ich auf hartem trockenem Boden.

Trotz des schwachen Nachtlichtes konnte ich erkennen, daß die Erde rötlich und sandig war und sich in der näheren und weiteren Umgebung Felsmassive auftürmten. Ich mußte mich wohl irgendwo weit im Osten oder im Süden befinden. Ich wußte es nicht zu entscheiden, obwohl mir die nächtliche Landschaft unzweifelhaft bekannt vorkam. Irgendwann mußte ich bereits einmal hier gewesen sein, denn nur dadurch ließ es sich erklären, daß mir alles so vertraut war. Während ich mir deswegen Gedanken machte, schlenderte ich zu den nahen Felsen hinüber, berührte diese und fand sie außerordentlich warm, wobei ich aber auch gleich zurückzuckte und etwas sehr Eigenartiges in mir vorging: Die Berührung traf mich wie ein elektrischer Stromschlag, und plötzlich wußte ich, wo ich war. ›Das ist Jordanien, das Heilige Land‹ jagte es mir durch den Kopf. Ich wunderte mich noch über dieses plötzliche Wissen, als ich hoch am Himmel auf etwas Helles aufmerksam wurde, das wie ein Stein vom Himmel stürzte, erst klein wie ein gewöhnlicher Stern, doch dann rasend schnell größer werdend und von einem strahlenden Weiß in ein helles und dann dunkles Blau wechselnd. Sehr schnell wurde es dabei so groß wie der Mond und dann noch größer und größer. Plötzlich, ohne daß es sich erst verlangsamte, stand es in etwa 80 oder 100 Metern Höhe einfach still – absolut übergangslos von der rasenden Sturzgeschwindigkeit und nun unvermittelt die Farbe wechselnd zu einem matten Gelb, gerade so, wie ich das schon beim Niedersausen des Kleinraumschiffes gesehen hatte, das mich hierherbrachte. Dieses neu aufgetauchte Raumschiff, denn um ein solches handelte es sich zweifellos, schien jetzt in der Luft hängengeblieben zu sein, völlig ruhig und ohne Bewegung, wie mir schien. Erst bei genauerem Hinsehen sah ich, daß es in der Luft pendelte, gerade so, als ob es an einem Seil hängen würde. Und dieser Eindruck verstärkte sich noch, als es langsam zur Erde niedersank, leicht, sicher und völlig lautlos, wie eine flaumige riesige Feder, die bei absoluter Windstille dem Boden entgegenschwebt. Das Schiff war etwas größer als das, mit dem ich hergebracht worden war, und es schien mir lange Ewigkeiten zu dauern, bis es endlich sanft und lautlos auf der Erde aufsetzte, wozu es während des Niederschwebens drei Teleskopstützen aus der Schiffsunterseite ausgefahren hatte, an denen runde Tellerscheiben angebracht waren. Auf diesen setzte das Objekt auf dem Boden auf, wobei sie jedoch ganz offensichtlich nicht zur Schiffsaußenwand gehörten, denn an dieser ließ sich keine Vertiefung feststellen. Wie schon die Landung Sfaths mit seinem birnenförmigen Raumschiff waren auch diese Landung und der gesamte Anflugvorgang dieses Schiffes für mich ein ganz besonderes Erlebnis, das ich nie mehr vergessen werde, auch wenn ich später noch viele ähnliche Landungen von Raumschiffen erleben sollte. Dieses leuchtende und völlig lautlose Objekt, das die gesamte Umgebung schon beim Niedersinken und auch jetzt taghell erleuchtete, um dann ruhig an seinem Landeplatz zu verharren, war etwas ganz Besonderes für mich.

Minutenlang wartete ich, denn nun mußte ja wohl etwas geschehen. Die Zeit verstrich, es tat sich nichts. Also setzte ich mich auf ein herumliegendes Felsstück und harrte der Dinge, die mit Sicherheit früher oder später kommen würden. Meine Geduld wurde jedoch auf eine harte Probe gestellt, denn die Zeit verging weiterhin, ohne daß sich etwas ereignete. Es dauerte eine gute halbe Stunde, ehe sich endlich etwas tat: Hinter dem Schiff trat eine schlanke, jugendlich wirkende Gestalt hervor, die sich mir bis auf etwa drei Meter näherte, während sich ganz langsam das starke Leuchten des Schiffes verflachte und schließlich erlosch. Doch schon nach wenigen Sekundenbruchteilen erglomm das Schiff wieder in einem gelblichen Schein. In diesem schwachen Dämmerlicht konnte ich die sich nähernde Gestalt unzweifelhaft als weibliches Wesen erkennen. Das mußte Asket sein, wenn mich meine Sinne nicht gewaltig täuschten. Und schon die nächsten Handlungen und die ersten Worte der jungen, etwa 35jährigen Frau bestätigten meine Vermutung. Ich erhob mich von meinem Felsstück, und dann traten wir vertraulich zueinander, wobei ich eine mir vertraute, doch unerklärliche Sympathie empfand, die eigenartig schmerzlich in mich drang, und ich mußte zwei- oder dreimal schlucken. Irgendwie hatte ich die Vertrautheit und Sympathie in meinem bisherigen Erdendasein vermißt, das wurde mir umgehend klar. Jetzt trafen wir aufeinander und berührten uns an den ausgestreckten Händen. Dann schlossen wir uns wie Geschwister in die Arme und standen längere Zeit regungslos so da. Mehrere Minuten verstrichen, ehe wir uns wieder voneinander lösten, und dann schauten wir uns erst einmal lange Zeit an.

Für Menschen, die sich das erstemal sahen, war die Begrüßungszeremonie wohl eigenartig, doch alles daran und auch an Asket war mir seltsam vertraut und bekannt. Auf eine spätere Frage dazu lächelte sie nur und erklärte, daß ich an die früheren Leben meiner Geistform und Persönlichkeiten denken solle, wobei ich aber damals mit dieser Antwort nicht viel anfangen konnte. Ich fand sie daher geheimnisvoll und wollte mehr wissen, doch Asket ließ sich nicht darauf ein. Auch ihre Kleidung war mir seltsam vertraut, obwohl sie völlig andersartig war als die etwas schwerfällig anmutende Kleidung Sfaths, die mich immer an einen Taucheranzug erinnert hatte. So wie Asket gekleidet war, erweckte sie in mir den Eindruck eines Engels, was natürlich nur ein Eindruck war, denn Asket war durchaus ein Mensch aus Fleisch und Blut und ganz offensichtlich keine überirdische Erscheinung oder dergleichen. Sie trug keinen Raumanzug, sondern ein knöchellanges, bis zum Boden wallendes und in der Taille gegürtetes Kleid von eigenartig weißlich-silberner Farbe. Ihr Gesicht war schmal, ebenmäßig und sehr schön, von sehr leicht bräunlicher Farbe, wie durch die Sonne leicht gebräunt, wie ich im dämmernden Morgenlicht des neuen Tages feststellen konnte. Über ihre Schultern wallte langes, blondes Haar, nicht durch ein Band, eine Spange oder dergleichen festgehalten. Ich fand sie nicht überirdisch, sondern menschlich, wohlproportioniert und hübsch, und ich konnte mir lebhaft vorstellen, daß ein Mensch, der Asket in dieser einsamen Gegend oder auch anderswo in Abgeschiedenheit begegnete, sie tatsächlich für einen Engel gehalten hätte. Zu diesen Gedanken kam ich, weil ich ihre Erscheinung mit Bildern verglich, die ich oft in religiösen Schriften gesehen hatte.

Nach unserer Begrüßung und einem kurzen Wortwechsel forderte mich Asket auf, zu ihrem Schiff zu gehen und dieses mit ihr zusammen zu betreten. Zu diesem Zweck gingen wir um das Objekt herum und von der anderen Seite an dieses heran, um dann darunter zu treten. Wie mir Asket erklärte, konnten wir nicht unter dem Zentrum des Schiffes hindurchgehen, weil dort gewisse Energien vom Rumpf abstrahlten, mit denen wir nicht in Berührung kommen durften. Aus diesem Grunde bewegten mich auch etwas eigenartige Gefühle, als ich unter das Schiff trat und in die Nähe des Zentrums kam, wo die Luft sichtbar weißlich-rot flimmerte, was ich aber erst kurz davor festzustellen vermochte. Und direkt an das Zentrum anschließend war in etwa Mannshöhe eine Öffnung im Rumpf zu erkennen, unter die ich treten sollte, wie Asket mir sagte. Das tat ich und wurde im gleichen Augenblick ins Innere des Schiffes befördert, und zwar auf eine Weise, wie ich sie bisher noch nicht kannte. Im selben Augenblick nämlich, als ich unter die Öffnung trat, befand ich mich auch schon im Schiffsinnern, ohne daß ich hochgeschwebt wäre. Ich stand einfach am Boden unter der Luke und war schon im nächsten Sekundenbruchteil im Innern des Schiffes, in einem hell erleuchteten Raum, der völlig anders aussah und auch absolut anders eingerichtet war als alles, was ich bis dahin in solchen Schiffen gesehen hatte. Außer den drei sehr bequemen Sitzen waren auch alle Apparaturen und Geräte völlig anders und sehr viel moderner, futuristischer. Auch der Boden war nicht metallisch, wie in den andern Schiffen, die ich kannte, sondern weich, wenn man darauf stand, ohne daß er jedoch federte oder durch das Körpergewicht einsank. Und während ich das feststellte, stand plötzlich und wie aus dem Nichts aufgetaucht Asket neben mir, wobei ich mich bei der Empfindung ertappte, daß sie und dieses Schiff mir viele Rätsel meines Lebens zu lösen versprachen, für die ich bisher noch keine plausible Erklärung gefunden hatte. Vorerst aber geschah nichts, denn Asket machte sich wortlos an verschiedenen Anlagen zu schaffen, die aus verschiedenfarbig leuchtenden und mir wieder vertraut erscheinenden Symbolen bestanden, die bedient wurden, indem Asket ihre Fingerkuppen oder die Handflächen darauf legte oder die farbig leuchtenden Flächen und Symbole kurz antippte. Dann nahm sie ein etwa streichholzschachtelgroßes Gerät, an dem verschiedene farbige kleine Punkte zu blinken begannen und legte es sich an die rechte Schläfe, wo es haften blieb. Natürlich konnte ich es nicht unterlassen, sie nach dem Zweck dieses kleinen Gerätes zu fragen, worauf ich die Erklärung erhielt, daß es sich um ein hochsensibles Gerät handle, das ihre Gedankenschwingungen aufnehme und verstärke und diese elektromagnetischen Wellen dann an das Bewegungs- und Steuerzentrum übermittle, ohne daß eine direkte materielle Verbindung wie etwa aus Drähten bestehen müsse. Dadurch sei sie in der Lage, das Schiff zu bedienen und zu lenken, ohne daß sie manuelle Tätigkeiten ausüben müsse. Ihre gedanklichen Befehle an die Betriebs- und Steuerapparaturen des Schiffes würden vollauf genügen, um dieses gemäß ihren Wünschen zu lenken. Dies sei allerdings eine bereits etwas veraltete Technik, denn die neueste würde darauf beruhen, daß keinerlei Geräte mehr an die Schläfe geheftet werden müßten. Denn bei den neuesten technischen Errungenschaften dieser Form wäre ein solches Gedankenschwingungs-Empfangsgerät in der zentralen Betriebs- und Steuerapparatur des Schiffes selbst enthalten, das in der Lage sei, die Gedankenschwingungen eines Menschen aufzufangen und in bestimmte Funktionen umzusetzen. Dabei sei die Reichweite der Empfangsmöglichkeit der Apparatur für Gedankenschwingungen sehr groß, denn durch die neueste Technik würde die Distanz eine Lichtsekunde betragen, also rund 300 000 Kilometer. Damit verbunden sei auch eine sehr große Sicherheit, denn eine jede Apparatur sei programmiert auf ganz bestimmte Gedankenschwingungen von bestimmten Personen, so daß die Bedienung eines Schiffes nur durch diese erfolgen könne. Dies beuge vor, daß bei irgendwelchen Mißgeschicken Unbefugte sich eines Fluggerätes bemächtigen könnten. Gleichermaßen seien auch ihre Arbeitsgeräte gesichert, wobei man verschiedene notfalls auch als Waffen benutzten könnte.

Ihre Erklärungen schienen mir als eine gute Gelegenheit, weitere Fragen zu stellen. So fragte ich sie, woher sie käme und wer später die Kontakte mit mir weiterführe, wenn sie ihre Aufgabe gegen Mitte der sechziger Jahre erfüllt haben werde, denn Sfath hatte mir darüber berichtet, daß die Kontaktkräfte alle elf Jahre ausgewechselt würden. Auch wollte ich wissen, ob die Technik derjenigen, die die Kontakte dann weiterführt, ebenso weit entwickelt sei wie die ihre, die ja fortschrittlicher sei als die von Sfaths Raumschiff und die der kleinen Flugscheibe, durch die ich jahrelang betreut worden bin. Asket erklärte, daß nach ihrem Weggehen eine elfjährige Ruhezeit eintrete, während der keine direkten physischen oder telepathischen Kontakte stattfinden würden. Sie selbst würde 1964 ihre Aufgabe beenden und in ihre Heimat zurückkehren; diese liege nicht in diesem Universum, das von ihnen allgemein DERN-Universum genannt würde. Ihre Heimat sei das DAL-Universum, das ein Schwester-Universum zu unserem sei, denn bei der Schöpfung sei ein Zwillingsuniversum entstanden, so daß also nebeneinander und in einem Verband von 10^{49} verschiedenen Schöpfungsformen in je unendlicher Zahl zwei Parallel-Universen existieren, wobei man durch spezielle und hochentwickelte Techniken die Barrieren zwischen den Universen durchbrechen und so von einem Universum in das andere gelangen könne. Sie selbst, Asket, entstamme einem Volk, das zur Henok-Linie gehöre, von der auch die alten Völker der Wega-Lyra-Systeme abstammten, wie auch die Plejadier, die 1975 mit mir in Kontakt treten und jenseits der von der Erde aus sichtbaren Plejadengestirne in einem andern Raum-Zeit-Gefüge leben würden, das einen Sekundenbruchteil verschoben sei zu unserem Raum und zu unserer Zeit. Deren gesamte Technik sei jedoch noch nicht derart weit entwickelt, wie ich sie hier in ihrem Schiff sehen und erleben könne. Die Technik der Plejadier hinke etwas mehr als dreihundert Jahre hinter der ihren her. Dies ändere sich jedoch in den nächsten vierzig Jahren, denn es fände schon seit vielen Jahren eine Zusammenarbeit ihrer Völker statt, durch welche die Plejadier u.a. in der Gesamtentwicklung der Technik und Medizin aufholen würden, woraus sich ergebe, daß in vierzig Jahren unter all ihren Völkern der gleiche Entwicklungsstand herrsche.

Die Plejadier, so erklärte Asket, würden sich in ihrer eigenen Sprache Plejaren nennen, was gleichbedeutend sei mit unserer deutschen Bezeichnung Plejaden. Inzwischen hatte sich Asket in einen der drei Sitze gesetzt und schaute mich lange an, um dann zu fragen, ob ich mich mit diesen Dingen denn noch nicht befaßt hätte, was ich verneinen mußte, weil mich Sfath in diesen Dingen nicht unterrichtet hatte. Daraufhin wollte sie mir einiges erklären, und zwar gleich bei unserem ersten Treffen. Dies sollte aber nicht an diesem Ort geschehen, sondern unterwegs, denn nun würde sie mich an einen Ort bringen, an dem ich neue Fakten erleben und erfahren sollte. Damit wandte sie sich von mir ab und schien blicklos in die Ferne zu schauen. Sogleich schoß das Schiff mit uns schlagartig hoch und sauste dem hell gewordenen Himmel entgegen, ohne daß ich einen Andruck oder Beschwerden verspürte, und dann, unvermittelt, trat ein kurzes Flimmern auf, und alles war unsichtbar, genauso wie das kleine Schiff, das mich hergebracht hatte und das auch jetzt wieder in unsichtbarem Zustand im Felsengewirr zurückgelassen wurde. Wieder schien ich in der freien Luft zu schweben und nur aus meinen Sinnen zu bestehen, ohne daß ich meinen Körper sah, auch Asket konnte ich nicht wahrnehmen, obwohl sie doch in einem Sitz neben mir saß und mich aufforderte, nach unten zu blicken. Als ich meinen Blick senkte, sah ich im frühen Licht des nahen Morgens einen riesigen See, das Tote Meer, wie mir Asket erklärte. Dann erspähte ich weit vor uns ein großes Meer, das meiner Schätzung nach nur das Mittelmeer sein konnte, was Asket bestätigte.

Ich schwebte hoch in den Himmel und sah hinter mir im Osten groß und gewaltig die Sonne emporsteigen. Als ich wieder nach vorn blickte, glitt ich hoch oben über das Mittelmeer dahin, wobei ich die Insel Zypern und das türkische Festland zur rechten Seite sehen konnte. Dann kam Griechenland in Sicht, das Adriatische Meer und dann Italien und Sardinien, der Vulkan Stromboli und Sizilien. Weiter links war die Insel Malta zu sehen, und gerade in jene Richtung veränderte sich nun das Dahinschweben. Und schon hatte das unsichtbare Schiff mit Asket und mir das Meer überquert und flog schnell landeinwärts, um alsbald zur Erde niederzusinken. Unter uns konnte ich riesige Spitzbauten erkennen, die noch schattenhaft tief unten in der Wüste im Morgenlicht standen – die Pyramiden. Plötzlich wechselte der Sinkflug, und wir schienen auf Ägypten niederzustürzen, geradewegs auf die Pyramiden von Gizeh zu. Ebenso plötzlich aber sanken wir wieder langsam, ohne daß ich irgendwelche Erschütterungen, Beschwerden oder einen Andruck feststellen konnte. Dann wurde das Sinken zu einem sanften Schweben, hinab auf eine große Pyramide zu, die ich von vielen Bildern her sehr gut kannte: Die Cheops-Pyramide in Gizeh. Ich erkannte sie am riesenhaften ›Tiermenschen‹, der Sphinx, die als Steinmonument unweit der großen Pyramide stand. Und genau auf dieses Gebilde schwebten wir zu. Zum erstenmal in meinem Leben sah ich die Sphinx in ihrer gewaltigen natürlichen Größe, denn noch nie zuvor in diesem Leben war ich dort gewesen. Nun war ich mir nicht mehr im unklaren darüber, welcher Ort das Ziel dieses Fluges sein sollte. Doch warum mich Asket hierherbrachte, darüber hatte sie bisher noch kein Wort gesprochen.

Nur wenige Meter neben dem gigantischen Gebilde der Sphinx setzte das immer noch unsichtbare Schiff mit uns auf dem Boden auf – neben einem Beduinenlager, wo verschiedene arabisch gekleidete Menschen zu dieser frühen Morgenstunde bereits mit dem Abbruch ihres Lagers beschäftigt waren, das hier nicht hätte errichtet werden dürfen, wie Asket wußte. Natürlich nahmen sie keinerlei Notiz von der Landung unseres Schiffes, denn das war ja für sie nicht sichtbar. Erst war ich darüber erstaunt, ehe ich mir klar wurde, daß sie uns nicht sehen konnten. Ich konnte mich einfach nicht so schnell in die Situation hineinversetzen, daß uns die Menschen nicht sehen konnten. Das mußte ich zuerst verdauen. Schon längst hatte ich mich in die Situation hineingefunden, daß das Schiff und ich wie auch Asket für mich unsichtbar waren, doch das hier war eine völlig neue Situation, denn hier gab es eine ganze Anzahl von Menschen, die sich außerhalb befanden und uns nicht sehen konnten.

8
Auf Knopfdruck unsichtbar

Seit wir über Sizilien hinweggesaust waren, hatte Asket kein Wort mehr gesprochen. Nun jedoch erklang plötzlich ihre wispernde Stimme in mir, die erklärte, daß wir uns gegenwärtig telepathisch unterhalten müßten, damit die Araber uns nicht hörten, was sonst zu großen Schwierigkeiten führen könnte. Zwar befänden wir uns momentan noch im Schiff und könnten folglich nicht gehört werden, doch wenn die Ausstiegsluke geöffnet sei, könnten die Menschen draußen unsere Stimmen wahrnehmen. Dann spürte ich ihren Arm, der mich anstieß und dann auch ihre Hand, die meine Rechte ergriff. Sehen konnte ich sie nicht, denn es war ja noch immer alles unsichtbar, auch Asket und ich. Jetzt erklärte sie, daß sie an meinem Gürtel ein kleines Gerät befestige, womit gewährleistet sei, daß ich auch nach dem Verlassen des Schiffes weiterhin unsichtbar bleiben würde. Dann spürte ich, wie sie sich an meinem Hüftgürtel zu schaffen machte, und ganz plötzlich sah ich Asket neben mir knien. Erschrocken fuhr ich herum und blickte zu den Beduinen hinüber, denn nun mußten uns diese sehen. Irgend etwas mußte schiefgelaufen sein, so dachte ich. Aber schon hörte ich wieder Askets wispernde Stimme in mir, die erklärte, daß nur wir einander jetzt sehen könnten, während wir für alle andern unsichtbar blieben. Das aber schien mir verrückt, und ich wollte es nicht wahrhaben. In der Folge forderte mich Asket auf, dies doch zu untersuchen. Ich könne ja zu den Arabern hingehen und feststellen, daß sie nichts sehen könnten. Sollte mir das nicht genug sein, könne ich eines der Mädchen anstupsen.

Wir verließen das Schiff, das ich nun plötzlich ebenfalls sehen konnte. Also stiegen in mir neuerlich Zweifel hoch und der Gedanke, alles sei ein Irrtum, denn noch immer vermochte ich nicht zu erfassen, daß einzig durch das kleine Gerät an meinem Gürtel ich für alle anderen unsichtbar blieb. Bei diesem Gedanken schaute ich auf Askets Gürtel und sah, daß sie ein gleiches Gerät trug, und zudem, ich wußte es nicht zu erklären, trug sie jetzt einen overallähnlichen, enganliegenden grauen Anzug. Das hatte ich vorher im Schiff noch nicht bemerkt, weshalb ich sie gedanklich fragte, wann sie denn ihre Kleidung gewechselt hätte. Lachend meinte sie, das habe sie während unserer völligen Unsichtbarkeit im Schiff getan. Diese Antwort mußte ich wohl oder übel akzeptieren, und sicher entsprach sie der Wahrheit.

Im Laufe der Jahre und durch die Kontakte mit Sfath und Asket hatte ich gelernt und mir auch angewöhnt, allen Dingen auf den Grund zu gehen, um nach Möglichkeit die Wahrheit herauszufinden. So hatte ich mir auch eine gewisse Frechheit angeeignet, vielleicht auch einen gewissen Mut, wodurch ich locker und ohne Angst an Dinge heranging, deren Geheimnis ich lüften wollte. So geschah es auch hier: Der Aufforderung Askets folgend, ging ich frech auf eine kleine Gruppe diskutierender Beduinen zu, die sich in der ihnen eigenen, mir völlig unverständlichen Sprache unterhielten, die mir aber trotzdem vertraut erschien und die ich schon gehört haben mußte. Die Männer in ihren braun-weiß-schwarzen Gewändern nahmen nicht die geringste Notiz von mir, als ich mich ihnen leise und vorsichtig näherte und mich zu ihnen gesellte, wobei ich darauf bedacht war, nicht mit ihnen in Berührung zu kommen. Obwohl ich dicht bei den Männern stand, wurde ich nicht beachtet. Dieser eigenartigen Tatsache wollte ich nun doch auf den Grund gehen. Also langte ich nach dem braunen Stoffumhang eines Mannes und dachte dabei, daß ich diesen ja wohl nicht packen könnte, wenn ich tatsächlich unsichtbar sein sollte. Doch überraschenderweise vermochte ich den Stoff zu fassen, der sich recht rauh anfühlte. Dann zog und zupfte ich einmal kräftig daran und trat gleichzeitig einen großen Schritt zurück, immer noch am Umhang ziehend. Verwundert blickte der Mann hinter sich und schüttelte dann den Kopf, denn ganz offenbar konnte er mich nicht sehen. Also entsprach es der Tatsache, daß ich für alle anderen außer für Asket unsichtbar war. Doch während der Mann sich noch immer kopfschüttelnd wieder seinen Gesprächspartnern zuwandte, mit diesen weiterdiskutierte und seinen Umhang wieder zurechtrückte, schwirrte mir der Gedanke durch den Kopf, daß alles doch vielleicht nur auf einer Täuschung beruhe. Eine weitere Probe konnte also nicht schaden, und diese mußte mir die Wahrheit bringen. Nun schon ein bißchen unbekümmerter und frecher, ging ich auf ein schwarz-braunes Zelt zu, schob langsam vorsichtig den Eingangsvorhang beiseite und schlüpfte hinein, während dicht hinter mir ebenso leise und vorsichtig Asket folgte. Es war ein Frauenzelt. Sieben junge und zwei ältere Frauen waren mit ihrer Morgentoilette beschäftigt, während eine weitere junge Frau ein Kleinkind an ihrem Busen nährte. Und wieder wunderte ich mich, daß diese Menschen keinerlei Notiz von Asket und mir nahmen. Es mußte doch für sie ungeheuerlich sein, daß ein junger Mann in ihr Zelt eingedrungen war. Doch so wie die Männer draußen sahen auch sie mich offenbar nicht, denn keine von ihnen kümmerte sich um mich. Ich schien für sie Luft zu sein und nicht zu existieren. Das gab mir neuerlich Courage. Nun wollte ich sehen, wie weit ich gehen konnte. Lautlos stieg ich über feine Teppiche hinweg und ging auf eine der jungen hübschen Araberinnen zu, die mit nacktem Oberkörper neben einer Wasserschüssel auf einem großen Ballen saß und sich mit der rechten Hand die Haare kämmte. Dann stand ich direkt vor ihr, doch sie blickte durch mich hindurch und sah mich nicht. Langsam beugte ich mich zu ihr nieder und küßte sie sanft auf die Lippen – offenbar sah sie mich noch immer nicht. Schnell erhob ich mich wieder und trat etwas zurück, weil ich befürchtete, daß die junge Frau nun hochschießen und einen Schrei ausstoßen würde. Doch nichts dergleichen geschah; nur ihre Augen wurden jetzt ganz groß, und schnell fuhr sie mit ihrer linken Hand hoch und legte den Zeige- und Mittelfinger auf ihren Mund. Ganz weich und sanft fuhr sie sich damit über die Lippen, und beinahe schien sich ihr Gesicht zu verklären. Vielleicht glaubte sie, schoß mir der Gedanke durch den Kopf, von einem lieben Geist geküßt worden zu sein. Dann sank ihre Hand wieder nieder, und ein feines Lächeln huschte über ihr Gesicht, wobei sie in die Unendlichkeit zu blicken schien. Das war Grund genug für mich, abermals an die hübsche Frau heranzutreten, mich zu ihr niederzubeugen und sie noch einmal sanft auf den Mund zu küssen. Ich fühlte, wie ihr Körper zu vibrieren begann, und sah, wie sich ihre braunen Augen langsam schlossen, während ein leises Stöhnen über ihre Lippen kam. Dann fiel ihr Kopf nach vorn, und sie kippte langsam zur Seite. Geistesgegenwärtig fing ich sie auf und legte sie sanft zu Boden, wo sie mit verklärtem Gesicht einige Minuten liegenblieb, offenbar völlig unbeobachtet von den übrigen Frauen. Erst etwas erschrocken, realisierte ich schnell, daß die Frau in Ohnmacht gefallen war, weil sie das Ganze offenbar nicht verkraftete. Und zu Hilfe kam ihr deshalb niemand, weil sie sich in gewissem Abstand von den anderen Frauen hinter einer undurchsichtigen Trennwand im Zelt befand. Vielleicht nahm sie unter den Frauen eine besondere Rolle ein. In mir erklang plötzlich Askets wispernd lachende Stimme, die fragte, ob ich nun endlich überzeugt sei. Und tatsächlich, ich war es! Wir warteten noch die zwei oder drei Minuten, bis die junge Frau wieder erwachte, von deren Ohnmacht die andern Araberinnen tatsächlich nichts mitbekommen hatten. Ganz offensichtlich noch etwas verwirrt, erhob sie sich und setzte sich wieder auf den Ballen, um dann nach etwa einer weiteren Minute zu den anderen Frauen hinüberzugehen und immer noch mit verklärtem Gesicht hastig auf diese einzureden, wobei sie offensichtlich erzählte, was ihr zugestoßen war. Die andern Frauen aber schüttelten nur ungläubig den Kopf und fielen mit wahren Wortschwällen über die trotzdem glücklich und verklärt wirkende junge Frau her. Die Frauen standen im Halbkreis um die junge Araberin herum und wurden nun langsam gehässig gegen diese, was ich an ihren Stimmen und ihrer Mimik feststellen konnte. Also dachte ich, daß ich helfend einspringen müßte und trat in den Halbkreis vor die schimpfenden Frauen hin. Es gelang mir, an jede einzelne heranzutreten, ohne daß mir etwas in den Weg kam. Dann küßte ich eine nach der anderen auf die Wange, zwar schnell und kurz, dafür aber schmatzend und spürbar. Und eine nach der andern verstummte und erstarrte, während ich schnell aus dem Halbkreis und zu Asket trat, die am Zeltausgang auf mich wartete. Zwei oder drei Minuten dauerte es, ehe wieder Bewegung in die Gruppe der Frauen kam, die nun plötzlich alle verändert waren und sich zu der Frau setzten, die ich zuerst geküßt hatte, um erregt mit ihr zu reden. Asket und ich verließen schnell das Zelt. Draußen sah ich, daß weit im Osten die Sonne bereits einiges über dem Horizont stand.

Ich hörte noch immer – oder schon wieder? – Askets angenehmes Lachen in mir und ihre Stimme, die meinte, daß sie noch nie zuvor etwas Derartiges erlebt hätte. Wenn ich die vielen Möglichkeiten der Unsichtbarkeit bisher noch nicht gekannt hätte, so ergehe ihr das jetzt genauso, denn erst jetzt erkenne sie die vielen Möglichkeiten, die dies böte. Sie könne sich nicht erinnern, daß jemals jemand etwas Derartiges getan habe, wie ich eben. Sie habe sehr an sich halten müssen, um nicht lauthals loszulachen, als ich die Frauen durch das Küssen zum Verstummen und Erstarren gebracht hätte. So sehr erheitert wie Asket war ich allerdings nicht, denn im nachhinein hatte ich meine Bedenken, weil ich wohl etwas unbedacht und zu impulsiv gehandelt hatte. Vielleicht wurde die eine oder andere der Frauen ja nun irre. Dazu meinte aber Asket, daß diese Befürchtungen unbegründet wären, denn sie hätte die Gedanken und Gefühle der Frauen kontrolliert und festgestellt, daß alle in diesen wenigen Minuten sehr glücklich gewesen seien, denn sie glaubten von einem unsichtbaren Engel geküßt worden zu sein. Aus diesem Grund wären sie alle jetzt froh, zuversichtlich, stolz und glücklich, und ihr künftiges Leben würde sich entsprechend verändern. Bisher hätten alle diese Frauen ein sehr hartes und oft auch unglückliches Leben gehabt, folglich sei auch ihre Psyche belastet gewesen. Durch mein Handeln jedoch hätte sich in ihnen innerhalb weniger Minuten ein Prozeß abgespielt, durch den sie nun froh und glücklich seien. Sie, Asket, verstehe unter anderem auch arabisch und habe alles verstanden, was die Frauen sprachen, weshalb sie mir auch mit Sicherheit diese Erklärung geben könne.

Natürlich war ich erleichtert und meinte dann, daß ich unter diesen Umständen ja sozusagen noch ein gutes Werk getan hätte, was Asket ernsthaft bestätigte - ich könne zumindest gegenwärtig noch gar nicht erfassen, welchen ungeheuren Dienst ich den Frauen erwiesen habe. Dies war dann auch der Grund dafür, daß ich mir um die Araberinnen keine weiteren Sorgen mehr machte und hoffte, daß Asket mit ihrer Erklärung recht hatte und sich durch mein Handeln das Leben der Frauen zu einem erfreulicheren Dasein wenden würde, was sich erfüllte, wie ich Jahre später erkennen und erleben durfte, als mich Asket nochmals unsichtbarerweise zu diesen Frauen brachte, weil ich wissen wollte, wie es ihnen erging.

Wir entfernten uns vom Zelt, auf das nun einige Männer zugingen, um offenbar auch dieses abzubrechen. Als ich diesen auswich, bemerkte ich, daß unser Schiff nicht mehr an dem Ort stand, wo wir es zurückgelassen hatten. Vielleicht war es auch für mich nur unsichtbar. Sicherlich hatte Asket das veranlaßt, weshalb ich sie leise danach fragte, was ich nun wagen konnte, weil wir außer Hörweite der Beduinen waren. In gleicher Form erhielt ich von ihr die Antwort, daß es zu gefährlich gewesen wäre, das Raumschiff einfach auf dem Boden stehen zu lassen. Die Unsichtbarkeit desselben schütze zwar vor Sicht, nicht jedoch davor, daß ein Mensch oder ein Tier dagegenlaufen und sich verletzen oder seine Existenz feststellen könne. Aus diesem Grunde habe sie das Schiff in die Höhe über die Pyramide gelenkt, wo es für Menschen, die die Gegend, die Pyramide oder den Himmel betrachteten, unsichtbar in der Luft schwebe. Ich aber könne es sehen, wenn ich hochblicke, denn durch mein Gürtelgerät sei dies möglich. Und tatsächlich, als ich aufschaute, fand ich das Raumschiff mitten über der Pyramide in der Luft schweben. Natürlich interessierte es mich, warum ich es sehen konnte, während es für die Beduinen unsichtbar blieb. Ferner wollte ich wissen, warum ich die Menschen, die Sphinx, die Pyramiden und alles andere sehen konnte, ohne selbst gesehen zu werden. Doch auf diese Fragen erhielt ich nur eine knappe Antwort: Das Phänomen der Unsichtbarkeit werde durch kleine Geräte ausgelöst, wie ich zu diesem Zweck selbst auch eines am Gürtel trug, wobei in dieses die technische Möglichkeit eingearbeitet sei, das Licht derart umzulenken, daß alles unsichtbar werde, was im direkten Einflußbereich sei. Dabei spiele es keine Rolle, wie groß das Objekt sei, denn das kleine Gerät sei in seiner Wirkung derart weitreichend, daß es selbst kilometerlange Raumschiffe unsichtbar machen könne. Die Technik beruhe dabei darauf, daß vom Gerät eine fächerförmige Strahlung ausgehe, die nicht dicker als $^1/_7$ Millimeter sei und sich wie ein dünner netzartiger Film über die gesamte Außenfläche des Objektes ausbreite, wobei dieser Film beziehungsweise diese Strahlung das Licht derart umlenke, daß für die Augen oder einfache Optiken alles, was sich hinter dem unsichtbaren Objekt befinde, normal sichtbar sei. Alle unsichtbar getarnten Objekte könnten wiederum nur gesehen werden, wenn man im Besitze eines der kleinen Geräte sei. Diese seien durch eine bestimmte Einstellung auch in der Lage, etwas Unsichtbares für jene Personen sichtbar zu machen, die durch das Gerät selbst unsichtbar seien.

Weiter wollte ich wissen, wie es sich damit im Raumschiff selbst verhalte, in dem nicht einfach alles nur unsichtbar wurde, sondern in dem ich über mir den weiten Himmel und unter mir die Erde sehen konnte. Hier sei der technische Vorgang völlig anders aufgebaut, erklärte Asket. Wenn das Schiff und alles, was darin sei, unsichtbar werde, handle es sich um eine ungefährliche Molekularveränderung der Materie in der Form, daß eine absolute Transparenz entstehe, die derart perfekt sei, daß sie als Unsichtbarkeit der Materie wirke, wobei die ursprüngliche Molekularstruktur erhalten bliebe. Mehr war leider nicht in Erfahrung zu bringen, denn Asket hüllte sich in Schweigen mit den Worten, daß es nicht gut wäre, wenn ich darüber genauere Angaben besäße. Also fragte ich sie nicht mehr und überließ es ihr, die weitere Unterhaltung zu führen. Ihre Rede kam dabei auf meine eigene Person, während wir uns von der großen Pyramide entfernten, auf die wir zugegangen waren. Ein andermal hörte ich viele Erklärungen, wie mir diese schon von Sfath gegeben worden waren. Dann aber sprach Asket von Dingen, die mir noch unbekannt waren: Im Jahre 1975 würde ich den Grundstein für eine Gemeinschaft legen, aus der sich in wenigen Jahren eine sogenannte ›Freie Interessengemeinschaft‹ entwickle, die in nur zwanzig Jahren bereits weltweit bekannt sein würde. Diese Gemeinschaft sowie ganz besonders ich würden jedoch von bösartigen Widersachern angefeindet und verleumdet werden, und zwar sowohl von Organisationen und Personen, die z.Z. noch nicht gegründet oder noch nicht geboren wären. Auch Regierungen und deren Geheimdienste würden sich bemühen, mich als Lügner, Schwindler und Betrüger hinzustellen, weil es ihnen ein Dorn im Auge sein würde, wenn meine Kontakte zu außerirdschen Intelligenzen weltweit bekannt würden.

9
Die Geheimnisse der Pyramide von Gizeh

Plötzlich ergriff Asket meine Hand und führte mich zur großen Pyramide zurück. Auf meine Frage, wohin wir denn gehen würden, lachte sie leise und sagte, daß ich mich überraschen lassen solle. Dann führte sie mich auf eine dem Eingang abgewandte Seite und trat an einen großen Quader heran, der sich plötzlich, wie von Geisterhand, nach innen in die Pyramide schob. Durch die Öffnung führte mich Asket hinein in einen schmalen Gang, der rechts des weggeglittenen Quaders erschien. Kaum waren wir in dem Gang, wich der Quader zurück und verschloß wieder den Eingang. Im Gang, der nicht breiter als fünfzig oder sechzig Zentimeter war, herrschte ein Dämmerlicht, von dem ich nicht feststellen konnte, woher es kam. In langen modrigen Gängen durchschritten wir die Pyramide. Dann plötzlich wurde es dunkel, so daß ich nichts mehr zu erkennen vermochte. Trotzdem ging Asket, mich immer an der Hand führend, mit mir unbeirrt weiter. Ich wunderte mich, daß ich nirgends anstieß und Asket trotz der wörtlich genommenen ägyptischen Finsternis den Weg fand. Lange gingen wir so dahin und ich fühlte, daß wir zeitweilig hinabstiegen, schräg nach unten, ohne Treppen. Dann verspürte ich einen schwachen Druck in den Ohren, ähnlich wie beim Überwinden eines Höhenunterschiedes.

Ich wußte nicht, wie lange wir bereits so im Dunkeln dahingegangen waren – es schien mir eine Ewigkeit –, als plötzlich wieder ein schwaches Licht zu erkennen war, gerade so, als ob die erste Morgendämmerung einsetzte. Doch wiederum vermochte ich die Quelle dieses Dämmerlichtes nicht zu ergründen. Dann standen wir erneut vor einem gewaltigen Quader, diesmal tief unten in der Pyramide. Hier ging es nicht mehr weiter. Doch ehe ich Asket etwas fragen konnte, geschah etwas Eigenartiges: Der riesige Quaderstein löste sich plötzlich in Nichts auf – und schon zog mich Asket über die Stelle hinweg, wo vor zwei Sekunden noch der Riesenquader lückenlos in andere Quader eingefügt gewesen war und den Durchgang verschlossen hatte. Kaum hatten wir die entstandene Öffnung passiert, verdichtete sich der Quader und verschloß den Eingang wieder, und nichts deutete darauf hin, daß hier ein Durchgang war. Vor uns tat sich nun ein steil abwärtsführender Gang auf, der nach etwa fünf Metern in eine kahle Felsenkammer mündete, in der zwei seltsam gekleidete Männer standen, die ganz offensichtlich den weiterführenden Gang bewachten, der nun mindestens doppelt so breit war wie jener, durch den wir bis zum letzten Durchgang vorgedrungen waren. Die Männer trugen wallende, bis zum Boden reichende braune Mäntel, die vorne offen waren, so daß ich darunter silberfarbene, die Körper eng umschließende Gewänder erkennen konnte, wie Rüstungen, die angegossen waren. Als ich leise, immer noch von Asket an der Hand geführt, durch den kurzen Gang zu den beiden Männern hinunterschritt, blickte ich zum Quader zurück: er lag unverrückbar an seinem Platz. Die beiden Männer hatten offensichtlich nichts davon bemerkt, daß er sich für kurze Zeit in Nichts aufgelöst und dann wieder verdichtet hatte. Auch bemerkten sie offenbar Asket und mich nicht. Plötzlich wisperte Askets Stimme wieder in meinem Bewußtsein: ich solle schweigen und nicht zu sprechen versuchen. Außerdem müsse ich äußerst darauf bedacht sein, keine Geräusch zu machen und nicht hörbar zu atmen. Der Ort hier sei nicht ohne Gefahr für uns, und er sei auch nicht von ihrer Rasse erbaut worden. Es wäre zudem nicht von geringstem Nutzen, wenn wir hier von den Wachen ausgemacht würden, denn das würde die gesamte Mission gefährden und könnte uns gar das Leben kosten. Die Wachen seien Mitglieder beziehungsweise Angehörige einer bösen, machtbesessenen Rasse, die durch viele unlautere Mittel und Machenschaften große Teile der Menschheit unter ihre Kontrolle zwängen, um dadurch eines Tages die gesamte Erde unter ihre Herrschaft zu bringen. Das müsse verhindert werden und würde in den achtziger Jahren, wenn die Plejaren diese Machtbesessenen deportieren würden, geschehen, wie sie durch eine Vorschau ergründet habe. Diese Gizeh-Intelligenzen, wie sie genannt würden, seien alte und machtgierige Abtrünnige Außerirdischer aus der Henok-Linie, die von den raum-zeit-verschobenen Lyra-Wega-Gebieten vor vielen tausend Jahren zur Erde gekommen seien.

Das Erklärte genügte mir natürlich, um zu schweigen und keinerlei Geräusch zu verursachen. So folgte ich stumm meiner Führerin, langsam vorbei an den beiden Wachen, um uns ja nicht durch ein Kleiderrascheln oder durch einen Luftzug zu verraten. Die Wachen aber nahmen keinerlei Notiz von uns, denn offensichtlich vermochten sie uns weder zu sehen, zu hören noch zu spüren. Es schien, als wären wir für die beiden Männer einfach nicht existent. Tatsächlich war es für mich eine ungewohnte, immer noch neue Situation, an die ich mich trotz der vorgehenden Erlebnisse mit den Araberinnen nicht so schnell gewöhnen konnte. Was mich dabei noch wunderte, war, daß die beiden Männer völlig regungslos auf ihrem Posten standen und keinerlei Unterhaltung führten, und das offenbar stundenlang. Also versuchte ich nach einigen weiteren Metern, die wir den Gang hinuntergingen, telepathisch von Asket Antwort darauf zu erhalten, die sie mir auch bereitwillig gab, indem sie erklärte, daß die beiden Männer deshalb so stumm und konversationslos dort standen, weil sie keine Menschen seien, sondern Androiden. Dabei handle es sich um künstliche Menschen mechanisch-elektronisch-positronisch-bioorganischer Natur. Die Androiden seien also keine lebendigen Wesen, so daß sie weder miteinander Konversation betreiben noch sich beim Stehen bewegen müßten. Dieser Typ Androiden sei jedoch hoffnungslos veraltet und nicht fähig, wie die neueren Androiden, menschliche Schwingungen zu orten, sondern nur Geräusche und Bewegungen, die durch Akustik- und Optiksensoren erfaßt würden. Unsere Geräte zur Unsichtbarkeitmachung aber schützten uns auch gegen Schwingungssensoren, wenn wider Erwarten von den Gizeh-Intelligenzen doch solche konstruiert und eingesetzt werden sollten. Die filigrane Netzgeflecht-Schicht, die den gesamten Körper überziehe, verhindere auch das Austreten von elektromagnetischen Schwingungen des Gehirns wie auch das Austreten anderer Schwingungen wie z.B. psychischer und unterbewußtseinsmäßiger Natur, so daß keinerlei Gefahr bestehe, daß wir in dieser Form geortet werden könnten. Wäre dem nicht so, wären wir weder in der einen noch in der andern Form an den beiden Wächtern vorbeigekommen.

Der Gang führte vom Felsenraum steil hinunter, nun jedoch über Treppenstufen. Das Dämmerlicht blieb immer gleich und schien aus den Wänden, den Stufen und aus der Decke zu kommen. Eine direkte Lichtquelle war nicht auszumachen. Dann standen wir in einer riesigen Halle, die derart hell erleuchtet war, daß sie vom Licht beinahe überquoll, das von überall und nirgendwo herkam. Wie in den Gängen, war auch hier keine Lichtquelle festzustellen. Und im Gegensatz zu den kühlen Gängen war es hier angenehm warm. Die Halle selbst war riesig, mindestens an die 500 Meter hoch und doppelt so groß im Durchmesser, die Wände glasig und hart, wie ich durch eine Berührung feststellte, und tief unter uns auf dem Boden stand ein riesiges diskusförmiges Raumschiff. Wie ich später feststellte, ruhte es auf sieben gewaltigen Landestützen, an deren Ende Tellerplatten angebracht waren. Ein Raumschiff, tief unterhalb der großen Pyramide von Gizeh. Ich glaubte zu träumen, daher kniff ich mich in die Ohrläppchen – einmal, zweimal, dreimal. Ich spürte den Schmerz und drückte meine Fingernägel noch fester, und der Schmerz wurde stärker, intensiver. Also war alles Wirklichkeit und kein Traum: Tatsächlich, hier unter der Pyramide von Gizeh, war eine gewaltige Halle, und in dieser ruhte ein riesiges diskusförmiges Raumschiff, wie ich gleichartige schon oft umherfliegen gesehen hatte – mit einem Durchmesser von schätzungsweise dreihundert Metern. Es erinnerte mich sofort an mein erstes Beobachtungserlebnis vom 2. Juni 1942, doch konnte es nicht dasselbe gewesen sein, denn dieses ruhte sicher schon seit Jahrhunderten oder gar Jahrtausenden hier unten in dieser Lagerhalle, die meiner Schätzung nach an die 300 oder 400 Meter tief unter der Erde liegen mußte.

Als ich mich von der ersten Überraschung erholt hatte, wurde ich von Asket wieder an der Hand genommen und über die Treppe weiter hinuntergeführt bis zum Boden der Halle. Das dauerte eine ganze Weile, denn es waren an die 260 oder 270 Stufen zu bewältigen. Diese Zeit nutzte Asket, um meine Fragen zu beantworten. Ich täuschte mich in verschiedenen Dingen, meinte sie. Die Halle sei zwar wirklich 500 Meter hoch und doppelt so lang, doch wir befänden uns hier nicht in 300 bis 400 Metern Tiefe unter der Erdoberfläche, sondern wenig mehr als 1200 Meter. Auch sei unser gegenwärtiger Standort nicht direkt unter der großen Pyramide von Gizeh, sondern wenig mehr als zwei Kilometer abseits, weswegen wir auch bereits seit rund zwei Stunden unterwegs seien, und nicht erst zwanzig bis dreißig Minuten, wie ich annähme. Die Halle sei von den Machthabern bereits vor zehntausend Jahren erbaut worden, indem durch eine gewaltige unterirdische atomare Explosion der notwendige Hohlraum geschaffen worden sei, und zwar durch eine sogenannte saubere Atombombe, die keine radioaktive Strahlung erzeuge. Das Erdmaterial sei durch die ungeheure Hitze der Explosion verdampft und habe sich als glasige Kruste im entstandenen Hohlraum festgesetzt. Nach der Abkühlung der Materie habe man mit dem Ausbau und der Nutzbarmachung des riesigen Raumes beginnen können. Die Dicke der Verglasung des Erdmaterials sei auch der Grund dafür, daß keine Gewölbeträger oder Gewölbetragpfeiler notwendig seien, so daß das verglaste Material stark genug sei, das riesige Gewölbe absolut sicher zu tragen. Der einzige Zugang zu diesem Hallengewölbe sei nur der, den wir zwei genommen hätten. Dennoch sei es den Gizeh-Intelligenzen möglich, mit ihren Raumschiffen die Halle zu verlassen, denn sie besäßen die Möglichkeit des Materietransfers, wodurch sie mit ihren Raumschiffen sozusagen in molekularverändertem Zustand durch jede Materie hindurchfliegen könnten, um danach sofort wieder ihre ursprünglich feste Form anzunehmen. Also bräuchten sie keine Gewölbeöffnung, um ins Freie oder wieder in die Riesenhalle zu gelangen. Weiter umfasse die Treppe nicht 260 oder 270 Stufen, sondern 354, wohingegen das Raumschiff tatsächlich gerade 300 Meter Durchmesser und 114 Meter Höhe aufweise. Dieses große Schiff werde allerdings seit mehreren Jahrtausenden nicht mehr sehr häufig benutzt, denn für den stetigen Gebrauch stünden die kleinen Schiffe zur Verfügung, die nur sieben Meter Durchmesser aufwiesen, wie ich selbst jenseits der Halle sehen könne. Ich solle doch nur einmal genau hinsehen.

Erst jetzt schaute ich mich weiter um und sah am andern Ende der Halle eine ganze Anzahl kleinerer Raumschiffe auf Landestützen stehen. Der Raum zwischen diesen kleinen Schiffen und dem großen, in dessen Nähe wir standen, war völlig leer, und so zog ich Asket mit mir, um zu den kleinen Raumschiffen hinüberzugehen. Das dauerte einige Minuten, und dann standen wir vor 17 kleinen, verschiedenartigen Flugobjekten, deren Landestützen ebenfalls in Tellerplatten endeten. Mehrere der Objekte waren dreieckig und völlig schwarz, ohne daß irgendwelche Konturen zu erkennen waren. Ihre Höhe betrug in etwa drei Meter, wie auch die der restlichen Schiffe, die allesamt metallisch und, bis auf eines, diskusförmig waren. Ein einziges hatte die Form einer Kugel, doch waren dort weder Fenster noch sonstige Öffnungen wie an den diskus- oder dreieckförmigen Objekten. Damit hatte ich genug gesehen und ging mit Asket zurück zur großen Flugscheibe, an der ebenfalls keine Öffnungen zu sehen waren. Beim Zurückgehen beobachtete ich die weitere Umgebung der Halle und erkannte, daß sich direkt über dem Boden in den Wänden verschieden große Öffnungen befanden, hinter denen Askets zufolge Werkhallen, Wohnräume und Kontrollräume lagen.

Wieder beim großen Raumschiff angelangt, ging ich mit Asket unter diesem hindurch, um es auch von unten und von der anderen Seite zu betrachten. Es war imposant und machte einen gewaltigen Eindruck auf mich. Da plötzlich erklang ein Geräusch, das wie eine singende Säge klang. Und als ich den Ursprung des Geräusches suchte und mich umblickte, gewahrte ich acht Männer in silbrigen Overalls, die aus Öffnungen in den Seitenwänden auftauchten und auf ein flaches Gefährt stiegen, das sofort in Richtung der kleinen Raumschiffe losfuhr. Dort angelangt, verließen die Männer das Vehikel und gingen zu den kleinen Schiffen, wo sie alsbald verschwanden. Kurz darauf erklang ein lautes, durchdringendes, sirrendes Geräusch, und ich erblickte zwei der dreieckigen Raumschiffe, wie sie hochschwebten und sich Richtung Zenit der Halle bewegten, wo ich hoch oben unter der Decke einen metallisch wirkenden etwa 400 bis 500 Meter durchmessenden und an die zehn Meter dicken Wulst erkannte, der hell aufgleißte, als die beiden Schiffe sich in seinem Inneren befanden. Dann ging vom Wulst rundum ein gewaltiger Flächenblitz aus, die beiden kleinen Raumschiffe begannen kurz zu flimmern, wurden durchsichtig und verschwanden. Das Ganze dauerte nicht mehr als einen kurzen Augenblick. Das mußte wohl ein Transfer der Schiffe ins Freie gewesen sein, dachte ich, was Asket sofort bestätigte. Mich interessierte dabei dann noch, ob denn von außen nichts bemerkt werden könne, wenn die Raumschiffe wie aus dem Nichts erscheinen würden, und ob denn bisher noch niemand den geheimen Eingang zu den Gängen gefunden hätte. Die zweite Frage verneinte sie, und zur ersten erklärte sie, die Raumschiffe würden sich erst sehr hoch über der Erde in etwa vierzig Kilometern Höhe wieder rematerialisieren, so daß sie von der Erde aus nicht beobachtet werden könnten. Beim Zurückkehren würden sie in unsichtbarem Zustand ihr Ziel anfliegen und sich kurz über der Erde materialisieren, wobei der von mir beobachtete Energiewulst eine wichtige Rolle spiele, dessen Kräfte aus der Halle heraus bis etwa 35 Meter über die Erdoberfläche reichten. Natürlich wollte ich wissen, ob dies denn nicht für Menschen oder Tiere, die sich gerade im Bereich der Wulstenergie auf der Erde aufhielten, gefährlich sei. Dies sei nicht der Fall, erklärte Asket, und auch der Flächenblitz könne auf der Erdoberfläche nicht wahrgenommen werden, denn dort wirke nur noch die reine Energie, aber nur für Objekte, die über bestimmte Apparaturen verfügten, um die Transferenergien wirksam werden zu lassen. Und auf die Frage hin, ob Erdenmenschen die Riesenhalle denn nicht durch irgendwelche Geräte orten könnten, antwortete Asket, diese besäßen zur gegenwärtigen Zeit weder Geräte noch Apparaturen, durch die eine solche Ortung möglich sei. Außerdem seien die Halle und die Gänge unter der Pyramide und unter dem Boden entsprechend geschützt. Also bestehe in dieser Hinsicht auch in naher und ferner Zukunft keine Gefahr, wenn die irdischen Wissenschaftler, Techniker und Elektroniker Geräte und Apparaturen entwickelten, mit denen ins Erdinnere gesehen oder gehorcht werden könne. Mit dieser Antwort gab ich mich zufrieden und wandte mich wieder staunend der Betrachtung der großen Diskusscheibe zu.

Es mochten zehn oder fünfzehn Minuten vergangen sein, als Asket fand, daß ich nun genug gesehen hätte. Also nahm sie mich wieder bei der Hand und zog mich weiter zu einem kleinem Plateau, das etwa zwanzig Meter vom äußersten Rande des Raumschiffes entfernt war. Schon von weitem machte ich undefinierbare Dinge darauf aus. Worum es sich handelte, konnte ich beim besten Willen nicht erkennen, doch sollte es mir bald klar werden. Als ich mit Asket nämlich auf dem kleinen Plateau anlangte, kam ich aus dem Staunen kaum noch heraus. Mehrere Minuten brauchte ich, um meine Fassung wiederzugewinnen. Darüber jedoch Näheres zu berichten, ist hier nicht angebracht …

Asket mußte wohl mein Gedankendilemma mitbekommen haben, denn sie packte mich wortlos am Arm und zog mich mit sich fort – denselben Weg zurück, den wir, wie mir schien, kurz zuvor gekommen waren. Es war mühsam, die vielen Stufen der Treppe wieder hochzusteigen, weshalb wir mehrmals anhielten, um kurz zu verschnaufen. Dann endlich erreichten wir den Felsenraum, in dem die Wachen noch so dastanden, wie wir sie angetroffen hatten. Offenbar hatten sie sich keinen Millimeter gerührt. Leise huschten wir an ihnen vorbei, und ich wunderte mich abermals, daß uns das so ohne weiteres gelang. Aus diesem Grunde beobachtete ich die beiden Gestalten auch etwas genauer als das erstemal und bemerkte, daß beide in ihrer rechten Hand etwas wie ein kleines Brillenetui hielten. Als ich mich wunderte, was das denn sei, erhielt ich telepathisch Askets wispernde Antwort, daß es sich dabei um einen Desintegrator handle, eine Waffe, die durch Strahlenwirkung jeden Gegenstand in einem Sekundenbruchteil in seine Einzelteile auflöse. Diese Erklärung bereitete mir etwas Unbehagen, und ich war denkbar froh, daß die beiden Wächter von ihrem Standpunkt aus den großen Quader nicht sehen konnten, durch den wir das kleine Gewölbe wieder verließen und der sich wieder in Nichts auflöste, als wir auf ihn zutraten. Offensichtlich ging es dann durch dieselben modrigen und dämmrigen Gänge wieder zurück, und wir gelangten zu jenem Quader, der die Öffnung nach außen versperrte. Wie beim Eintreten wich er auch jetzt nach innen zurück und ließ die Helligkeit des Tages hinein. Etwas geblendet trat ich mit Asket hinaus, und dann standen wir plötzlich im hellen Sonnenlicht, dessen Wärme nach der Kühle in den modrigen Gängen sehr angenehm war. Langsam gingen wir an der Pyramide entlang. Plötzlich sah ich die Sphinx wieder und auch unser kleines Raumschiff, das immer noch am selben Ort hoch über dem Boden schwebte. Langsam sank dieses nun auf den Boden nieder, während wir darauf zugingen. Und ehe ich mich versah, war ich schon wieder im Innern des Schiffes in meinen Sitz neben Asket. Ich wußte nicht, wie das geschah, denn gerade erst war ich unter die Unterseite des Schiffes getreten – und schon war ich wieder drin. Doch diese Dinge erlebte ich ja nun schon zum wiederholten Male und wunderte mich deshalb nicht mehr allzusehr. Alles wurde allmählich zur Selbstverständlichkeit.

Langsam schwebte das Schiff in die Höhe, wobei ich undeutlich realisierte, daß das Lager der Beduinen verschwunden war und nun viele Leute herumliefen, ganz offenbar Touristen, die ›alles‹ sehen wollten. Bei diesem Gedanken mußte ich belustigt auflachen – und dachte »wenn die wüßten!«. Die Sonne stand schon sehr hoch am Himmel und hatte den Zenit bereits weit überschritten. Das erst veranlaßte mich, auf meiner Armbanduhr zu schauen, wie spät es war. Unglaublich: Ich mußte mit Asket nicht nur kurze Zeit in der Pyramide beziehungsweise in der riesigen Halle tief und seitwärts unter dieser gewesen sein, sondern viele Stunden, obwohl mir die Zeit wie Minuten, höchstens wie ein bis zwei Stunden erschienen war. Kurz nach Sonnenaufgang waren wir in den Geheimgang der großen Pyramide getreten, und jetzt war es 14.20 Uhr. Und gerade als ich das feststellte, schoß das Schiff rasend schnell himmelwärts.

10
Die Sicherheitsblockade

Mit unvorstellbarer Geschwindigkeit sauste das Schiff mit Asket und mir gen Osten, und schon nach wenigen Sekunden war tief unter uns das Tote Meer zu erkennen. Abrupt blieben wir mitten während des rasenden Fluges in der Luft stehen, ohne daß ich auch nur den geringsten Andruck verspürte. Dann schwebten wir langsam und sanft nieder, auf das Wüstengebirge Jordaniens zu, wo wir weich auf dem Boden aufsetzten, und zwar am selben Platz, wo unser Schiff schon viele Stunden zuvor gestanden hatte und auch das unbemannte kleinere Schiff, mit dem ich hierhergebracht worden war. Weit abseits von jeglichen menschlichen Siedlungen, Wegen oder Pfaden befanden wir uns völlig ungestört von Beobachtern an einem Ort, an dem ich viele Dinge erfahren sollte, von denen ich noch nichts oder jedenfalls nicht viel wußte. Mehr als zwei volle Tage und Nächte dauerte der Aufenthalt hier, während die beiden Raumschiffe am Boden standen, abgeschirmt und unsichtbar, aus Sicherheitsgründen, wie Asket betonte, denn man könne ja nie wissen ... Es war eine Zeit, während der mich Asket in ungemein vielen und auch sehr wichtigen Dingen unterrichtete und mir außerdem viele Fragen beantwortete. So wurden die mehr als zwei Tage und Nächte zu einer Zeit des Wunderns, der Freude, des Erkennens, des Lernens und der endgültigen Übernahme einer sehr wichtigen Aufgabe.

Askets Ausführungen, Voraussagen und Erklärungen dauerten sehr lange. Viele der dabei und auch noch später offenbarten Dinge waren derart, daß ich ein Versprechen ablegen mußte, niemals darüber zu sprechen und den Rest meines Lebens oder für eine bestimmte Zeit strengstes Stillschweigen zu bewahren. Für alle Fälle jedoch ließ es Asket gemäß meinem Wunsch nicht allein bei meinem Versprechen. Ich wußte bereits von Sfath, daß ihre Rasse über eine Technik verfügte, die es ermöglichte, einen Sicherheitsblock aufzubauen, der ein Ausplaudern der mir anvertrauten Geheimnisse verhindern würde, wenn ich durch – eine Unvorsichtigkeit oder durch einen Zwang – trotz meines Versprechens in diese Verlegenheit kommen sollte. Also bat ich Asket, diese Sicherheitsblockade in mir zu erzeugen. Lange betrachtete sie mich und meinte dann, dies sei ein Eingriff in meine eigene Entscheidungsfähigkeit, einerseits, und andererseits zeuge mein Anliegen davon, daß ich mein Versprechen nicht nur sehr ernst nähme, sondern mir auch viele Dinge gründlich überlege. Im übrigen aber hätte sie genau diese Bitte von mir erwartet, also entspreche sie meinem Wunsch, und wenn ich wolle, könne sie diesen Sicherheitsblock auch für alle Zukunft aufbauen, so daß er nicht nur für alles Geheimzuhaltende der Vergangenheit gelte, sondern auch für alles, was mir zukünftig dieser Art anvertraut werde, also für mein gesamtes Leben. Natürlich war ich damit vollauf einverstanden, denn ich war mir bewußt, daß ich während meines Lebens noch viele Dinge erfahren und lernen würde, über die ich absolutes Stillschweigen zu wahren hätte.

Nach meiner abermaligen Zustimmung, daß Asket die Sicherheitsblokkade in mir beziehungsweise in meinem Bewußtsein und Unterbewußtsein errichten solle, forderte sie mich auf, mich im Sitz zurückzulehnen, worauf sie mir eine mir eigenartig erscheinende Apparatur auf den Kopf setzte, mit zwei metallenen Klammern, die sich leicht an meine Schläfen preßten. Auf Askets Aufforderung hin schloß ich die Augen und entspannte mich. Es dauerte wenige Sekunden, ehe mich ein warmes Kribbeln durchströmte, das vom Kopf ausging und sich im gesamten Körper und in allen Gliedern ausbreitete. Dann hörte das Kribbeln auf, und ich wurde nur noch von der wohligen Wärme durchströmt. Mit geschlossenen Augenlidern sah ich plötzlich bunte Lichtblitze und seltsame, farbige Figuren, die sich in rasender Folge veränderten. Das dauerte eine ganze Weile, dann waren plötzlich keine Blitze und keine Figuren mehr da, sondern nur noch die wohlige Wärme, die meinen ganzen Körper und alle Glieder durchströmte. Dann verschwand auch diese Wärme, indem sie sich aus den Gliedern und dem Körper langsam in den Kopf zurückzog, wo sie sich auflöste. Nun entfernte Asket die Apparatur wieder von meinem Kopf, und ich fühlte mich wohl und in keiner Weise anders als zuvor. Wie der Sicherheitsblock erstellt wurde, das wußte ich nicht. Auch wollte ich nicht danach fragen, denn es erschien mir besser, davon nichts zu wissen – aus welchen Gründen auch immer. Soviel wußte ich aber von Sfath: Dieser Block stand mit meinem Pflichtbewußtsein und verschiedenen anderen Dingen direkt im Zusammenhang und konnte nur unter deren Nutzung errichtet werden. Mehr wußte ich darüber nicht, und mehr weiß ich auch heute nicht, außer vielleicht noch die Tatsache, daß der ganze Prozeß nichts mit Hypnose oder irgendeiner suggestiven Beeinflussung zu tun hat.

Ich muß gestehen, daß mir Askets Erklärungen und Ausführungen damals ungeheuerlich erschienen und ich zu träumen glaubte. Stetig erwartete oder bemühte ich mich, aus meinem Traum zu erwachen und wieder in die Wirklichkeit zurückgerissen zu werden. Jedoch nichts dergleichen geschah, und je länger Askets Erklärungen und Ausführungen dauerten, desto deutlicher wurde mir, daß ich nicht träumte und alles bewußte Wirklichkeit war – nicht zuletzt auch deswegen, weil ich mich verschiedentlich in die Ohrläppchen kniff, bis sie bluteten, oder weil ich mich mit einer glimmenden Zigarette tief in die linke Hand brannte und den plötzlichen und anhaltenden Schmerz fühlte. Mehrmals griff ich auch nach Askets Händen und drückte kräftig zu. Sie gab Laute des Schmerzes von sich, und ich fühlte ihre Wärme und ihren Gegendruck, während sie verständnisvoll lachte und sagte, ich müsse mich daran gewöhnen, daß alles Wirklichkeit sei. Ich hätte doch mit Sfath lange genug in Kontakt gestanden, da müßte ich unterscheiden können, was Traum und Wirklichkeit sei. Dennoch tat ich während der nächsten Zeit noch vieles andere, um meine Sinne und mein Wachsein zu testen, doch jedesmal mußte ich feststellen, daß ich tatsächlich hellwach und voll bei Sinnen war. Weitere Stunden verstrichen, in denen mir Asket viele Dinge erklärte und mich belehrte, wobei wir abwechslend im Schiff saßen oder im Freien umherspazierten. Die Nacht war verstrichen, und der neue Tag ging bereits auf Mittag zu. Ich verspürte aber trotz der langen Zeit, die ich nicht geschlafen hatte, keine Müdigkeit. Und trotz der großen Wärme war ich nicht besonders durstig. Wie Asket erklärte, lag das daran, daß die Lebensmittel, die wir zu uns nahmen, genügend Flüssigkeit erzeugten, um den Durst zu stillen. Wir hatten während der gesamten Zeit nur einmal am Abend zuvor gegessen, und die Nahrung war der, die ich von Sfath her kannte, sehr ähnlich.

11
Die nicht vorhersehbare Begegnung mit Jitschi

Als die Sonne hoch im Zenit stand, spürte ich erstmals eine hochsteigende Müdigkeit in mir, was Asket offenbar bemerkte, denn sie sagte, daß auch sie müde sei und wir jetzt wohl einige Stunden schlafen sollten. Also legten wir uns in die Sitze, die Asket gedanklich so manipulierte, daß sie in Liegestellung waren. Dann schlief ich auch schon ein.

Als ich wieder erwachte, war es zwar Nacht, jedoch nicht finster. Starkes Sternenlicht erhellte den Himmel, und vielleicht war auch der Mond mit daran beteiligt. Sehen konnte ich ihn jedenfalls nicht. Als ich mich aus der bequemen Liege erhob, sah ich, daß auch Asket aufgewacht war, so daß ich sie bat, mit mir ins Freie zu kommen, um durch das Gebirge zu streifen. Sie willigte sofort ein und meinte, daß uns das sicher gut täte. Also ließen wir uns aus dem Schiff tragen, diesmal durch eine kleine Plattform, auf der wir beide Platz hatten und die ohne Halterung durch eine Öffnung im Boden hinunterschwebte. Auf dem Boden angelangt, nahm mich Asket bei der Hand, und dann schlenderten wir durch das Gebirge, das mir wildzerklüftet erschien und durch die matte Dunkelheit eigenartige Formen annahm. Ich war erregt, warum weiß ich nicht. Nach einer Weile fühlte ich eine große Wärme in meinem Kopf hochsteigen. Diese aber verschwand schnell wieder, als wir eine kurze Strecke gegangen waren, denn die Nacht war recht kühl.

Wir sprachen kein Wort, sondern streiften schweigend Hand in Hand durch die dämmrige Nacht, wobei wir uns sehr weit von unseren beiden Raumschiffen entfernten. Es mögen wohl gute zwei Stunden gewesen sein, die wir wortlos dahingewandert sind. Als wir um einen großen Felsbrocken herumgingen, blieb Asket plötzlich stehen und hielt mich zurückhielt. Keine drei Meter vor uns glimmte ein Stück Holz, und etwa einen halben Meter davon entfernt brannte ein schwaches Feuer. Doch schon sprang eine

Gestalt auf uns zu und fuchtelte mit einem Gewehr vor uns herum. In hastigen Worten, sprach sie uns ganz offensichtlich äußerst erregt an und nahm eine drohende Haltung ein. Von dem, was sie sagte, verstand ich allerdings kein Wort, denn sie sprach Englisch, und diese Sprache beherrschte ich damals noch nicht. Es war ein Mann, aber mit Sicherheit kein Einheimischer, sondern ein Europäer oder dergleichen, denn das bewies nicht nur seine Aussprache sondern auch seine Kleidung, die eindeutig westlich war und aus einem karierten Hemd sowie aus Jeans und Jeans-Jacke bestand. An den Füßen trug er allerdings keine Cowboystiefel, sondern eine Art Fallschirmspringerstiefel oder Kampfstiefel, die hochgeschnürt waren. Asket beherrschte die englische Sprache und konnte den Mann beruhigen, der plötzlich in deutscher Sprache zu sprechen begann, wobei jedoch deutlich wurde, daß dies nicht seine Muttersprache war. Nun konnte ich alles ebenso verstehen wie Asket, die immer in hochdeutscher Sprache mit mir kommuniziert hatte, weil sie des Schweizerdeutschen nicht mächtig war wie Sfath. So erfuhr ich, daß der Mann ein russischer Staatsangehöriger war, der schon seit vielen Jahren allein durch die Welt zog. Ich schätzte ihn auf etwa 55 Jahre. Schnell konnten wir die Situation klären, und so erzählte er, daß er schon sehr viele Länder bereist habe und nun hier im jordanischen Wüstengebirge in der Nähe des Toten Meeres kampiere, weil er nach bestimmten Dingen graben wolle. Als wir dann plötzlich auftauchten, dazu noch in später Nacht, habe er sich erschrocken und sich von dunklen Elementen verfolgt und gefährdet geglaubt. Aus diesem Grunde sei er mit dem Gewehr auf uns losgegangen. Er hätte ja nicht wissen können, daß wir nur harmlose Nachtwanderer seien, doch woher des Teufels wir denn kämen. Asket erklärte, daß auch wir in gewisser Weise Außenseiter wären, etwas weiter entfernt unser ›Lager‹ hätten, und daß wir einfach spazierengegangen seien, was ja auch der Wahrheit entsprach. Damit gab sich der Mann zufrieden, der sich dann zu einem späteren Zeitpunkt als Jitschi Ustinow vorstellte, als er uns unverhofft bei unserem ›Lagerplatz‹ aufsuchte.

Jetzt gab er sich mit Askets Antwort zufrieden und lud uns an sein Lagerfeuer ein. In Metallbechern bot er uns Tee an, und plötzlich merkte ich, daß ich wieder hungrig war. Wir hatten ja seit Stunden nichts mehr gegessen. Und als ob der Mann meine Gedanken bemerkt hätte, bot er uns etwas Eßbares an, und zwar getrocknetes Brot und Dörrfrüchte. Gerne nahm ich an und verschlang alles heißhungrig. Auch Asket schien hungrig zu sein, denn auch sie nahm dankend die Gaben des Mannes an und aß alles mit offensichtlichem Appetit.

Wir mochten wohl eine Stunde dort gewesen sein, als wir uns nach einem Gespräch über Gott und die Welt auf den Rückweg machen wollten. Doch ehe wir uns verabschieden konnten, hielt er uns zurück und erklärte, daß er nun schon seit vielen Jahren allein umherziehe und sich niemals hätte irgendwelchen Menschen anschließen können. Er hätte sehr viel Unerfreuliches erlebt und sei oft mißhandelt, gedemütigt und betrogen worden, weshalb er den Menschen mißtraue und sie nach Möglichkeit auch meide. Dies sei auch der Grund dafür, daß er so mutterseelenallein hier an dieser einsamen Stelle sein Nachtlager aufgeschlagen habe und auch allein nach jenen Dingen graben wolle, durch die er hoffe, zu etwas Geld zu kommen. Nun aber sei ihm während der kurzen Zeit, die wir bei ihm waren, etwas Sonderbares widerfahren, denn durch unser Beisammensein hätten sich in ihm eigenartige Gefühle zu regen begonnen. Zwar könne er sich das alles nicht erklären, doch seien ihm diese Gefühle äußerst angenehm. Und was ihm Zeit seines Lebens noch niemals zugestoßen sei, daß er Asket und mich ungewöhnlich sympathisch fände. Schon in seiner frühesten Jugend sei ihm Böses widerfahren, wodurch er die Menschen hassen gelernt habe, und zwar sogar seine Mutter, seinen Vater, seine Geschwister und seine gesamte Verwandtschaft. Durch Intrigen sogenannter Freunde sei er sogar für sechs Jahre ins Gefängnis gekommen, wo er mißhandelt, geschlagen und traktiert worden sei. Nun sei in ihm aber während unseres Beisammenseins eine Änderung vorgegangen, die ihn an seinem Haß auf die Menschen zweifeln und ihn denken lasse, daß nicht alle mit dem gleichen Maßstab zu messen seien. Irgendwie fände er, daß wir zwei, Asket und ich, Menschen wären, die völlig anders geartet seien als all jene, die er bis dahin kennengelernt habe. Dies sei ein Grund für ihn, uns zu bitten, noch eine Weile bei ihm zu bleiben oder ihn zumindest in ein paar Tagen wieder zu besuchen, wenn wir noch hier sein sollten. Erbeabsichtige, etwa drei Wochen hierzubleiben, um das zu erledigen, was er sich fest vorgenommen habe.

Da ich Asket bereits wieder an der Hand hielt, fühlte ich, daß sich bei des Mannes Worten ihr Händedruck verstärkte. Dann sprach sie leise und sanft auf den Mann ein und versprach ihm, daß wir ihn schon in wenigen Tagen wieder an derselben Stelle und zur selben Zeit treffen würden, und zwar in der Nacht des 7. Februar. Mit diesem Versprechen verabschiedeten wir uns und kehrten zu den beiden Raumschiffen zurück, denn noch immer stand auch jenes Schiff dort, das mich von meiner Heimat abgeholt und hierhergebracht hatte. Also marschierten wir wieder los. Es war kurz nach 23.00 Uhr, wie ich von den Leuchtziffern meiner Armbanduhr ablas, und wir waren ungefähr fünfundvierzig Minuten gegangen, als Asket sagte, daß sie des Gehens müde sei und daher nicht mehr weiterlaufen möge. Ich wandte ein, daß wir doch nicht einfach dableiben könnten, wo wir gerade waren, sondern zu den Schiffen zurückkehren müßten. Sie lachte nur leise auf und erklärte, dies sei kein Problem, ich solle nur etwas Geduld haben. Es mochte noch keine Minute vergangen sein, da erschien knapp über dem Horizont ein weißes, pulsierendes Licht, das sich schnell vergrößerte und auf uns zugeschossen kam. Ganz offensichtlich war es eines der beiden Kleinraumschiffe, das Asket auf telepathischer Basis herbeordert hatte, wie sie mir lachend erklärte. Dann schwebte das Schiff auch schon in Mannshöhe über dem Boden, und Asket zog mich darunter. Kaum dort angelangt, stand ich mit ihr zusammen auch schon im Innern des Objektes, das sich blitzartig in die Luft erhob und bereits Sekunden später bei dem anderen Schiff aufsetzte, wo es gestanden hatte, als wir vor Stunden den Ort verließen. Beim Landen stellte ich fest, daß das andere Raumschiff nicht mehr unsichtbar war, und dann verdichtete sich auch die Materie unseres Fluggerätes zur Sichtbarkeit. Als ich Asket fragte, warum das geschehe, erklärte sie, daß eine Abschirmung nicht mehr erforderlich sei, denn außer dem Mann, dem wir begegnet waren, wäre im weiten Umkreis von vielen Kilometern kein menschliches Wesen in diesem gebirgigen Gebiet, das sei durch entsprechende Sensoren des Schiffes eindeutig festgestellt worden. Und die Lebensform, die bei unserem ersten Herkommen durch die Beobachtungsapparaturen festgestellt worden sei und deretwegen sie die Raumschiffe in unsichtbarem Zustand gelassen hätte, sei ja nicht gefährlich, wie ich selbst hätte feststellen können, als ich mich mit dem einsamen Mann unterhalten hatte. Er sei nämlich jener Faktor gewesen, der durch die Warn- und Beobachtungsgeräte registriert worden sei. Und da wir den Mann jetzt kennen würden und befunden hätten, daß er harmlos für uns sei, habe sie den Schiffen die Order erteilt, ihre Tarnung aufzuheben und wieder sichtbar zu werden, und zwar deshalb, weil sie sich viel geborgener fühle, wenn die Materie um sie herum sichtbar sei und eine Abgeschlossenheit nach außen erzeuge. Nun jedoch sei sie müde und wolle einige Stunden schlafen. Da es schon sehr spät in der Nacht war, war auch ich nun recht müde und legte mich ohne Widerrede in den in eine Liege umgewandelten Sitz, den mir Asket zum Schlafen anbot. Ich sah gerade noch, wie auch sie sich in ihrer Liege niederließ, dann war ich schon eingeschlafen. Ich versank in einen tiefen Schlaf, der mit Träumen angefüllt war, die sich auf die Erlebnisse des Tages bezogen.

Es war bereits heller Tag, als ich wieder erwachte und sah, daß Asket trink- und eßbare Dinge ›hervorgezaubert‹ hatte. Das Raumschiffinnere war durch den Lichteinfall des rundumgehenden Fenstergebildes, das sich an der Decke befand, taghell erleuchtet. Gemütlich setzten wir uns in unseren Sitzen auf, vor denen ein tischähnliches Gebilde schwebte, ohne daß es irgendwo aufgehängt oder mit Stützen oder Beinen versehen war. Es schwebte einfach in der Luft, war sehr stabil und ließ sich nicht bewegen, als ich dagegenstieß. Es war eine metallische Platte, die Asket aus einem Korpus der Schiffswand herausgezogen hatte. Wir taten uns an einem kräftigenden Frühstück gütlich, wobei ich nicht definieren konnte, was ich aß und trank. Alles war jedoch sehr schmackhaft und mir völlig fremd, denn es war nichts dergleichen, was ich schon vorher bei Asket oder Sfath gegessen hatte. Auch das Getränk war neu, leicht gelbweißlich und etwas dickflüssig. Es wies in etwa die Konsistenz von Speiseoel auf, und machte auf mich den Eindruck, als ob es der Saft einer mir unbekannten Frucht wäre. Das Essen schien mir aus Früchten zubereitet zu sein und vermutlich auch aus Gemüse. Zwar war mir der Geschmack aller Dinge einerseits fremd, andererseits aber auch wieder vertraut. Auf jeden Fall schmeckte es köstlich.

Nach dem Frühstück ließ ich mich durch die Schwebeplattform ins Freie transportieren. Die Sonne stand bereits hoch über dem Horizont und wärmte, was die Nacht abgekühlt hatte. Ich ging einige Schritte umher, und dann kam auch Asket aus dem Schiff. Sie hielt in ihren Händen ein großes, schalenförmiges Gefäß, das mit kühlem und klarem Wasser gefüllt war, das sie irgendwo im Schiff gefunden hatte. Ich eilte zu ihr und half ihr, die doch recht große Schale zu tragen. Unter dem Schiff hervortretend, stellten wir sie unweit davon auf den Boden. Ungeniert entblößte Asket ihren Oberkörper und begann diesen mit bloßen Händen zu waschen. Ich empfand das so natürlich, daß ich mir keine Gedanken darüber machte, sondern mich ebenfalls meiner Oberkleidung entledigte, meine Hände in das kühle Wasser tauchte und mich auch zu waschen begann. Dann planschten wir wie kleine Kinder in dem köstlichen Naß herum, und so wurde es eine sehr lustige Morgentoilette. Als alles Wasser verspritzt war, griff mich Asket bei der Hand und sagte, sie wolle einige Schritte gehen, bis die Wärme der Sonne ihren bloßen Körper und ihre langen blonden Haare wieder getrocknet hätte. Also ging ich mit ihr umher, ebenfalls mit bloßem Oberkörper und natürlich auch mit nassen Haaren. Wohl eine halbe Stunde mochte so vergegangen sein, in der wir völlig trockneten. Dann gingen wir zurück zum Schiff, bekleideten unsere Oberkörper wieder, hoben die leere Schüssel vom Boden und gingen wieder ins Schiff, wo wir die Zeit bis zum Abend verbrachten, in der ich von Asket in unzähligen Dingen unterrichtet wurde. Und obwohl alle Erklärungen und Ausführungen völlig neu für mich waren, erschienen sie mir doch nicht mehr so fremd wie noch am Tage zuvor. Wenn ich über alles nachdachte, dann fand ich es erstaunlich, daß ich mich so schnell an alles gewöhnte und mir in so kurzer Zeit alles zur Selbstverständlichkeit wurde. Asket selbst erschien mir in der Zwischenzeit so vertraut, als ob ich sie bereits Tausende von Jahren kennen würde. Und um das Schiff und seine Einzelheiten kümmerte ich mich überhaupt nicht mehr, so sehr vertraut war mir alles inzwischen geworden. Ich darf sogar sagen, daß mir das Schiff schon so selbstverständlich geworden war, daß ich es nur noch gelangweilt betrachtete.

Nach Askets langen Erklärungen, Ausführungen und Belehrungen war es Zeit geworden, uns wieder zu trennen, denn sie mußte eine anderweitige wichtige Aufgabe erfüllen, die mit meiner Person nichts zu tun hatte. Als es dann späte Nacht war, verabschiedeten wir uns wie zwei Menschen, die sich lieb gewonnen hatten und beste Freunde waren. Asket gab mir das Versprechen, mich am frühen Abend des 7. Februar wieder in meiner Heimat abzuholen und nach Jordanien zurückzubringen. Ich war bedrückt , als ich mich von ihr löste und zu dem kleinen Raumschiff ging, das mich zwei Tage zuvor hergebracht hatte und das noch am selben Ort stand, wo es mit mir gelandet war. Ich vermißte Asket plötzlich, als ich von ihr wegging. Es schien mir, als wäre sie ein Teil von mir selbst geworden. Und wie ich so mit diesen Gedanken zum Schiff ging, erklang in meinem Bewußtsein die wispernde Stimme Askets, die mich bat, nicht bedrückt und nicht traurig zu sein, denn wir würden uns ja schon in kurzer Zeit wiedersehen. Sie fühle und empfinde genauso wie ich und sei ebenfalls in gewisser Weise betrübt.

In der Zwischenzeit war ich bei meinem Schiff angelangt, trat darunter und war auch schon im Innern, wo ich mich in meinem Sitz niederließ. Kaum hatte ich Platz genommen, flimmerte alles um mich herum für einen Sekundenbruchteil, dann waren das gesamte Schiff und ich wieder unsichtbar. Alles wiederholte sich genauso, wie ich es bereits zwei Tage zuvor erlebt hatte. Langsam schwebte ich hoch und sauste dann plötzlich mit ungeheurer Geschwindigkeit in den Nachthimmel empor, wo unzählige Sterne glitzerten und auch der Mond in mein Blickfeld geriet. Und wieder schoß ich weit in den Weltenraum hinaus und der Sonne entgegen, die rasend schnell zur riesigen Scheibe anwuchs. Warum das so war, wußte ich aus Askets Erklärung, daß ich nämlich beim ersten Flug runde 72 Millionen Kilometer in den Raum hinausgeflogen war, ehe es zurück zur Erde und ins jordanische Wüstengebirge ging. Asket wollte mir damit eine Freude bereiten, denn normalerweise wäre dieser weite Flug in den Weltenraum nicht nötig gewesen. Und da mich das phantastische Bild der riesenhaften Sonne sehr beeindruckte, bat ich sie, mich auf dem Heimweg nochmals so weit in den Raum hinausfliegen zu lassen, weil ich das Schauspiel nochmals genießen wollte. Also entsprach sie meinem Wunsch und ließ mich alles noch einmal sehen. Dann sauste das immer noch völlig durchsichtige Schiff mit mir zur Erde zurück, wonach es ruhig und sicher hoch über der Erde dahinglitt und dann hinunterschwebte, um mich genau dort wieder abzusetzen, wo es mich zwei Tage beziehungsweise Nächte zuvor abgeholt hatte. Kaum gelandet, wurde das Schiff wieder sichtbar. Ich erhob mich aus meinem Sitz und ließ mich ins Freie tragen, wo ich mich vom Schiff entfernte, das plötzlich in gelbweißem Licht zu leuchten begann, sich langsam in die Luft erhob, bläulich wurde und dann blitzschnell in den Nachthimmel schoß und hoch oben in den Wolken verschwand.

Die wenigen Tage vergingen für mich wie im Flug, und am frühen Abend des 7. Februar war ich schon frühzeitig am vereinbarten Ort, wo ich von der Flugscheibe abgeholt werden sollte, um mich wieder mit Asket zu treffen. Es war kalt, und eine leichte Neuschneedecke bedeckte das Land. Während des Wartens begann ich zu frieren, und so lief ich umher, um mich aufzuwärmen. Die Zeit, so dünkte mir, schien immer länger zu werden, denn nun wartete ich bereits eine geschlagene halbe Stunde, ohne daß sich etwas tat. Immer wieder schaute ich auf die Uhr, doch der Zeiger schien nicht vorwärtsrücken zu wollen. Das war meiner eigenen Ungeduld zuzuschreiben, war ich doch mehr als vierzig Minuten vor der abgemachten Zeit am vereinbarten Ort. Im Dorf unten waren schon längst die Lichter angegangen, und es begann wieder zu schneien, während das letzte Tageslicht des Abends verschwand und es endgültig Nacht wurde. Es war gerade richtig dunkel geworden, als ich von weit her ein sehr leises Sirren vernahm, das sich anhörte, als ob es von einem Helikopter stammen würde – ein mir bereits vertrautes Geräusch, das schnell lauter wurde. Dann sah ich durch das leichte Schneetreiben hindurch ein dunkles Objekt niedersinken, das auf dem Feldweg aufsetzte. Ich ging darauf zu und stellte fest, daß es sich nicht um die gleiche kleine Scheibe handelte, mit der ich schon einmal vor einigen Tagen von diesem Platz abgeholt worden war. Es sah in der Dunkelheit und durch das leichte Schneetreiben hindurch eher aus wie Askets Flugkörper. Das hatte ich nicht erwartet und blieb deshalb erstaunt vor dem dunklen Objekt stehen, das diesmal keinerlei Licht ausstrahlte. Dann tauchte auch schon unter dem Raumschiff eine dunkle Gestalt auf, in der ich Asket erkannte, die mich rief und aufforderte, zu ihr zu kommen. Schnell ging ich auf sie zu, zwei, drei Schritte, dann schlossen wir uns in die Arme, um danach gemeinsam wieder unter das Schiff zu treten und uns durch die kleine Plattform ins Innere tragen zu lassen, wo wir umgehend in unseren Sitzen Platz nahmen.

Es war wie üblich: Als das Raumschiff langsam vom Boden abhob und dann durch das Schneegestöber hindurch rasend schnell in den Nachthimmel schoß, verspürte ich nicht die geringste Bewegung. So bemerkte ich erst, daß wir schon hoch über der Erde waren, als ich durch das rundumlaufende Kuppelfenster die Sterne blinken sah. Das Startmanöver selbst konnte ich nur kurz auf verschiedenen Bildschirmen verfolgen, und das galt auch für den weiteren Flug. Weiter geschah nichts, denn plötzlich waren die Bildschirme dunkel. Ich dachte, daß das Geschehen auf dem Bildschirmen vielleicht nur eine Aufzeichnung war, denn von Sfath her wußte ich, daß, ähnlich wie bei Filmen, so etwas möglich ist. Erst als ich den Sternenhimmel über mir sehen konnte, wußte ich, daß dies nicht der Fall war. Asket erklärte, daß wir uns in einer Höhe von rund 40 000 Metern befänden und nun wieder nach Jordanien flögen. Schnell glitt das Schiff hoch über der Erde durch die Nacht, wobei es fest, greifbar und stabil blieb, also nicht durchsichtig wurde. Ich konnte auch nicht erkennen, ob es außen leuchtete. Plötzlich wurde der Boden durchsichtig, und ich sah tief unten Lichtermeere, die wohl große Städte und Dörfer sein mußten, doch um welche es sich handelte, das blieb mir verborgen, und ich fragte Asket auch nicht danach. Dann plötzlich schienen wir abzustürzen und rasten mit großer Geschwindigkeit der Erde entgegen. Doch auch solche Flugmanöver war ich ja bereits gewohnt, weshalb ich mich nicht fürchtete. Irgendwann, so dachte ich, würde der Sturzflug bestimmt wieder ein Ende haben. Und tatsächlich dauerte es nicht lange, bis das Schiff aus der Sturzgeschwindigkeit heraus plötzlich stillstand und mehrere Minuten lang in der Luft ›stehenblieb‹, wobei ich tief unter uns schemenhaft Gebirgszüge erkennen konnte, die sich auf den Bildschirmen abzeichneten. Dann kam unser Fluggerät langsam wieder in Bewegung und schwebte leicht wie eine Feder zur Erde nieder. Und wie zuvor hatte ich bei allen Manövern keinerlei Beschwerden und auch keinen Andruck erlitten. Dann sah ich in der dämmrigen Nacht weniger als zwei Meter unter uns felsigen Grund, und von einem Augenblick zum anderen wurde der Schiffsboden wieder undurchsichtig. Fast gleichzeitig erhoben sich Asket und ich aus unseren Sitzen und traten gemeinsam auf die Plattform, die uns unter das Schiff ins Freie brachte.

Als ich mich umsah, erschien mir alles vertraut, und ich konnte mich des Eindrucks nicht erwehren, daß wir wieder am selben Ort waren wie einige Tage zuvor, was Asket bestätigte. Im Gegensatz zu Europa beziehungsweise zu meinem Wohnort in der Schweiz, wo es gerade schneite und kalt war, fanden wir hier ein warmes Klima und eine recht milde Nacht vor, obwohl wir im Gebirge waren. Meine Begleiterin meinte, daß sich das schon in einer Stunde ändern würde, denn momentan würden nur das Gestein und die rote Erde die Wärme des Tages abstrahlen. Die im Gestein und Erdreich gespeicherte Wärme verliere sich jedoch schnell, und dann werde es recht kühl, wie ich es schon vor einigen Tagen erlebt hätte. Hoch am Himmel blinkten tausend Sterne, und es waren einige Stimmen der Nacht zu hören. Und wie schon das erstemal vor einigen Tagen fühlte ich mich hier auch diesmal wohl und geborgen. Es war mir tatsächlich eine Freude, hier zu sein. Langsam wanderten Asket und ich Hand in Hand etwa zehn Minuten lang über das Felsgestein und setzten uns dann auf einen großen flachen Felsblock, und erst hier begann Asket nach einigen Minuten wieder zu sprechen.

Während des Gesprächs war es kühl geworden, wie Asket schon vorher angekündigt hatte. Auch war sie müde geworden und forderte mich daher auf, mit ihr zum Raumschiff zu gehen, um uns zur Ruhe zu legen. Mein Kopf war bis obenhin voll mit all ihren Erklärungen, und so folgte ich ihr wortlos zum Schiff, wo wir uns gemeinsam durch die unsichtbaren Transportkräfte ins Schiff befördern ließen, so daß wir einfach im Schiffsinnern standen.

Ich erwachte am frühen Morgen von einem knallenden Geräusch. Es war mir, als ob ich irgendwo einen Schuß gehört hätte, und als ich auf meine Armbanduhr schaute, sah ich, daß es kurz nach sieben Uhr war. Ich erhob mich und ging zum Armaturenpult an der Wand vor mir, um durch das Auflegen meines rechten Zeigefingers auf eine kleine Leuchtfläche die Wand durchsichtig zu machen, wodurch ein kleines Bordfenster entstehen sollte. Es tat sich aber nichts, obwohl ich bei Asket gesehen hatte, daß sich ein etwa achtzig Zentimeter breites und ebenso hohes Bordfenster bildete, als sie ihren Zeigefinger der rechten Hand auf die besagte Leuchtfläche legte. Da hörte ich auch schon Asket sagen, daß mein Versuch nicht gelingen könne, denn alle Bedienungsmöglichkeiten wären ausschließlich auf ihr bewußtseinsmäßiges Schwingungsmuster abgestimmt, wie sie mir schon früher erklärt habe. Dann erhob auch sie sich von ihrer Sitzliege, trat schnell zu mir hin und legte ihren rechten Zeigefinger auf die Leuchtfläche. Ein augenblickliches, kurzes Flimmern erschien an der Wand, dann war das Bordfenster geschaffen beziehungsweise die Wand wie ein Fenster durchsichtig. Als ich zum Fenster hinausblickte, bemerkte ich in etwa zwanzig Metern Entfernung einen Mann, der, sich auf sein Gewehr stützend, dastand und zu uns heraufgrinste. Es war unzweifelhaft er, der geschossen hatte, wobei der Grund dafür ganz offensichtlich der war, uns auf ihn aufmerksam zu machen. Und ebenso unzweifelhaft war es auch der Mann, den wir vor einigen Tagen weit vom Schiff entfernt nachts nach einer zweistündigen Wanderung getroffen hatten. Wortlos ließen Asket und ich uns gemeinsam durch die schwebende Platte aus dem Raumschiff tragen und gingen auf den Mann zu, der uns, noch immer grinsend, langsam entgegenkam. Spontan streckte er uns seine Rechte entgegen, lachte laut auf und sagte (wörtliche Wiedergabe des Gesprächs durch Askets telepathische Aufzeichnungen): »Was für eine Überraschung – zum Kuckuck. Kommt und laßt euch begrüßen – das ist wirklich eine Überraschung. Das hätte ich mir doch gleich denken können, denn wie wäre es sonst möglich gewesen, euch so sympathisch zu finden, als ihr mich an meinem Lager besucht habt. – Das ist wirklich eine Überraschung. – Ich bin Jitschi Ustinow, nennt mich aber einfach Jitschi. – Das ist eine Überraschung.« Damit griff er Askets Hand und schüttelte diese kräftig, um gleich darauf auch meine Hand zu packen und zu schütteln. Dann ergab sich das eigentliche Gespräch.

Asket: »Diese Überraschung war aber nicht vorgesehen.«

Jitschi: »Das glaube ich – das ist wirklich eine Überraschung. Ich wollte ja eigentlich nicht hierherkommen. Doch irgend etwas trieb mich dazu, in der Gegend herumzustolpern, und da sah ich dieses Ding dort. Ich glaubte erst, alles sei nur eine Halluzination. So kam ich näher und fand, daß ich in keiner Weise verrückt geworden war. Ich habe ja schon sehr viele Dinge gesehen und erlebt, doch das hier bisher noch nicht. Aber ich lasse mich deshalb nicht verrückt machen, denn ich habe in Amerika drüben und auch an anderen Orten schon von solchen Dingern gehört. Woher kommt ihr denn, etwa von der Venus oder vom Mars? Menschenskinder, das ist aber eine Überraschung.«

Billy: »Ich bin weder von der Venus noch vom Mars – ich bin ein Mensch dieser Welt wie du.«

Jitschi: »Das gibt es doch nicht, der Kasten dort ist doch ein Weltraumschiff.«

Asket: »Mit dem Schiff hat es seine Richtigkeit und mit mir auch. Mein Freund hier ist aber wirklich von dieser Welt.«

Jitschi: »Aha – dann bist du so ein Kontaktler, wie man so sagt?«

Billy: »Sagt man das?«

Jitschi: »Ja, das ist schon weitherum bekannt.«

Billy: »Ich kenne mich in diesen Geschichten leider nicht aus.«

Asket (etwas nachdenklich): »Dieses Zusammentreffen war wirklich nicht vorgesehen. Was soll nun geschehen?«

Billy: »Ich weiß auch nicht – was meinst du, Jitschi?«

Jitschi: »Wollt ihr mich etwa los sein?«

Asket: »Davon hat niemand gesprochen. Dein plötzliches Erscheinen aber macht das Ganze zu einem kleinen Problem.«

Jitschi: »Das tut mir leid, ich wollte wirklich nicht Gottes Engeln ins Handwerk pfuschen.«

Asket: »Was soll denn diese irre Äußerung?«

Jitschi: »Es – ? ? ? – es ist doch bekannt, daß ihr so etwas wie Engel seid und im Auftrage Gottes herkommt.«

Asket: »Wer sagt das?«

Jitschi: »Das habe ich verschiedentlich so gehört, und ich bin glücklich, daß ich euch getroffen habe. Glaubt mir, ich bin ein guter Christ und sehr gläubig, auch wenn ich ein Rauhbein bin und bewaffnet umherlaufe. Hier, ich trage sogar immer eine Bibel bei mir.«

Asket: »Leider muß ich dich entäuschen. Ich bin weder ein Engel noch komme ich im Auftrage Gottes. Diese Geschichten um uns sind bewußte Irreführungen böser Elemente, die ... bösartige Dinge heraufbeschwören wollen. Wenn du ...«

Jitschi: »Du lästerst ja ..., das ist doch ungeheuerlich.«

Asket: »Dem ist wirklich nicht so, denn du bist derjenige, der ... irregeleitet ist.«

Jitschi: »Das verstehe ich nicht.«

Asket: »Du wirst es verstehen, wenn ich dir alles erkläre. Andererseits bin ich zu einem Entschluß gelangt: Wenn du willst, kannst du mit meinem Freund und mit mir kommen, dann wirst du bald alles verstehen.«

Jitschi: »Ich – – ich soll – – – soll in diesen – – – dieses Schiff steigen?«

Asket: »Fürchtest du dich?«

Jitschi: »Wenn ich ehrlich sein soll – ja.«

Asket: »Wovor denn?«

Jitschi: »Es ist so fremdartig, und ich liebe trotz allem mein Leben.«

Billy: »Du sagtest doch, du wärst ein guter Christ. Haben denn Christen Angst vor dem Tod?«

Jitschi: »Du stellst komische Fragen – jeder Mensch fürchtet sich doch vor dem Tod. Außerdem finde ich, daß ich noch nicht reif genug bin, um in den Himmel zu kommen. Jesus hat doch gesagt ...«

Asket: »Genau das hat er eben nicht gesagt; alles ist nur eine bewußt gefälschte Überlieferung. Außerdem hat ... Er hieß schlicht und einfach Jmmanuel.«

Billy: »Ich finde dein Benehmen auch nicht gerade richtig und mutig, und außerdem glaube ich zu wissen, daß du bezüglich des Himmels grundlegend falsch orientiert bist.«

Jitschi: »Findest du ? – Ihr habt etwas eigenartige Ansichten. Ich vertraue auf Gott und Jesus Christus.«

Billy: »Wenn du auf sie vertraust, dann brauchst du dich doch nicht zu fürchten vor dem Raumschiff. – Ist es nicht eher so, daß ... dich zweifeln läßt?«

Jitschi: »Ich bin gläubig und nicht zweifelnd.«

Billy: »Das scheint mir gerade der Fall zu sein, wenn ich alles im Spiegel betrachte. Hier aber mußt du deine eigene Entscheidung fällen, weil der liebe Gott und Jesus Christus nicht hier sind, denen du deine Verantwortung anlasten und aufladen kannst. Dies ist leider bei den Gläubigen so, daß sie ihre eigene Verantwortung immer auf einen Heiligen oder auf den lieben Gott abwälzen, weil sie die Verantwortung selbst nicht zu tragen vermögen. Daher können sie auch keine eigenen Entscheidungen und Entschlüsse fassen, die wirklich für sie wichtig sind. Willst du etwas anderes behaupten, oder gehörst du auch zu dieser Sorte Gläubiger?«

Asket: »Das ist ein wahres Wort.«

Jitschi: »Es ist wirklich komisch, du sprichst verflucht hart zu mir, und trotzdem empfinde ich für dich Sympathie. Was ist das nur?«

Asket: »Es ist seine Ehrlichkeit und die Wahrheit seiner Worte, die dir unbewußt als Wahrheit klar sind.«

Jitschi: »Ja – es könnte wohl so sein, denn irgendwie bin ich trotz allen Glaubens immer am zweifeln.«

Billy: »Asket – das ist meine Freundin hier, und ich bin übrigens Eduard – hat dir einen Vorschlag gemacht. Laß mal deine Zweifel Zweifel sein und deinen Glauben Glauben. Komm mit uns ins Schiff und laß dich überraschen. Oder glaubst du, daß wir uns in einen Kasten setzen und mit ihm durch die Gegend sausen, wenn das Ding jeden Augenblick auseinanderfliegen würde?«

Jitschi: »Sicherlich nicht – – aber ich fürchte mich trotzdem.«

Billy: »Hat man denn Töne. Jetzt ist der Kerl sicher schon sechzig Jahre alt und bibbert wie Espenlaub – nur weil er nun mal seinen Mann stehen soll.«

Jitschi: »59 bin ich, aber ich kann doch nichts dafür, wenn ich einfach Angst habe.«

Billy (wütend): »Dann bist du eben ein verdammter Feigling – komm, Asket, lassen wir ihn hier einfach versauern und gehen unserer Wege.« (Zornig geworden faßte ich Asket an der Hand und zog sie einfach mit mir fort zum Strahlschiff hin, wie sie ihr Fluggerät öfters nannte. Wir kamen jedoch nur wenige Meter weit, dann rief uns die Stimme Jitschis zurück.)

Jitschi: »So wartet doch, bitte.«

Eduard: »Was willst du denn noch? Wir haben noch allerhand vor und können uns nicht um deine Angst kümmern.«

Jitschi: »Bitte, sei nicht so bitter – bedenke doch, daß ich bisher noch niemals so ein Schiff gesehen habe. Ganz zu schweigen davon, daß man mich in einem solchen Apparat mitnehmen wollte.«

Billy: »Auch bei mir war es einmal das erstemal, und ich habe nicht so saublöde getan.«

Jitschi: »Du bist ganz schön hartgesotten, und für dein Alter bist du offenbar ganz verdammt geprägt.«

Billy: »Hör sich einer doch mal diese Schnauze an, da ist der Kerl ein gutgläubiger Christensohn und Bibelheini, und plötzlich kann er fluchen wie ein Fuhrknecht. Es geschehen tatsächlich noch Zeichen und Wunder, auch wenn sie nicht vom lieben Gott kommen.«

Asket (leise flüsternd): »Du hast wirklich eine bemerkenswerte Art, mit den Menschen umzugehen, aber offenbar ist diese Art sehr wirksam. Das will ich auch lernen.«

Jitschi: »Was flüstert ihr denn, he?«

Billy: »Wir haben gerade beraten, ob wir dich zum Mond schießen sollen.«

Jitschi: »Du lügst, du verdammter Kerl.«

Billy: »Genau – doch anscheinend hast du deine Meinung geändert?«

Jitschi: »Ich habe über deine Worte nachgedacht, vielleicht hast du ja wirklich recht damit. Ich komme also mit euch – auch wenn ich mir vielleicht die Hosen vollmache.«

Billy: »Dann schmeiß ich dich aus dem Kasten – doch so schlimm wird es sicher nicht werden, oder?«

Asket: »Laß ihn nun bitte. Deine Lektion war wirksam genug.«

Jitschi: »Das glaube ich auch – du hast wirklich eine sehr liebenswürdige Art, einen zu überzeugen.«

Billy: »Habe ich das?«

Asket: »Kommt nun bitte und laßt das Geplänkel.«

Gemeinsam gingen wir zum Schiff, wobei ich Jitschi jedoch am Arm mitziehen mußte, wogegen er sich leicht sträubte, was ihm jedoch nichts nützte. Wir waren gewillt, ihn in das Fluggerät zu bringen, koste es was es wolle. Als sich Jitschi plötzlich gegen den Boden stemmte, da griff auch Asket zu und schob ihn kräftig von hinten. Dann unter dem Schiff angekommen, schoben wir ihn einfach auf die bereits am Boden ruhende Plattform, wo er von der Schwebekraft ergriffen, festgehalten und hochgehoben wurde, so daß er langsam nach oben ins Innere des Objektes glitt. Als er in der Öffnung stand, sah ich gerade noch, wie sich seine Augen unnatürlich weit öffneten – dann zerriß ein gellender Schrei die Stille. Erschrocken fragte mich Asket, was Jitschi denn zugestoßen sein könnte, worauf ich meinte, daß sein Schrei wohl nur eine Angstreaktion gewesen sei. Dann war auch schon die Schwebeplattform wieder unten, die wir gemeinsam schnell betraten und von der wir uns hochhieven ließen. Als wir zusammen ins Schiff kamen, sah ich, daß Jitschi schreckensbleich in einem der drei Sitze saß und zitterte, wobei er entgeistert auf den Einstiegsschacht starrte, mit seinem rechten Zeigefinger darauf zeigte und fortwährend seinen Mund öffnete und wieder schloß. Offensichtlich wollte er sprechen, brachte jedoch keinen Laut hervor. Mehrere Minuten verstrichen, bis er sich endlich wieder beruhigt hatte, während Asket ihn mit großer Geduld aufklärte und ihm auseinandersetzte, um was es sich bei der Schwebeplattform handelte und daß keine Zauberei, sondern nur eine hochentwickelte Technik dahintersteckt. Dennoch dauerte es mehrere Minuten, bis er Askets Erklärungen zu verstehen schien und endlich auch seine nach unten zeigende Hand sinken ließ, um mit dieser dann über seine Stirn zu streichen, wobei er immer und immer wieder murmelte: »Unglaublich – einfach unglaublich. Verrückt – unglaublich, einfach unglaublich.«

Langsam machte ich mir Sorgen um Jitschis Verstand, und auch Asket schien die gleichen Gedanken zu hegen, da sie mich hilflos ansah und die Hände rang. Dann fragte sie mich tatsächlich, ob ich auch denke, daß für den armen Mann alles zuviel gewesen sein könnte; daß nun vielleicht sein Bewußtsein verwirrt und geschädigt sein könnte und daß das dann unsere Schuld wäre, die wir durch unsere Unaufmerksamkeit erzeugt hätten, weil das Fluggerät nicht abgeschirmt gewesen und somit nicht unsichtbar gemacht gewesen sei.

Glücklicherweise bewahrheiteten sich unsere Gedanken nicht, denn nach etwa einer halben Stunde beruhigte sich Jitschi endlich und meinte, daß er den Clou seines Lebens erlebe. Er hätte aber tatsächlich mit sich ringen müssen, um bei Verstand zu bleiben. Eine Erklärung, die ihm Asket und ich abnahmen.

Als sich Jitschi endlich wieder soweit beruhigt hatte, daß man vernünftig mit ihm reden konnte, war eine weitere halbe Stunde vergangen. Dann erinnerte er sich, daß er ja noch all sein Gepäck an seinem Lagerplatz hatte, den er während unserer Abwesenheit näher zu unserem Standort hin verlegt hatte. Also schlug ihm Asket vor, seine Siebensachen herzuholen, damit wir danach unser erstes Unternehmen starten könnten. Etwas schwerfällig erhob er sich aus seinem Sitz und schaute hilfesuchend zu Asket, die ihn einfach am Arm griff und ihn trotz seines Widerstandes auf die Schwebeplattform schob, so daß er sich aus dem Schiff gleiten ließ und nochmal wegging, um seine Sachen zu holen.

Ich machte mir Gedanken darum, was wohl mit dem armen Kerl geschehen wäre, wenn er nicht mit der Schwebeplattform ins Schiff und wieder hinausgelangt wäre, sondern durch jene Technik, durch die man einfach von einem Ort zum andern gestrahlt wurde, ohne daß man etwas davon merkt. Ich fragte Asket nach ihrer Meinung dazu und auch danach, was Jitschi damit gemeint habe, daß er in Amerika und auch anderswo von solchen Fluggeräten gehört habe, wie eben das ihre eines sei. Dazu erklärte sie, daß ihre und auch andere Raumschiffe auf der Erde in militärischen und auch anderweitigen Kreisen UFOs genannt würden, was die Abkürzung von ›Unidentified Flying Object‹ beziehunsweise ›Unidentifiziertes Fliegendes Objekt‹ sei, weil die Erdenmenschen sich deren Herkunft sowie Art nicht erklären und diese nicht identifizieren könnten. UFO sei fortan die Bezeichnung, die weltweit gebräuchlich sei. Und in bezug auf Jitschi meinte sie, daß es wohl sehr gut gewesen sei, daß nur die Schwebeplattform und nicht der Strahlentransporter benutzt wurde, denn das hätte sein Bewußtsein sicher nicht verkraftet. Die Technik des Strahlentransporters werde auf der Erde übrigens mit dem englischen Begriff ›beamen‹ bezeichnet, denn dieser Ausdruck sei bereits geprägt. Außerdem würden sehr viele Erdenmenschen genauso wie Jitschi reagieren, wenn sie in die gleiche Lage kämen wie er. Es sei schon äußerst bemerkenswert gewesen, daß er nicht schon beim Anblick des Raumschiffes verwirrt reagiert habe.

Meiner Uhr nach zu urteilen dauerte es eine Stunde und vierzig Minuten, bis Jitschi endlich wieder zurückkam. Neben seinem Gepäck hatte er ein kleines Lanker-Viehhütegerät bei sich, worüber ich mich wunderte. Auf eine diesbezügliche Frage antwortete er, der Zweck des Apparates sei der, ihn nachts vor unliebsamen Besuchern zu schützen, wenn er schlafe, wobei er nicht nur Tiere, sondern auch Menschen meine. Daher spanne er für die Nacht immer einen dünnen Draht mit Isolatoren rund um sein Lager, den er dann mit einer kleinen jedoch starken Batterie unter Strom setze. Etwas verwundert fragte ich ihn, warum das denn nicht auch der Fall gewesen sei, als Asket und ich vor einigen Tagen bei ihm waren, worauf er meinte, daß er gerade dabei gewesen sei, den Draht zu spannen, als wir ihn gestört hätten, folglich hätten wir auch den Draht noch nicht bemerken können. Und mit diesem Viehhütegerät, so meinte er, fühle er sich einigermaßen sicher, wenn er in der Wildnis nächtige.

Sein gesamtes Gepäck bestand aus einem mittleren Rucksack, an dem neben einer Schlafrolle eine Feldflasche und verschiedene andere Dinge angebracht waren. Asket sagte ihm, daß er nun mit seinem Gepäck auf die Schwebeplattform steigen solle, was er diesmal auch ohne Schubhilfe tat und ins Innere des Schiffes schwebte, wohin Asket und ich ihm folgten. Jitschi saß bereits wieder auf seinem Sitz und hielt seinen Rucksack auf den Knien, den er krampfhaft umklammerte und zusammenpreßte, als ihm Asket eine Erklärung gab (wörtliche Wiedergabe des Gesprächs durch Askets Telepathieübermittlung):

Asket: »Als erstes werden wir nun in das dreizehnte Jahrhundert zurück springen.«

Jitschi: »Was soll denn das nun wieder?«

Asket: »Natürlich – wir haben uns ja noch nicht bemüht, dir unser Vorhaben näher zu erläutern: Wir wollen in den nächsten Monaten einige Reisen in die Vergangenheit und in die Zukunft tun, um gewisse Geschehen an Ort und Stelle mitzuerleben oder zu beobachten.«

Jitschi: »Da mache ich in keinem Fall mit, das ist doch Wahnsinn und zudem auch unmöglich.«

Billy: »Feigling, verdammter.«

Jitschi: »He?«

Eduard: »Schmutziger, verdammter Feigling!«

Jitschi: »He? – Nein, ich sagte, ich mache mit. Dann OK – möge mir Gott helfen.«

Billy: »Hilf dir selbst, dann hilft dir Gott.«

Jitschi: »Vielleicht hast du recht. Ihr beide redet so überzeugt von all diesen Dingen, daß ich wirklich langsam an der Richtigkeit meines Glaubens zu zweifeln beginne.«

Asket: »Lassen wir das jetzt. – Eine wichtige Sache muß ich dir noch sagen, Jitschi, und zwar die: Wenn du nun mit uns kommst und verschiedene Geschehen der Vergangenheit erlebst, die sich mit den euch bekannten Überlieferungen nicht vereinbaren lassen, dann muß ich dich dazu verpflichten, zu schweigen. Und zwar mußt du über alles schweigen, auch über die Tatsache, daß du uns jemals gesehen hast. Von deinem Schweigen hängt außerordentlich viel ab, denn es geht um das Weiterbestehen der Menschheit und des ganzen Universums.« (Nach dem Verstehen Askets ist das Universum nicht in unserem Sinne gemeint, sondern es sind zwei andere Begriffe damit verbunden: einerseits das SOL-System und andererseits das nächstangeordnete Parallel-Universum. [In einem Kontaktgespräch am 14. 2. 1995 erklärten mir die Plejadier, daß Jitschi am 6. August 1992 in Kasachstan verstarb und tatsächlich bis an sein Lebensende mit 92 Jahren schwieg und sein Geheimnis mit ins Grab nahm.])

Jitschi: »Das kann doch nicht dein Ernst sein? Wieso soll ich denn schweigen? Ich kann doch die Story an Zeitungen verkaufen und endlich in Freuden leben, ohne Sorgen und weitab von allen verrückten Menschen.«

Billy: »Ist das wirklich deine christliche Denkweise?«

Jitschi: »Warum sollte sie es nicht sein, denn von irgend etwas muß ich doch leben. Und gerade eine solche Story birgt doch viele Verdienstmöglichkeiten.«

Asket: »Dann kannst du nicht bei uns bleiben, denn du darfst erst dann darüber sprechen, wenn du weißt, daß du in sehr kurzer Zeit dein Leben beenden mußt.«

Jitschi: »Ist mein Schweigen denn so wichtig?«

Asket: »Mehr als das – die Existenz der Erdenmenscheit hängt davon ab und das Weiterbestehen des Universums.« (SOL-System und das nächste Parallel-Universum. [Gefahr des Auffindens der Erdenmenschheit und Zerstörung des gesamten SOL-Systems durch jahrmillionenalte Feinde aus raum-zeit-verschobenen Gebieten des Sirius.])

Jitschi: »Diese Last könnte ich nicht auf mich laden. – Ich werde schweigen über alles und so stumm sein wie ein Fisch. Das ist ein heiliges Versprechen.«

Asket: »Dein Wort gilt?«

Jitschi: »Bei meinem Leben.«

Asket: »Dann können wir starten. Wir fliegen erst in große Höhe hinauf, um dann dort in die Vergangenheit zu transmissionieren.«

12
Die Reise ins 13. Jahrhundert

Unmerkbar hob das Raumschiff vom Boden ab und schoß rasend schnell in den Himmel hinauf und aus der Erdatmosphäre hinaus. Und immer höher hinaus ging es bis in den freien Raum, wo plötzlich zahllose Sterne blinkten und der Mond sichtbar wurde. In wenigen Minuten waren wir auf der Nachtseite der Erde und rasten um diese herum, um bald wieder in die Tagseite einzutauchen. Die gesamte Oberseite des Raumschiffes war durchsichtig, und so konnte ich alles wunderbar beobachten. Jitschi aber schien von allem nichts mitzubekommen, denn schon bald nach dem Start sah ich, wie er kreidebleich ein Gefäß von seinem Rucksack löste, in das er sich übergab. Bei genauerem Hinblicken erkannte ich, daß es sich dabei um einen kleinen Abkochkessel handelte, wie ihn die Pfadfinder benutzten. Offenbar war ihm alles zuviel, oder er litt einfach an Angst, die ihn zum Erbrechen zwang. Eine Höhen- beziehungsweise Flugkrankheit konnte es ja nicht sein, denn im Schiffsinnern waren der Druck und das Klima genau wie auf der Erde und also in keiner Weise verändert. Da ertönte auch schon wieder Askets Stimme:

Asket: »Wir sind gleich soweit, die Transmission dauert nur einen Sekundenbruchteil.«

Sie hantierte an ihren Apparaturen herum, und plötzlich schien ich für einen Sekundenbruchteil physisch nicht mehr zu existieren, körperlich ›erloschen‹ zu sein und nur noch aus Bewußtsein zu bestehen, durch das ich einen hellen mehrfarbigen Blitz wahrnahm, und da hörte ich auch schon wieder Askets Stimme:

Asket: »Wir sind hier in der Gegenwart der Vergangenheit des dreizehnten

Jahrhunderts. Hier, Eduard, nimm nun dieses Gerät und schnalle es dir an den Gürtel.«

Billy: »Was ist das?«

Asket: »Ein Sprachen-Umwandler.«

Schnell bemühte ich mich, das kleine Gerät von der Größe einer Zigarettenschachtel an meinem Leibgurt festzuschnallen, während das Schiff sowie Asket, Jitschi und auch ich plötzlich unsichtbar wurden. Das war offenbar für Jitschi wieder einmal zuviel, denn er schrie gellend auf, um jedoch ebenso schnell wieder zu verstummen. Dann hörte ich Asket bedauernd sagen, daß der arme Kerl ohnmächtig geworden sei, doch sicher gleich wieder erwache. Dann war Stille, während die Erde unter uns schnell näherkam. Dann meinte Asket, daß sie das Raumschiff aus Sicherheitsgründen abgeschirmt beziehungsweise unsichtbar gemacht hätte, damit wir nicht von irgendwelchen Beobachtern gesichtet werden könnten und diese nicht in Panik gerieten. Dann schwebten wir schon über einen großen Wald hinweg und auf eine große Wiese zu. Und gerade, als wir die letzten Bäume unter uns passiert hatten, wurden Asket, Jitschi, ich und das gesamte Schiff wieder sichtbar. Ich sah, daß Jitschi noch immer ohnmächtig in seinem Sitz lag und Asket sich gerade um ihn zu bemühen begann. Sie hielt ihm etwas unter die Nase, das aussah wie ein Metallstäbchen, und schon begann sich Jitschi zu regen. Offenbar noch etwas benommen, blinzelte er mehrmals mit den Augen, ehe er diese endgültig aufschlug, um dann etwas zu murmeln, das sich so anhörte wie ein Vorwurf, daß man ihn auf solch erschreckende Dinge nicht vorbereitet habe. Doch er wurde erstaunlich schnell wieder mobil, so daß er sofort Asket folgte, als sie wortlos zum Ausstiegsschacht trat. Als sich dieser öffnete und sie auf der Schwebeplattform hinausglitt, folgte er ihr auf dem Fuße, wobei er auch seinen Abkochkessel mitnahm. Er war immer noch kreidebleich und schien sich noch nicht richtig gefangen zu haben. Ich war noch immer mit etwas Mühe damit beschäftigt, das kleine Sprach-Umwandlungsgerät an meinem Gürtel zu befestigen, während ich mich ebenfalls aus dem Schacht gleiten ließ. Am Boden angelangt und unter dem Schiff hervortretend, sah ich, wie Jitschi gerade sein Gefäß im etwa fünfzig Meter entfernten Wald in ein Gebüsch fallen ließ und sich dann ins Gras setzte. Er schien noch immer belämmert, geradezu entsetzt zu sein, und ganz offensichtlich hatte er große Mühe, das Erlebte zu verkraften.

Die Welt, die ich nun sah, war nicht anders, als ich sie bisher kannte: Das Gras war grün und die Tannenbäume so vertraut wie immer. Die Laubbäume und Sträucher hingegen waren kahl, und Blumen gab es auch keine, denn es war ja noch nicht einmal Frühling. Ich wunderte mich daher, daß das Gras bereits so hoch stand und saftig und grün war, denn kilometerweit waren nur Wälder, Hügel und Wiesen zu sehen, die grün waren. Weit und breit kein Dorf in Sicht, keine Stadt und kein Haus. Es war wirklich einsam und schön wie im Paradies selbst. Am Waldrand drüben äste friedlich ein Rudel Rehe, das keinerlei Notiz von unserer Anwesenheit nahm. Offenbar waren diese Tiere noch nicht so scheu, wie im Jahre 1956, aus dem wir hierherkamen. Dann entdeckte ich doch einige Blumen im Grase: Schneeglöckchen, Galanthus nivalis, und an einem andern Fleck blühten wie auf einem Teppich Frühlings-Knotenblumen, Leucojum vernum, auch Märzenbecher genannt. Was mir ganz besonders auffiel, war das laute Gezwitscher der Vögel. Sie mußten hier massenweise vorhanden sein, völlig ungestört und offenbar noch nicht beeinträchtigt durch Gifte und ähnliches wie in meiner Gegenwartszeit von 1956. Als ich die frische, würzige Luft einatmete, bemerkte ich, daß sie viel reiner war als die, die ich bisher kannte. Der Sauerstoffgehalt schien höher zu sein, was sicher von der fehlenden Luftverschmutzung herrührte. Und der Himmel, er war einfach phantastisch. Kannte ich ihn während der Vierzigerjahre von meiner Heimat her noch als samtenes, tiefes Azurblau, so war hier die azurne Bläue noch sehr viel intensiver, wie ich sie zuvor noch niemals gesehen hatte. Das machte mich nachdenklich und bedrückt, denn ich zog fortwährend Vergleiche zu den Dingen meiner realen Gegenwartszeit sowie zu der ungeheuren Umweltzerstörung, die in den folgenden Jahrzehnten durch die Erdenmenschen hervorgerufen werden würde, wie mir Sfath und auch Asket bereits mehrmals erklärt hatten.

Als ich mich weiter umschaute, bemerkte ich etwa hundert Meter entfernt einen Bach, dessen Ufer wild bewachsen waren mit Bäumen und Sträuchern, die jedoch keine Blätter trugen, wie ich das schon bei den Laubbäumen und

Sträuchern des Waldes festgestellt hatte. Und zwischen uns und dem Wald bewegten sich Tiere im Gras, die ich bei genauerem Beobachten als Fasane erkannte; überall waren Fasane, Dutzende, die sich dort auf der weiten Fläche tummelten. Ein Bild, das ich nicht kannte, denn in meiner realen Gegenwartszeit des zwanzigsten Jahrhunderts hatte ich Fasane in der Regel nur als Einzeltiere oder zu zweit in der freien Wildbahn gesehen. Askets Stimme durchbrach mein Nachdenken, sie hatte mich offenbar genau beobachtet.

Asket: »Du beobachtest sehr viel und sehr genau.«

Billy: »Es ist einfach herrlich hier, Asket.«

Asket: »Das ist ein wahres Wort. Die Vergangenheit ist in vieler Hinsicht besser als eure Gegenwart. Doch nun komm, hinter jenem Wald liegt ein Jagdhaus, wie du sagen würdest, oder ein Wochenendhaus. Ich kenne es von früher her, denn ich war schon zweimal dort. Es gehört einem Rabbiner namens Jechieli, der sich hie und da in der freien Natur gütlich tut.«

Billy: »Wo sind wir denn hier eigentlich?«

Asket: »Du meinst die Zeit und den Ort?«

Billy: »Ja.«

Asket: »Wir sind im dreizehnten Jahrhundert in Frankreich. Es ist die Gegenwart der Regierungszeit von Ludwig dem Heiligen.« (Anm.: Ludwig IX., der Heilige, franz. Saint Louis; König seit 1226. Geb. in Poissy am 25. 4. 1214, gest. vor Tunis am 25. 8. 1270. Er war der Sohn von Ludwig VIII., dem Löwen. Seine Mutter war Blanka [von Kastilien]. Ludwig der Heilige starb auf dem 7. Kreuzzug gegen Tunis und wurde am 25. 8. 1297 heiliggesprochen).

Billy: »Das ist für mich ein ›Böhmisches Dorf‹, denn von der Geschichte dieser Zeit habe ich so gut wie keine Ahnung.«

Asket: »Das ist ja auch nicht von großer Bedeutung; komm, gehen wir.«

Damit war unsere Unterhaltung beendet, und wir gingen gemeinsam zum nahen Wald hinüber, wo Jitschi noch immer im Gras saß. Sein Gesicht hatte wieder etwas Farbe bekommen, und als wir vor ihm standen, erhob er sich und gesellte sich zu uns mit den Worten:

Jitschi: »Ich wundere mich über nichts mehr, und die Angst bin ich nun auch los. Ich war eigentlich recht blöde. Wo sind wir denn jetzt?«

Offensichtlich hatte sich Jitschi wieder gefangen, und rasch verschwand die letzte Blässe aus seinem Gesicht. In kurzen Worten erklärte ihm Asket den Sachverhalt, und er fand sich nun bemerkenswert schnell damit ab. Dann meinte er:

Jitschi: »Es ist einfach phantastisch; da bin ich 59 Lenze alt und plötzlich um 600 Jahre jünger.«

Asket: »Deine Rechnung stimmt zwar nicht genau, doch so könntest du es auch nennen.«

Wortlos gingen wir in den Wald hinein und folgten einem Wildwechsel, der uns nach weniger als fünfzehn Minuten zu einem Blockhaus auf der anderen Waldseite führte. Das mußte das besagte Haus sein, von dem Asket gesprochen hatte, was sie auch gleich bestätigte:

Asket: »Das ist das Erholungshäuschen des Rabbiners Jechieli. Man nennt ihn allgemein einen Wissenschaftler, Zauberer und Magier; letzteres allerdings zu Unrecht.«

Ich wunderte mich, warum Asket mit ihrem Raumschiff hinter dem Wald gelandet war und nicht gleich in der Nähe des Hauses. Da sie nach eigenen Angaben den Besitzer des Hauses kannte, hätte das sicher keine Schwierigkeiten mit sich gebracht. Sie aber erklärte, daß das aus Sicherheitsgründen geschehe, denn es könnte ja sein, daß trotz der Abgeschiedenheit unerwartet jemand erscheine und verwirrt werde, denn es sei vielen bekannt, daß Jechieli hier sein Jagdhaus habe. Auch abgeschirmt und unsichtbar könnte sie ihr Fluggerät nicht in der Umgebung stehen lassen, denn wenn tatsächlich jemand käme, bestünde die Gefahr, daß dieser Jemand gegen das unsichtbare Schiff laufe und sich verletze, wodurch vielleicht noch größerer Schaden angerichtet würde, als wenn das Schiff sichtbar wäre. Das aber, meinte ich, könne doch auch jenseits des Waldes geschehen, wenn jemand das Schiff dort sehe. Asket lachte und meinte, daß dies wohl nicht der Fall sein könne, denn erstens hätte sie unterwegs Order an das Schiff gegeben, daß es sich unsichtbar machen und also gegen Sicht abschirmen solle, und zweitens liege das Gebiet jenseits des Waldes nicht auf dem Wege zum Jagdhaus, so daß nicht die Gefahr bestünde, daß dort jemand gegen das Schiff laufe. Hinter dem Jagdhaus sah ich eine Koppel und darin einen prachtvollen schwarzen Hengst, der nun zu uns herüber- blickte, den Kopf hochwarf und laut wieherte. Offenbar war das Pferd das Transportmittel des Rabbiners, der demnach auch hier sein mußte. Mit dem Wiehern des Hengstes schlug im Haus ein Hund an, und dann trat ein schlanker, bärtiger Mann vor die Haustür und hielt Ausschau, während sich ein kleiner Dackel zwischen seinen Beinen nach draußen drängte und kläffend zu dem Pferd hinter dem Haus rannte. Schon nach wenigen Augenblicken entdeckte uns der Mann, hielt sich die Hand über die Augen und kam dann schnellen Schrittes auf uns zu, wobei er schon von weitem rief:

Jechieli: »Da bist du ja wieder – es sind Jahre her, seit du das letzte Mal hier warst. Doch wer sind diese beiden Männer?«

Asket gab dem Mann, der so gar nicht wie ein Rabbiner aussah und auch nicht so gekleidet war, eine Antwort. Und dann entspann sich ein angeregtes Gespräch zwischen ihm, Asket, Jitschi und mir, wobei mir mein Sprach-Umwandler beziehungsweise Übersetzungsgerät ausgezeichnete Dienste leistete, da ich der französischen Sprache nicht mächtig war, im Gegensatz zu Jitschi, der neben Russisch und Englisch auch Französisch, Spanisch, Italienisch, Deutsch, Arabisch, Türkisch, Holländisch und Japanisch sprach. Trotzdem beklagte er sich jetzt, daß er Jechieli kaum verstehe, da dieser ein ihm fremdes Französisch spreche. Deshalb sagte ihm

Asket, daß er sich direkt bei mir aufhalten solle, damit er durch den Sprachenumwandler alles mitverstehen könne, denn dessen Reichweite war begrenzt.

Wir blieben nahezu fünf Stunden bei Jechieli, wobei viel besprochen, erklärt und gesagt wurde, was jedoch später durch Askets telepathische Übermittlungen nicht wiedergegeben werden konnte, aus welchen Gründen auch immer. So wurde nur das erste kurze Gespräch festgehalten.

Als wir Jechieli wieder verließen, hatte ich wieder einmal viel gelernt und in Ereignisse der Vergangenheit Einblick erhalten, die mir bis dahin ein Rätsel gewesen waren und sich völlig anders verhielten, als alle Überlieferungen meiner realen Gegenwartszeit berichteten. Das war der Beginn der ersten Reise in die Vergangenheit. Dieser folgten weitere, einige ebenfalls in die Vergangenheit, andere in die Zukunft. Weitere Reisen wurden nach Indien zum Buddhistenmönch Rahat Sanghanan beziehungsweise Maha Chohan unternommen, von dem ich über längere Zeit hinweg immer wieder unterrichtet wurde. Drei Reisen gingen zum Mond und andere führten mich in meiner realen Gegenwartszeit an viele Orte der Erde. Und bei all diesen Reisen erlebte ich wohl das Phantastischste, was jemals einem Menschen der Erde widerfuhr oder je widerfahren wird, wenn ich von Jitschi absehe, der zwei der Vergangenheitsreisen miterleben durfte, ehe wir ihn im jordanischen Wüstengebirge an seinem alten Lagerplatz wieder absetzten, wo er seiner früheren Idee nachging und nach jenen Dingen zu graben begann, durch die er zu finanziellen Mitteln gelangen wollte. Danach hörte ich niemals wieder etwas von ihm, außer daß mir die Plejadier von seinem Tode berichteten.

13
Agarthi

Askets Strahlschiff in der Nöhe von Mehrauli-New Dehli, Indien 3.7.1964/ Billy Meier

Die Kontakte mit Asket dauerten noch eine Reihe von Jahren an, in denen ich mein Elternhaus und dann auch meine Heimat verließ und 42 Länder Europas, Afrikas sowie des nahen und mittleren Ostens bereiste, in all diesen Ländern auch arbeitete und vor allem lernte und mein Wissen und Können vervollständigte. Oft wurde ich dabei von Asket besucht oder zu weiteren Flügen in ihrem Raumschiff abgeholt. Die letzten acht Kontaktmonate mit ihr lebte ich im buddhistischen Ashoka Ashram in Mehrauli/Indien beim Buddhistenmönch Dharmawara, bei dem ich wiederum vieles lernte. Gleichzeitig wurde ich unterrichtet vom Mönch Ramana Sarma, der Ananda Mahatma (›glückliche große Seele‹) genannt wurde. Er war ein einstiger Schüler Maha Chohans und in dessen Auftrag einer meiner weiteren Lehrer.

Für diejenigen, die im Ashoka Ashram wohnten, war es eine Selbstverständlichkeit, daß öfters Askets Raumschiff sichtbar wurde, wenn dieses über das Gelände hinwegflog. Und ebenso war es für die Anwohner eine Selbstverständlichkeit, beobachten zu können, daß ich häufig mit Asket auf dem Gelände spazierenging. Doch niemals hätte sich jemand der Anwohner erdreistet, uns dabei zu belästigen oder auch nur anzusprechen, denn sie wahrten den ihnen eigenen, ausgeprägten Anstand und akzeptierten es als Selbstverständlichkeit, daß ich oft außerirdischen Besuch hatte. Zu dieser Selbstverständlichkeit trug wohl aber auch die Tatsache bei, daß der Mönch Swami Dharmawara ebenfalls Kontakte pflegte mit Wesen, die plötzlich aus dem Nichts erschienen, und zwar mit zwei seltsam gekleideten Männern, die oft Stunden mit ihm in seinem Tempel zubrachten oder im Freien umhergingen und redeten, ehe sie sich spurlos wieder in Nichts auflösten und verschwanden. Allerdings waren diese beiden geheimnisvollen Fremden nicht außerirdischer Herkunft wie Asket, sondern Angehörige der Agartha-Wesen; ein Volk bläulicher Hautfarbe, das in einem riesigen Höhlenbezirk unter dem Himalaja lebt. Ein Volk, von dem die uralte Legende erzählt, daß sich führende Persönlichkeiten der hohen Agarthi-Kultur, die großen Weisen, die Söhne Außerirdischer waren und Söhne der Geister anderer Welten genannt wurden, nach der Katastrophe von Gobi in einem riesigen Höhlenbezirk unter dem Himalajagebirge ansiedelten, wobei sich dann innerhalb dieses Bezirkes zwei Gruppen aufspalteten, von denen die eine dem Weg rechter Hand folgte und die andere dem Weg linker Hand. Auf der Mitte des Weges lag Agarthi (Agartha), eine unauffindbare unterirdische Stadt, der Ort der Kontemplation (konzentriert-aufmerksames beschauliches Nachdenken und geistig-bewußtseinmäßiges Sichversenken durch innere Sammlung). Agarthi galt als ›Tempel des Nicht-Teilhabens‹ an der materiellen Welt.

Ende September 1964 verließ ich Indien und kehrte für zwei Monate nach Europa zurück, nachdem sich Asket im Ashoka Ashram in Mehrauli von mir verabschiedet hatte und in ihre Heimat im DAL-Universum zurückgekehrt war.

14
Semjase

Nach Askets Rückkehr in ihre Heimat im DAL-Universum hörte ich über Jahre hinweg nichts mehr von ihr. Dennoch beobachtete ich oft sogenannte UFOs, meistens bei Nacht, wenn sie hoch am Himmel dahinzogen oder Flugmanöver durchführten, die erkennen ließen, daß es sich um keine irdischen Flugkörper handeln konnte. Nur selten sah ich sie tagsüber, doch war ich mir ihrer Gegenwart immer bewußt. Und ich wußte auch, daß ich unter der Aufsicht Außerirdischer stand, die zu den Plejaden gehörten und meine nächsten Kontaktpartner sein würden. Noch war es für mich nicht an der Zeit, über meine Erlebnisse und Kontakte mit Außerirdischen zu sprechen, denn dies sollte erst soweit sein, wenn man wieder mit mir Kontakt aufnehmen würde, was gemäß Askets Voraussage im Jahre 1975 geschehen sollte. Also schwieg ich, ging meiner täglichen Arbeit nach – und bereitete mich innerlich auf die neue Kontaktaufnahme vor. Dann, nach nahezu elf Jahren, war es soweit.

Es war in der Wihaldenstraße 10 in Hinwil/bei Zürich, am Dienstag, den 28. Januar 1975, wenige Minuten nach 13.00 Uhr. Wie schon seit Monaten war ich in meiner Freizeit zu Hause mit dem Phänomen der Tonbandstimmen beschäftigt. Ich konnte das tagsüber tun, weil ich als Nachtwächter einer großen Wach- und Schließgesellschaft arbeitete. Bis dahin jedoch war mein Bemühen, Tonbandstimmen aufzunehmen, ein Versuch geblieben, was auch weiterhin so bleiben sollte. Dennoch hatte ich an diesem frühen Nachmittag Glück, wenn auch ganz anders, als ich eigentlich erwartet hatte.

In mein Bewußtsein drang etwas zugleich Vertrautes und Fremdes. Es schien so, als ob die Plejadier wieder Kontakt mit mir aufnahmen. Ich hatte zu diesem Zeitpunkt nicht damit gerechnet und spürte den intensiven Drang, nach innen zu lauschen. Langsam wurde alles klarer, und das erst Verschwommene kristallisierte sich deutlich heraus: Worte, fremde Gedanken, die von irgendwoher in mich eindrangen. Sie waren das Fremde; eine Persönlichkeit, die ich nicht kannte. Diese fremden Gedanken wisperten in mir, und allmählich wurden sie mir verständlich und ließen mich aufhorchen. Langsam erfaßte ich, daß das Wispern von einem weiblichen Wesen kam und die Worte friedlich und vertraut waren, obwohl sie auf diese neue Art in mich eindrangen und ich sie nicht verstehen konnte. Doch dann plötzlich begriff ich den Sinn der Worte, die mir eine eigenartige Botschaft zuspielten, nämlich daß ich einen Fotoapparat nehmen und das Haus verlassen solle. Etwas verwundert, doch ohne zu fragen, tat ich, wie mir aufgetragen wurde, wobei ich nicht wußte, warum ich es tat. Das fordernde Wispern in meinem Bewußtsein zeigte sich wie ein unwiderstehlicher Befehl, beinahe wie ein leiser Zwang. Es war so ganz anders und sehr viel intensiver, als ich es bei Sfath und Asket erlebt hatte. Also verließ ich das Haus, holte mein Mofa aus dem Schuppen und fuhr los, ziellos wie mir schien, doch ständig geführt und geleitet durch das leise Wispern in meinem Bewußtsein. Die Fahrt ging auf vielen Umwegen zu einem bestimmten Ort. Erst durchquerte ich das Dorf in westlicher Richtung, gelangte so auf freies Feld und dann in den Wald hinter dem Hinwiler Armeepark. Dann weiter kreuz und quer durch den Forst, ohne daß ich die Wege benutzen konnte. Schließlich kam ich aus dem Wald heraus, wonach ich kreuz und quer auf Feldwegen durch die Wiesengebiete fuhr, um wieder durch verschiedene Waldstücke hindurch in eine völlig andere Richtung zu fahren, und zwar bis zu einem Gebiet, das ›Goldenes Ei‹ genannt wurde. Dann führte mich die wispernde Stimme auf die Straße ins Dorf Hinwil zurück, die ich wenige hundert Meter entlangfuhr, um dann wieder rechts auf eine andere Straße abzubiegen, die an einem Ried vorbeiführte, das recht einsam gelegen war. Nach etwa 300 Meter stieß ich auf dem breiten Feldweg auf einen großen Lastkraftwagen mit buntbemaltem Kastenaufbau, dessen Fahrer eben im nahen Wäldchen verschwand, wo er anscheinend etwas zu verrichten hatte. An den schönen Air-Brush-Malereien des Lasters interessiert, hielt ich an und betrachtete alles von allen Seiten, wobei ich am Kennzeichen feststellte, daß es sich um ein deutsches Gefährt handelte.

Weil ich dachte, daß ich mindestens schon eine Stunde unterwegs sein mußte, schaute ich auf die Armbanduhr. Es war gerade 14.12 Uhr und ich war tatsächlich bereits eine volle Stunde in der Gegend herumgefahren. In diesem Augenblick hörte ich in der Luft über mir ein leises Sirren, das mir wohlbekannt war, da ich es bereits öfters bei Sfath und Asket gehört hatte, wenn diese mit ihren Raumschiffen hoch oben in der Luft schwebten. Freudig überrascht schaute ich zum wolkenverhangenen Himmel hoch, denn zu diesem Zeitpunkt erwartete ich keinen weiteren Kontakt mit Außerirdischen, da ich der Ansicht war, daß ein solcher frühestens am 3. Februar stattfinden würde. Ich glaubte zu träumen, als aus den tiefhängenden Wolken ein silbernes Objekt hervorgeschossen kam, rapide seine Geschwindigkeit verlangsamte und sich über den etwa 350 Meter entfernten Wald senkte, eine kurze Linkskurve flog und dann langsam über das Riedland heran direkt auf meinen Standort zukam. Als das Raumschiff aus den Wolken hervorschoß, war das Sirren schlagartig verstummt, so daß es nun völlig lautlos dahinflog, ruhig und sicher. Schon von weitem vermochte ich die genaue Form zu erkennen; zweifellos handelte es sich um ein diskusförmiges Objekt mit halbrundähnlichem Auf- und Unterbau. Der obere Teil war größer als der untere, mit roten hochgestellten Rechtecken versehen, wohl Fenster, wenn ich mich nicht täuschte. Dann hörte ich wieder die feine Stimme in meinem Bewußtsein wispern, die mich aufforderte, nun meine Fotokamera zu nehmen und einige Bilder zu schießen. Ich stellte mich abseits des Lasters, um diesen mit ins Bild zu bekommen, damit ich einen besseren Vordergrund hatte, während sich das Schiff etwas zurückbewegte und in etwa 150 Metern Entfernung in gleicher Höhe ›stehen‹ blieb, in der Luft ›federte‹ und leicht schwankte. Dann schoß ich das erste Bild, und zwar genau um 14.15 Uhr, wie ich anhand meiner Uhr feststellte. Schnell notierte ich mir die Zeit auf dem mitgeführten Notizblock, denn die wispernde Stimme hatte mir aufgetragen, daß ich künftighin für jede Fotografie die genaue Aufnahmezeit festhalten solle, weil dies für die spätere Verwertung der Bilder notwendig sei. Das gelte auch für den Aufnahmeort der Fotos.

Kaum hatte ich das erste Bild in der Kamera, da scherte das Objekt mit rasender Geschwindigkeit nach Westen aus, und plötzlich war das Sirren wieder in der Luft. Das Ganze dauerte nur wenige Sekunden, dann kam das Raumschiff rasend schnell zurück, um beinahe schlagartig in nur etwa 100 Metern Höhe über dem Lkw stehen zu bleiben, während das Sirren genauso plötzlich verstummte.

Ich war, wie ich später nachgemessen habe, genau 44 Meter vom Laster entfernt, als ich das zweite Bild machte. Das geschah etwa eine oder zwei Sekunden, nachdem das Objekt etwa fünfzig Meter hinter den Lkw zurückschoß und wieder in ungefähr 100 Metern Höhe stehenblieb. Jetzt vermochte ich es genau zu erkennen: Es war tatsächlich ein Raumschiff beziehungsweise ein UFO, ein sogenannter ›Fliegender Teller‹, wie diese Strahlschiffe von den Erdenmenschen genannt wurden. Also eindeutig, kein neues und mir unbekanntes irdisches Fluggerät. Eigentlich wußte ich das ja schon vorher, doch jetzt hatte ich die absolute Gewißheit. Die Unterseite der Diskusscheibe mit Auf- und Unterbau schien gewaltig zu vibrieren, ja geradezu zu leben. Mir erschien es, als ob kleine Wellen langsam und andauernd die Unterseite durchlaufen würden, wobei diese nicht regelmäßig waren und auch nicht von fester Form. Es schien sich um eine Art von Energie zu handeln, wobei eindeutig das Metall des Raumschiffes zu erkennen war, wenn auch etwas verschwommen. Es war so, als ob die Luft durch große Sonnenhitze flimmerte und alles verzerrte. Das wurde mir bei genauerem Hinsehen klar. Dieses wellenartige Flimmern vermischte sich unvermittelt mit einem sirrenden Geräusch, und plötzlich schien die ganze Luft zu flirren. Auch der Laster und die gesamte Umgebung wurden von diesem Flirren erfaßt. Alles war plötzlich verschwommen und unscharf, wobei es so aussah, als ob der Lkw weiter entfernt wäre als das UFO, das aber in Wirklichkeit etwa fünfzig Meter hinter dem LKW in der Luft hing, mit einer leicht schaukelnden Bewegung. Und als ich auf meine Uhr blickte, ehe ich das zweite Foto knipste, um die Zeit festzuhalten, war es 14.18 Uhr.

Nachdem ich das zweite Bild in der Kamera hatte, jagte das Objekt direkt aus dem Stand heraus mit rasender Geschwindigkeit schräg ostwärts in den Himmel und verschwand nach nicht mehr als etwa drei Sekunden in den Wolken, während das Sirren, das während meines Fotografierens wieder zu hören war, schlagartig verstummte. Dann war Ruhe. Hierbei überlegte ich mir, daß man mich wohl sehr genau beobachtete, denn das Raumschiff hielt jeweils nur solange still, bis ich ein Bild aufgenommen hatte. Kurz danach kam wieder die leise wispernde Stimme in meinem Bewußtsein auf und bat mich, nun mit meinem Mofa auf einem holperigen Feldweg in das Riedgelände hineinzufahren, und zwar in Richtung des östlich liegenden Waldes. Also begab ich mich auf die Feldstraße zurück zu meinem Mofa, setzte dieses in Gang und fuhr, da nicht genügend Platz war, durch die Wiese rechts am Laster vorbei und dann etwa 100 Meter die Straße entlang, bis ich an den mir angewiesenen Feldweg kam, den ich rasant entlangfuhr. Querfeldein gelangte ich zur Riedwiese, die dem Wald vorgelagert war und wie eine große Waldschneise wirkte. Etwa 250 Meter vor dem Wald hielt ich an, stellte mein Mofa auf dem Feldweg ab und wartete. Ich war jetzt etwa 500 Meter vom Lkw entfernt und bemerkte etwas uninteressiert, wie sich dieser entfernte. Offenbar war der Fahrer inzwischen aus dem Wald zurückgekehrt.

Jetzt war weit und breit kein Fahrzeug und kein Mensch mehr zu sehen. Auch bei einem 500 Meter entfernten und in westlicher Richtung gelegenen Bauernhaus rührte sich kein Mensch. Allerdings kläffte dort schon seit einiger Zeit ein Hund, der sich nun allmählich wieder beruhigte. Und erst jetzt fiel mir auf, daß der Hund just in dem Augenblick zu bellen begonnen haben mußte, als das silbrige Strahlschiff erstmals auftauchte. Ebenfalls erst jetzt bemerkte ich, daß die Stimmen der Natur verstummt und kein Vogel zu hören war. Doch jetzt erhoben sie langsam wieder ihre Stimmen und wurden immer lauter. In etwa 200 Metern Entfernung kamen langsam fünf Rehe auf die Waldschneise heraus und begannen friedlich zu äsen, während rechts über dem Wald und hoch über den Fichten, Tannen, Buchen und Birken eine ganze Schar Raben kreiste, die sich eine Schlacht mit einem Greifvogel lieferten. Plötzlich und unverhofft ließen sie von ihrem Opfer ab und tauchten lautlos weg. Sie verschwanden über die Bäume hinweg und entzogen sich meinen Blicken, während auch der Greif niederstürzte und im Geäst der Bäume verschwand. Auch die fünf Rehe waren plötzlich in Unruhe geraten, hoben witternd den Kopf und beobachteten aufmerksam die Gegend, dann jagten sie in großen, weiten Sprüngen davon, weg vom Wald und ins offene, freie Feld hinaus, wobei sie nur wenige Meter von mir entfernt vorüberhetzten, einem südlich gelegenen Wäldchen zu, in dem sie alsbald verschwanden. Offenbar waren sie durch etwas aufgeschreckt und geängstigt worden, jedoch konnte ich nicht der Grund gewesen sein, da sie von mir keinerlei Notiz genommen hatten und zudem auf mich zugejagt kamen. Ihre Flucht kam mir panikartig vor. Die Raben und der Greifvogel schienen aus demselben Grund die Flucht ergriffen zu haben. Das war eigenartig, denn normalerweise ließen Raben nicht so schnell und grundlos von ihrer Beute ab. Dann war wieder Stille, und auch die Vögel waren wieder verstummt. Ich konnte mir das Ganze nicht erklären; das hatte ich bisher noch nicht erlebt.

Zwei oder drei Minuten verstrichen, dann hörte ich unvermittelt wieder das mir bereits vertraute Sirren: Von Osten her schoß das Strahlschiff wieder aus den Wolken herab und schien geradezu in den Wald abzustürzen. Doch etwa 100 Meter über dem Wald drosselte es abrupt seine Geschwindigkeit, das Sirren verstummte; es schwebte langsam über die letzten Bäume hinweg auf die Waldschneise hinaus und sank zu Boden. Dabei konnte ich beobachten, wie sich von der Schiffsunterseite drei kleinere runde Scheibenteller abhoben und Teleskopstützen ausfuhren, die offensichtlich Landestützen bildeten, auf denen das etwa sieben Meter große Raumschiff auf dem etwas weichen Riedboden zu stehen kam. Nun wußte ich auch, warum die Tiere und Vögel in wilder Panik geflohen waren. Offenbar hatten sie mit ihrem feinen Spürsinn das Wiederauftauchen des Strahlschiffes bemerkt. Und noch ehe dieses die Landestützen ausfuhr, machte ich um 14.31 Uhr das nächste Bild, und eine Minute später nochmal eins, und zwar aus etwa 180 Metern Entfernung. Danach beobachtete ich, wie sich das Schiff weiter senkte und schließlich sanft und völlig lautlos auf den Riedgrund der Waldschneise aufsetzte. Als das Schiff gelandet war, stand es knapp 110 Meter von mir entfernt. Kein Geräusch war zu hören und keine Bewegung zu sehen. Ich schaute mich um – kein Tier und kein Mensch weit und breit. Eine ganze Weile verstrich, und noch immer tat sich nichts, auch nicht in meinem Bewußtsein, wo ich erwartet hatte, die wispernde Stimme wieder zu hören. Und immer wußte ich noch nicht, warum dieses Strahlschiff hergekommen und mich in diese einsame Gegend geführt hatte. Vielleicht war ja alles nur ein Irrtum, dachte ich, und wunderte mich; und da ich mir bei der Ergründung geheimnisvoller Dinge eine gewisse Frechheit angeeignet und vor solchen Objekten keinerlei Scheu, geschweige denn Angst mehr hatte, lief ich auf das UFO zu. Ich wollte es aus der Nähe betrachten und nach Möglichkeit auch fotografieren. Es war mir in seiner Form zwar vertraut, aber dennoch fremd, da es ganz anders war als die diskusförmigen Raumschiffe, die ich von Askets Schiff und von Kindheit auf kannte. Dieses Objekt hier wies an der Unter- und Oberseite Ausbauten auf, die bei allen früheren Schiffen gefehlt hatten.

Semjases Strahlschiff im Landeanflug; Frecht/Hinwil 28.1.1975, 14.31 h/ Billy Meier

Als ich auf das Strahlschiff zulief, kam ich nur wenige Schritte weit. Etwa 100 Meter vom Objekt entfernt bremste mich eine ungeheure Kraft, die mir wie ein völlig lautloser Sturmwind erschien oder die Kraft eines negativ gepolten Magneten, gegen den ich ergebnislos anlief. Den Blick auf das Schiff gerichtet sah ich, daß im gleichen Augenblick, als ich in den Bereich dieser Kraft geriet, am äußersten und schmalen Rand des Objektes ein etwa fünfzig Zentimeter breites, offensichtlich rundumlaufendes mehrfarbiges Lichtband aufleuchtete, das wie ein pulsierender Regenbogen wirkte. Das mußte wohl mit dem Kraftfeld zusammenhängen, in das ich hineingelaufen war. Also wollte ich sehen, ob meine Vermutung zutraf, und ging einige wenige Schritte rückwärts, worauf das pulsierende Lichtband tatsächlich erlosch. Als ich wieder vorwärts ging und in das Kraftfeld geriet, leuchtete das Lichtband sofort wieder auf, dessen Farben übergangslos ineinanderflossen. Mit aller Kraft versuchte ich nun, gegen den Druck anzukämpfen und vorwärtszukommen, wobei ich bemerkte, daß das Lichtband viel intensiver zu pulsieren und zu leuchten begann. Ich schaffte es tatsächlich, weiter in das Kraftfeld einzudringen, jedoch nur wenige Meter, dann war die Gegenkraft zu groß, um noch weiter voranzukommen. Also setzte ich mich auf den Boden, schaute zum Raumschiff hinüber und harrte der Dinge, die da kommen sollten. Schon nach weniger als einer Minute tat sich etwas.

Gerade hatte ich nochmals einen Blick auf die nähere und weitere Umgebung geworfen, weil ich einfach immer befürchtete, daß plötzlich ungebetene Besucher auftauchen könnten, als sich von der Hinterseite des Strahlschiffes eine schlanke Gestalt hervorbewegte. Es war zweifellos ein Mensch. Ein weibliches Wesen mit rötlichblonden Haaren, wie ich beim Näherkommen feststellte, die offen und lang über ihre Schultern fielen. Gekleidet war sie in einen eigenartigen, dennoch vertrauten Anzug, obwohl ich einen solchen weder bei Sfath noch bei Asket gesehen hatte. Unzweifelhaft handelte es sich um einen Weltraumanzug, wie er in ähnlicher Form und in ferner Zukunft von irdischen Astronauten verwendet werden würde, wenn diese dereinst zur intergalaktischen Raumfahrt fähig sein würden, wie mir Asket erzählt hatte. Sie hatte auch eine Zeichnung eines solchen futuristischen Anzuges angefertigt. Der Anzug, den dieses weibliche Wesen hier trug, war jedoch nicht so klobig und schwerfällig wie der auf Askets Zeichnung, sondern schmiegsam, weich und leicht, wie ich schon bald durch Berühren feststellen konnte. Eigentlich glich der Anzug mehr einem hauteng anliegenden Overall, der eine eigenartig graue Farbe hatte und aus der Nähe aussah, als wäre er aus Elephantenhaut gefertigt. Jedenfalls erinnerte mich dieses Material an die Haut eines Elephanten, die ich einmal berührt hatte – im Zoo natürlich. Der eigenartige Anzug war am Körper der Frau derart eng anliegend, daß man alle Konturen erkennen konnte. Und daß diese Kleidung äußerst strapazierfähig war, das sah ich mit bloßem Auge. In Schulterhöhe verlief rund um den Hals ein metallisch-glänzender Ring, etwa zwei Zentimetern dick, und es bestand für mich kein Zweifel, daß dieser zur Aufnahme eines Helmes diente. Jetzt fehlte dieser Helm, so daß ich beim Näherkommen feststellen konnte, daß es tatsächlich, ein weibliches Wesen war, dessen Alter ich auf etwa 35 Jahre schätzte, wobei ich mich gewaltig täuschen sollte. Der Gesichtsausdruck war frei und offen, nichts deutete auf etwas Übermenschliches, auf Überheblichkeit oder Vergeistigung hin. Die junge Frau machte den Eindruck eines ganz normalen Menschen.

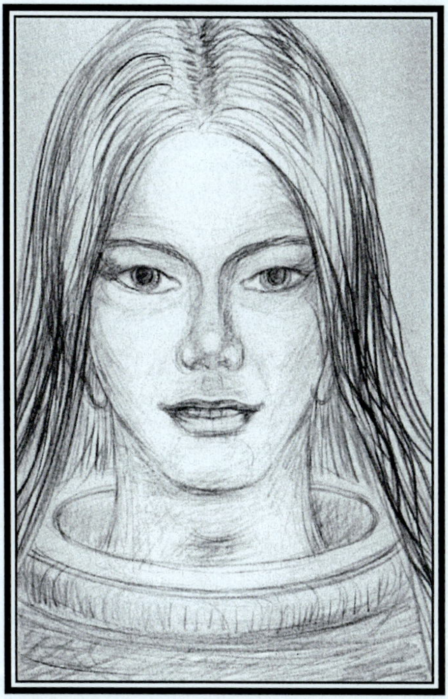

Semjase (Bleistiftzeichnung von Eugen Eichenberger nach Billys genauen Angaben) 5.5.1982/ Willi Bär

Als die Frau etwa den halben Weg zwischen dem Raumschiff und mir zurückgelegt hatte, sah ich, daß sie mit der linken Hand in die Gegend ihres Hüftgürtels griff, worauf schlagartig der kräftige Druck verschwand, der sich noch immer gegen mich preßte. Ebenso blitzartig erlosch auch der pulsierende, regenbogenfarbige Lichtring um das Objekt. Beinahe wäre ich aus meiner Sitzstellung heraus umgefallen, als der Druck nachließ, gegen den ich mich auch im Sitzen zur Wehr setzen mußte. Langsam näherte sich das weibliche Wesen und trat zu mir heran, ergriff mich mit der Linken am Arm und zog mich hoch. Der Griff war fest und sicher, und gleichzeitig angenehm. Dann standen wir uns von Angesicht zu Angesicht gegenüber und schauten uns an. Sie hatte meine Größe und etwas dunklere blaue Augen als ich. Es dauerte wohl eine halbe Minute, in der wir uns anschauten, uns dann wortlos in die Arme schlossen und uns eine Weile so hielten, ohne daß ein Wort gesprochen wurde und ohne daß ich mir den Grund dieser Umarmung erklären konnte. Es war so, als würden wir uns schon sehr, sehr lange kennen und als hätten wir uns eine Weile nicht gesehen. Beide begannen wir plötzlich wie auf Kommando zu lachen, befreit und froh, und erst da lösten wir uns wieder voneinander. Dann nahmen wir uns bei der Hand und gingen langsam zu einer nahen Fichtengruppe, etwa zwanzig Meter entfernt, wo sich die Frau ins dürre Gras setzte und mich aufforderte, es ihr gleichzutun. Also setzte ich mich nieder, wobei ich mich an einen Fichtenstamm lehnte. So saßen wir uns im Abstand von knapp einem Meter gegenüber, als die Frau zu sprechen begann, zwar nicht in meiner Muttersprache, aber in einem perfekten Deutsch, jedoch mit einem sehr eigenartigen Akzent, wie ich ihn noch nie zuvor gehört hatte. Ihre einführenden Worte dauerten nicht sehr lang, ihre Erklärung danach um einiges länger. Bei ihren Aussagen und Erklärungen mußte ich feststellen, daß die Besucherin außerirdischer Herkunft in bezug auf meine Person, auf die Gesamtvergangenheit meiner Geistform und auch hinsichtlich meiner Mission nicht in dem Maße orientiert war wie Sfath und Asket. Dennoch ging aus ihrem Monolog hervor, daß sie einiges über meine Person wußte und ohne jegliche Zweifel meine nächste außerirdische Kontaktperson war, die tatsächlich aus den Plejadengebieten stammte, wie schon früher von Asket angekündigt. Daß der neue Kontakt zu mir bereits an diesem Tage aufgenommen wurde, hatte an und für sich keine besondere Bedeutung.

Ich erfuhr, daß die Frau den Namen Semjase trug und dieses erste Einführungsgespräch nicht dazu bestimmt war, wiedergegeben zu werden. Trotzdem bemühte ich mich nach dem Abschied der Raumschiffpilotin später, dieses Gespräch sofort wörtlich niederzuschreiben, soweit ich es noch in Erinnerung hatte. Die Erklärungen danach wurden jedoch wie alle weiteren Gespräche in den folgenden Jahren von den außerirdischen Besuchern wortgetreu festgehalten und mir später jeweils in telepathischer Form übermittelt, wodurch ich alles wortgetreu schriftlich festhalten konnte. Das erste Gespräch nun, das eigentlich nur zur persönlichen Begrüßung und gegenseitigen Bekanntmachung diente und nicht telepathisch aufgezeichnet wurde, gebe ich daher aus dem Gedächtnis wieder:

Semjase: Du bist ein furchtloser Mensch.

Billy: Ich habe die Angst verlernt und bin objektiv geworden.

Semjase: Ich weiß, denn wir haben dich über Jahre hinweg beobachtet.

Billy: Sehr schön, und warum?

Semjase: Weil wir durch dich einiges klarstellen möchten.

Billy: Taugt jemand anderes denn nicht dazu?

Semjase: Sicher, doch wir haben dich ins Auge gefaßt, weil du dich schon seit sehr vielen Jahrtausenden mit diesen Problemen beschäftigst, nüchtern und ehrlich denkst und handelst, und weil du eine solche Aufgabe schon oft in deinen früheren Leben ausgeübt hast, auch wenn sich für uns große Geheimnisse darum ranken.

Billy: Danke für die Blumen.

Semjase: Keine Ursache, denn sie sind dein eigenes Verdienst.

Billy: Gut, doch wer sind Sie eigentlich?

Semjase: Nenne mich ruhig beim Du, so wie ich es auch tue.

Billy: Danke – doch wer bist du?

Semjase: Man nennt mich Semjase, und ich stamme von den Plejaden.

Billy: Vom Siebengestirn?

Semjase: Sicher.

Billy: Ein netter Ausflug, möchte ich sagen. Wie schafft ihr das? Vielleicht durch den Hyperraum?

Semjase: Du weißt mehr, als uns lieb sein könnte.

Billy: Warum? Ich bin doch verschwiegen und keine Plaudertasche.

Semjase: Das weiß ich, und darum ist dein Wissen am rechten Ort. Ich und alle andern machen uns daher keine Sorgen.

Billy: Warum hast du mir den Weg zu deinem Schiff versperrt? War es wegen des Films in meiner Kamera; wäre der zerstört worden?

Semjase: Sicher, denn du solltest doch wenigstens Fotobeweise haben.

Billy: Aha, ich soll also an die Öffentlichkeit treten. Doch wie soll ich das arrangieren?

Semjase: Du sollst, ich werde dir später den Weg erklären.

Billy: Gut; ist es aber nicht gefährlich, dein Schiff so offen zu landen, wenn vielleicht andere Menschen vorbeikommen?

Semjase: Habe keine Sorge, es ist dafür gesorgt, daß kein Mensch näher als 500 Meter im Umkreis herankommt. Außerdem ist das Strahlschiff durch den Wald und die Hügel gegen Sicht geschützt.

Billy: Dann soll ich also als Mensch in dieses Treffen allein einbezogen sein?

Semjase: Ja, und du weißt warum.

Billy: Ich verstehe – leider.

Semjase: Auch wenn du es bedauerst, es ist daran nichts zu ändern – auch in Zukunft nicht.

Billy: Ich verstehe schon – meine lieben Mitmenschen …

Semjase: Ihre geistigen (bewußtseinsmäßigen) Erkenntnisse ruhen in falschen Bahnen. Du aber hast dir die Mühe gemacht und gelernt. Du hast die Wahrheit schon vor vielen Jahrtausenden und gar vor Jahrmillionen gefunden und hast dir das Wissen angeeignet. Damit unterscheidest du dich von der großen Masse der Menschen auf der Erde, und darum sind wir auf dich verfallen.

Billy: Du sagst immer ›wir‹, bedeutet das, daß …

Semjase: Sicher, ich sagte schon, daß du oft mehr weißt, als uns lieb sein könnte. Schweige bitte darüber, denn die Wahrheit ist für die Menschen schon so hart genug.

Billy: Ich habe dieses Wissen nie besessen, und folglich kann ich auch nichts sagen.

Semjase: Du kannst es auch so sagen, und ich weiß, daß du schweigen wirst. Ich weiß, daß du sogar das ganze Geschehen bestreiten und als Produkt der Phantasie darlegen würdest, wenn man dich zum Sprechen zwingen wollte.

Billy: Du kennst mich wirklich sehr genau.

Semjase: Darum und aus vielen anderen Gründen, aber auch aus Bestimmung haben wir ja dich gewählt. Doch nun genug der Fragen und Antworten; höre mir genau zu, was ich dir zu sagen habe. Schreibe alles auf, und tritt dann damit an die Öffentlichkeit, jedoch anders, als du dies in Ausübung deiner Aufgabe in früheren Leben getan hast.

Billy: Wie soll ich das, ich habe nichts zum Schreiben hier. Und ein Tonband oder etwas Ähnliches habe ich jetzt auch nicht.

Semjase: Keine Sorge, schreiben kannst du später. Erst erkläre ich dir alles, damit du einen Überblick hast. So ist es dann später leichter für mich, mich mit dir in Verbindung zu setzen und dir die Gedanken einzugeben, nach denen du dann Wort für Wort alles genau niederschreiben kannst.

Billy: Denkst du dabei an dieselbe Form, mit der du mich auch hierhergebracht hast?

Semjase: Du bist wirklich sehr klug und machst uns alle Ehre.

Billy: Danke.

Semjase: Schon gut. So höre denn und unterbrich mich nur, wenn du wirklich etwas nicht verstehst. (Es folgten Semjases Erklärungen – siehe Semjase-Kontaktberichte.)

Als Semjase ihre Erklärungen beendet hatte, plauderten wir noch eine ganze Weile über rein private Belange sowie über Dinge, die nicht in den Kontaktberichten erscheinen sollten. Diese Art Privatgespräche sollten auch zukünftig so erhalten bleiben, und zwar bis auf den heutigen Tag, da die Kontakte weiterhin andauern, jedoch nur noch in sehr sporadischer Form, wobei im Laufe der Zeit auch die Kontaktpartner wechselten. Bis zum Monat Dezember 1995 fanden 252 offizielle und 49 inoffizielle Kontakte mit plejadischen Föderationsangehörigen statt, während es mit Asket im Laufe von mehr als elf Jahren 116 waren. Wurden bei den Plejadiern praktisch alle offiziellen Gespräche schriftlich festgehalten, blieb dies bei Asket nur auf einige Gespräche beschränkt.

Es war 15.51 Uhr, als wir unsere Unterhaltung beendeten und uns erhoben. An Ort und Stelle verabschiedeten wir uns, und während Semjase zu ihrem Raumschiff ging, machte ich mich zu meinem Mofa auf, das nur etwa dreißig Meter entfernt auf dem Feldweg stand. Ich machte meine Fotokamera wieder bereit und beobachtete Semjase, die gerade unter ihr Strahlschiff trat und verschwand. Dann dauerte es nicht lange, und ihr Fluggerät hob langsam vom Boden ab, stieg über Baumhöhe empor und schwebte kurz ostwärts, wobei ich aus etwa 185 Metern Entfernung, die ich später nachgemessen habe, kurz nach dem Start das fünfte Foto auf den Film brachte. Dann kam das Schiff zurückgeflogen und setzte über die Bäume hinweg, wobei wieder das mir bekannte Sirren ertönte. Dabei konnte ich beobachten, wie sich ein eigenartiges Hitzeflimmern immer mehr ausbreitete, das bereits beim Start entstanden war und jetzt die gesamte Umgebung und die Umrisse von Pflanzen und Bäumen verschwimmen ließ, gerade so, wie ich es bei der ersten Sichtung in der Nähe des Lasters bemerkt hatte. Auch die Entfernungen waren verzerrt, so daß ich sie nicht mehr genau schätzen konnte, alles schien sich zu verändern, allerdings auffälliger und intensiver als das erstemal. Jetzt konnte ich sogar klar und deutlich die blaurötliche Färbung einer Strahlung feststellen, die vom Raumschiff ausging und die ganze Umgebung in ein eigenartiges Licht tauchte, was auch später auf dem fünften Foto klar zu erkennen war.

Semjases Strahlschiff beim Wegflug; Frecht/Hinwil 28.1.1975, 15.15 h/ Billy Meier)

Semjases Strahlschiff und ein Aufklärer bei Sonnenuntergang; Ober-Zelg/Betts-wil/Bäretswil 3.3.1975, 16.05 h/ Billy Meier

Nachdem ich das fünfte Foto gemacht hatte, schoß das Strahlschiff unvermittelt höher über die Baumwipfel hinauf, wobei das Sirren schlagartig aufhörte. Danach schwebte das Schiff langsam auf mich zu und blieb in etwa vierzig Metern Höhe über mir kurz stehen, um dann unvermittelt einen Sprung zu tun, der es gerade über jene Bäume brachte, unter denen wir gesessen und unsere Unterhaltung geführt hatten. Dann schwebte es langsam hinter die Bäume nordwärts davon, und da schoß ich das sechste Foto, genau um 16.00 Uhr. Und damit war leider auch mein Film verbraucht. Nur einen kurzen Augenblick dauerte es noch, dann sauste das Strahlschiff aus dem Stand heraus mit wahnwitziger Geschwindigkeit Richtung Norden davon, um dann plötzlich senkrecht in den wolkenverhangenen Himmel emporzuschießen und meinen Blicken zu entschwinden. Noch minutenlang stand ich da und blickte zum Himmel empor, doch das Schiff kehrte nicht zurück, und so machte ich mich auf den Heimweg, um daheim in meinem Arbeitsraum alles zu rekapitulieren und das Begrüßungsgespräch niederzuschreiben, was mir damals keine

Semjases Strahlschiff bei Demonstrationsflug um eine Wettertanne; Fuchsbüel-Hofhalden/Balm/Wetzikon 9.7.1975, 15.11 h/ Billy Meier

Schwierigkeiten bereitete, weil ich über ein so gutes Gedächtnis verfügte, daß ich kürzere Gespräche noch Tage oder Wochen später wortgetreu wiedergeben konnte.

Durch die Kontakte mit Semjase sowie mit ihrer Schwester Pleja, ihrem Vater Ptaah und mit verschiedenen anderen konnte ich weite Reisen durchs Universum und gar in andere Dimensionen unternehmen, bis zu einer Ebene, wo Endlosigkeit herrscht. Dies geschah auf der längsten Reise, die praktisch durch alle bereisbaren Universumsgürtel hindurchführte, von denen es sieben gibt. Dabei wurde im äußersten Gürtel eine Universumsbarriere geschaffen, die es erlaubte, mit dem 35 Kilometer langen Mutter-Raumschiff aus unserem DERN-Universum hinüber in das DAL-Universum einzudringen, das ein Schwester- beziehungsweise Zwillingsuniversum zu unserem ist, in dem ich nach langen Jahren endlich Asket wiedersah und auch ihre Freundin Nera kennenlernte.

Semjases neueres Strahlschiff Bachtenhörnli/Unterbachtel/Orn-Hinwil 8.3.1976, 16.30h /Billy Meier

Semjases neueres Strahlschiff und zwei Aufklärer Bachtenhörnli/Unterbachtel/Orn-Hinwil 8.3.1976, 9.50 h/ Billy Meier

Ausschnittvergrößerung: Semjase wird mit ihrem Strahlschiff von einem Kampfflugzeug/Mirage der Schweizer Luftwaffe beobachtet. Schmärbüel/Maiwinkel, Betts-will-Bäretswil 14.4.1976, 16.15 h/ Billy Meier

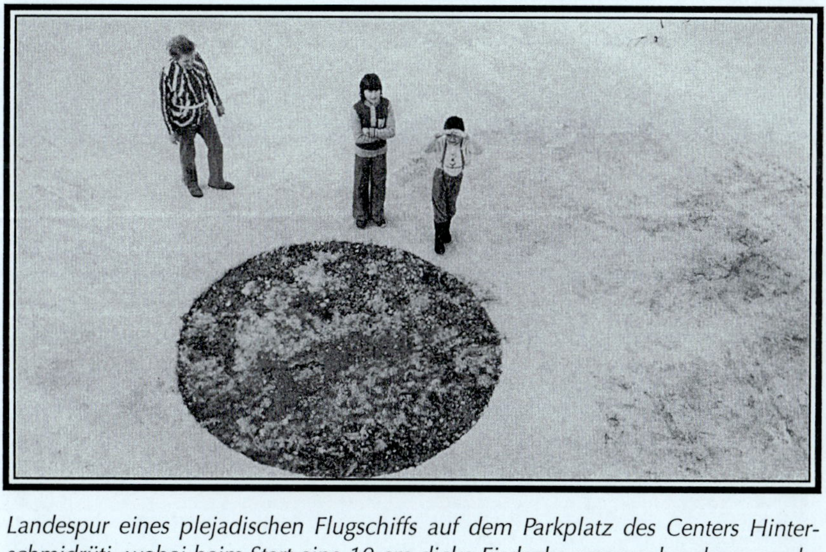

Landespur eines plejadischen Flugschiffs auf dem Parkplatz des Centers Hinterschmidrüti, wobei beim Start eine 10 cm dicke Eisdecke weggeschmolzen wurde. 21.2.1978, 9.38 h/ Billy Meier

Eingezäunte Landespur von Semjases Strahlschiff im Menara-Landing, Hinterschmidrüti 15.6.1980, 9.17 h/ J. Bertschinger sen.

15
Reaktionen der Medien, Regierungen und Geheimdienste auf die UFO-Kontakte

Bereits zu Beginn der Kontakte mit Semjase begann ich intensiv für meine Aufgabe zu arbeiten, indem ich zunächst an die große deutsche UFO-Organisation herantrat, wie mir schon früh von Asket und dann auch von Semjase aufgetragen worden war. Doch damit geschah genau das, was vorausgesagt wurde, daß ich nämlich zuerst zu einem Kongreß eingeladen und dann wieder ausgeladen wurde, weil ich darauf beharrte, die Wahrheit und nichts als die Wahrheit zu sagen und mich von aller Ideologie fernzuhalten. Doch dies sollte nur der Anfang sein; die öffentlichen Medien erfuhren davon und begannen mich nun oft zu interviewen. Die ersten Organe waren das deutsche Journal ›Quick‹ und das schweizerische Boulevardblatt ›Blick‹, durch die sehr schnell, beinahe schlagartig, aus aller Herren Ländern Journalisten von Zeitungen, Journalen, Radiostationen und TV-Stationen sowie Filmgesellschaften an mich herantraten und so rund um die Welt UFO-Artikel über mich veröffentlicht wurden. Das japanische Fernsehen drehte zwei Filme über mich, die in Japan und Formosa ausgestrahlt wurden, während die Young-Film-Company aus Hollywood innerhalb von drei Wochen einen Dokumentarfilm (Contact) über mich, meine Kontakte zu Außerirdischen und meine Mission drehte (1982), der in Teilen in der Schweiz, in Amerika, in England, Holland, Italien und in vielen anderen Ländern auch von TV-Stationen ausgestrahlt wurde und auch heute noch immer wieder zur Ausstrahlung gelangt. Damit war die erste mir auferlegte Aufgabe erfüllt, daß nämlich endlich die öffentlichen Medien weltweit das UFO-Phänomen aufgriffen und darüber berichteten. Doch damit verbunden war auch der zweite Aufgabenteil, der darin bestand, Fotos von den außerirdischen Strahlschiffen zu machen, um diese dann über die Medien der Öffentlichkeit und den verschiedensten weltweiten UFO-Gruppen zu präsentieren, wodurch eine weltweite UFO-Kontroverse

Shirley McLaine und Billy 27.12.1981/Bernadette Brand

ausgelöst werden sollte, die bis hin zu den Regierungen, Militärs, Behörden und Geheimdiensten sowie sonstigen Geheimorganisationen ihre Wellen schlagen sollte, um diese dazu zu bringen, endlich zuzugeben, daß sie sich heimlich mit dem UFO-Phänomen beschäftigten und eigene UFO-Aufklärungsprogramme unterhielten. Weltweit sollten diese Stellen durch UFO-Forscher gezwungen werden, Geheimaufzeichnungen über UFO-Sichtungen und UFO-Begegnungen freizugeben.

Die angestrebte Kontroverse trat tatsächlich sehr schnell in Erscheinung, wobei Behörden-, Regierungs- und Geheimdienstmachenschaften dazu führten, daß ich und mein gesamtes UFO-Beweismaterial angegriffen und des Betruges beschuldigt wurden.

Die Aufgabe, eine weltweite UFO-Kontroverse auszulösen, war mir also auf Anhieb gelungen, auch die Aufgabe, gewisse Regierungen dazu zu bringen, UFO-Aufklärungsprogramme zu betreiben. Und tatsächlich kam es dazu, daß z.B. von den maßgebenden amerikanischen Stellen UFO-Berichte freigegeben werden mußten, was im Interesse der Plejadier lag. Also

Elisabeth Kübler-Ross und Billy 17.10.1985/Eva Bacher

hatte ich mit meinem Material in jeder Beziehung Erfolg, der heute soweit gediehen ist, daß praktisch keine Regierung der Erde mehr behaupten kann, sie würde sich nicht offen oder heimlich mit dem UFO-Phänomen befassen oder gar Jagd auf UFOs machen. Dennoch existieren bei verschiedenen Regierungen und Geheimdiensten noch immer Unterlagen, die beweisen, daß abgestürzte UFOs und deren tote Besatzungsmitglieder sichergestellt wurden und schon seit vielen Jahren anhand der sichergestellten UFOs auch außerirdische Technologie auf der Erde ausgewertet und erzeugt wird. Besonders Amerika und speziell die US-Air Force sowie der CIA spielen dabei eine sehr unrühmliche Rolle, da sie bemüht sind, mich über angebliche Privatpersonen des Luges, Betruges und des Schwindels zu bezichtigen, weil ich mit all meinem UFO-Material über die Plejadier wohl der gefährlichste Mann bin, um die Existenz der Außerirdischen auf der Erde zu beweisen.

16
Der heutige Stand

Aus der Sicht des Jahres 1996 hat sich in bezug auf die Kontakte zwischen den Plejadiern und mir folgendes ergeben: In der Nacht vom 2. auf den 3. Februar 1995 zogen sich die Erraner (Volk der Plejadier, siehe S. 162) von der Erde zurück, um auf ihren Heimatplaneten zurückzukehren. Mit dem Abzug endeten für das Jahr 1995 auch die offiziellen Kontakte, nachdem alle irdischen Stationen der Außerirdischen aufgelöst und die Orte, an denen sie sich in den letzten rund 200 Jahren aufgehalten hatten, in den Urzustand zurückversetzt wurden, wodurch heute nichts mehr auf deren ehemalige Existenz hinweist. Das aber bedeutet nicht, daß die rein privaten und freundschaftlichen Kontakte zwischen mir und den Außerirdischen ebenfalls beendet worden wären, denn diese werden während meines gesamten restlichen Lebens weiterbestehen, wobei es hier und da noch ganz offizielle Kontaktgespräche geben kann, die veröffentlicht werden dürfen. Und auch wenn keine irdischen Stationen der Extraterrestrier plejadisch-plejarischen Ursprungs mehr existieren, so heißt das nicht, daß diese die Erde nicht auch weiterhin beobachten würden. Tatsächlich kreisen nämlich weiterhin zwei bemannte und diverse unbemannte Flugeinheiten Tag und Nacht auf Beobachtungsflug um die Erde.

Die erste Kontaktperiode mit den Plejadiern dauerte von 1975 bis 1986, worauf ein weiterer Kontakt in anderer Form stattfinden sollte, der dann jedoch infolge meines Zusammenbruchs am 4. November 1982 nicht mehr zustandekommen konnte. Folglich fanden bis zum 17. November 1989 keine Kontakte statt. Danach wurden die Kontakte zum vorgenannten Zeitpunkt wieder aufgenommen, und zwar wiederum durch die Plejadier, die stellvertretend die Aufgabe jener höheren Kontaktpartner übernahmen, die zuerst für diese Aufgabe bestimmt worden waren, sie jedoch nicht mehr übernehmen und ausführen konnten, weil durch meinen Zusammenbruch,

Fußabdruck des Außerirdischen Daneel 25.9.1982/ Bernadette Brand

Metallproben aus dem DAL-Universum Hinterschmidrüti 27.6.1993, 16.00 H/ Freddy Kropf)

Strahlschiff unweit von Blliys Wohnwagen; Säckler/Dürstelen 26.3.1981, 6.18 h/ Billy Meier

diese Kontakte nicht zustande kamen. Da nun die Erraner offiziell endgültig von der Erde abgezogen sind und die noch hier gebliebenen zwei bemannten und diversen unbemannten Beobachtungs-Flugeinheiten keinen Kontakt mit mir pflegen, so sind der Verein F.I.G.U. und die gesamte Erdenmenschheit fortan wieder auf uns allein gestellt, so daß auch nur noch in sehr eingeschränktem Umfang von den Plejadiern Hilfe zu erwarten ist, die sich auf Impulsübermittlungen an Wissenschaftler und Politiker usw. beschränkten sowie auf die Menschen, die mit ihnen freundschaftlich-missionsmäßig liiert sind.

17
Ursprung und Entwicklung der Menschheit auf der Erde

Die Plejadier erklären, daß sich die irdischen Wissenschaften in vielen Dingen irren, so auch in bezug auf das Alter des Universums. Darüber habe ich von den Erranern ganz konkrete Auskünfte erhalten. Während die Erdenwissenschaftler behaupten, daß unser Universum ein Alter von 8–18 Milliarden Jahren aufweise, sprechen die Plejadier davon, daß das Alter tatsächlich 46,5 Billionen Jahre betrage, gerechnet ab dem sogenannten Urknall. Das Universum besteht demnach aus sieben verschiedenen Gürteln und wurde aus der Idee einer Ur-Schöpfung heraus erschaffen, und zwar als Zwillingsuniversum. Der gigantische Bereich, in dem die Galaxien und Übergalaxien mit all ihren Sonnensystemen und Planeten existieren, wird Materiegürtel genannt, und nur dieser ist gegenwärtig durch die irdischen Wissenschaftler erforschbar.

Das Alter von Galaxien, Sonnen und Planeten wird von den Plejadiern nicht ab dem Zeitpunkt berechnet, ab dem diese Objekte als feste Körper existieren, sondern an dem sich die ersten feinsten Gase bildeten, aus denen Quarks, Atome und Moleküle entstanden, die sich im Laufe der Zeit zusammenfanden und verdichteten, wieder auseinanderflossen, sich neuerlich fanden und abermals rotierend verdichteten, bis schließlich alles dermaßen kompakt wurde, daß daraus feste Materie entstand, die immer weitere Massen an sich zog und größer und größer wurde. So entstanden auch die Milchstraße und ihre Sonnensysteme, ebenso die Erde, die den plejadischen Angaben zufolge vor rund 46 Milliarden Jahren einen festen Körper zu bilden begann, der dann vor rund 5 Milliarden Jahren derart verdichtet war, daß sich darauf langsam Leben entwickeln konnte. Zwar gab es zunächst nur Lavaseen und Vulkane, die von den weißglühenden Magmamassen im Innern des Planeten gespeist wurden, doch dann bildeten sich aus den Wolken auch Regen, Hagel und Schnee, der sich auf den Vulkangebirgen absetzte und Gletscher bildete, wobei Schnee- und Eismassen immer wieder schmolzen, wenn neue Lavaströme über sie hinwegflossen und Schlamm bildeten, der dann als Lavastrom talwärts floß. So entstanden mit der Zeit fruchtbarer Boden, aber auch Wasseransammlungen, die Seen und Meere bildeten, in deren Ufersand sich das allererste primitive Leben entwickelte – durch den feuchten Sand vor der tödlichen UV-Strahlung geschützt. Nach und nach paßte sich das im Sand keimende Leben an, tastete sich ins Wasser vor und begann dort Wasserflechten und Wasserpflanzen auszubilden, die sich bald auf dem verglühten, aber noch immer heißen Lavagestein ausbreiteten, um dann auch in die Eisregionen vorzudringen. Der Entwicklungsprozeß dieser ersten pflanzlichen Form begann vor etwa 5 Milliarden Jahren, als die Erde noch öde und leer war.

Der Evolutionsprozeß der Flechtenpflanzen ging weiter, so daß sich nach einer gewissen Zeit andere und höherentwickelte Pflanzen bildeten, die, wie die ersten Flechten, einem dauernden Werden und Vergehen unterlagen. Und wie das so ist in der Natur, wandelten sich die abgestorbenen Pflanzen zu neuen Formen, wodurch neue Aminosäuren entstanden, aus denen sich die ersten Einzeller entwickelten. Im Laufe der Evolution gingen daraus schließlich innerhalb Milliarden von Jahren die ersten tierischen Lebensformen hervor, die natürlich ebenfalls einem Evolutionsprozeß unterworfen waren. Das Sterben der verschiedensten Tierarten führte abermals zum Entstehen neuer Aminosäuren, die sich wiederum in verschiedener Form vereinten. Daraus entwickelte sich eine neue, schleimige Lebensform, aus der sich im Laufe der Zeit mehr- und vielzelliges Leben bildete. Schließlich entstand daraus die Gattung der Hominiden, aus der die Vorläufer, der Mensch, und aus einer Abzweigungslinie die Affen hervorgingen. Durch schöpferisch kosmische Kräfte und Evolution sind also aus einem Urschleim die ersten instinkt-, trieb- und impulsmäßigen Entwicklungen menschlicher Lebensformen entstanden. Auf der Erde entstanden die ersten einzelligen Lebensformen mit der Bestimmung des Menschwerdens in der Zeit von vor 5 bis 8 Millionen Jahren, wobei diese menschlichen Vorfahren die verschiedensten Entwicklungsstufen durchliefen. Vor mehr als 4,8 Millionen Jahren erreichten die ersten dieser Erstmenschen, die als OMEDAM bezeichnet werden, jenen Stand der Entwicklung, durch den die menschliche Lebensform ausgezeichnet ist, nämlich Vernunft, Verstand und Bewußtsein. Andere Vorformen des Erdenmenschen entstanden erst zu späterer Zeit, wobei die der Selbsterkenntnis erst vor 1,5 Millionen Jahren die Bewußtseinsstufe erreichten. Vor rund 500 000 Jahren war es dann beim Erdenmenschen soweit, daß er bereits konkrete Erfindungen machen konnte, wie Werkzeuge, die er in seinem täglichen Leben einsetzte. Ganz klar geht aus diesen Erklärungen der Plejadier hervor, daß der Mensch nicht vom Affen abstammt, sondern sich die Affen aus einer menschlichen Urlinie heraus entwickelt haben. Damit wird die Lehre von Charles Darwin hinfällig, der seine These und Behauptung dadurch untermauern wollte, indem er verschiedene Knochen und Schädel von Affenskeletten zurechtfeilte und der Professorenschaft seiner Universität unterjubelte, an der er tätig war. Eine Tatsache, die bereits damals erkannt, jedoch bis auf den heutigen Tag verheimlicht wurde.

Der vorgenannte Entwicklungsvorgang bezieht sich auf den Erdenmenschen, der auf dieser Welt aus den Kräften des Planeten und der Natur heraus entstanden ist, ohne daß irgendeine Gottheit dabei ihre Hand im Spiel gehabt hätte. Allein die schöpferisch-natürliche Kraft und die durch das Universalbewußtsein geprägten und geformten Impulse der Entwicklung waren dafür maßgebend. Auf der Erde jedoch existieren nicht nur Erdlinge, sondern auch Menschen nichtirdischen Ursprungs, deren Heimatwelten in den beinahe unendlichen Weiten des Universums zu suchen sind. Dabei handelt es sich um ferne Nachkommen einstiger Weltraumfahrer, die aus zeit- und raumverschobenen Gebieten der Sternbilder Lyra und Wega herkamen, von denen in direkter Linie auch die Plejadier abstammen. Zu diesen frühen Einwanderern gehören auch Menschen, die von raum- und zeitverschobenen Gebieten des Sirius kamen. Auch der zerborstene Planet Malona/Phaeton spielt dabei eine Rolle, weil die überlebenden Menschen von dort zur Erde flüchteten, als durch den Wahnsinn ihrer Verantwortlichen der Planet in die Luft gesprengt wurde, indem ein großes Meer in einen gigantischen aktiven Vulkan geleitet wurde, wodurch der Planet zerbarst und seither als Asteroidengürtel um die Sonne kreist. Neben all diesen außerirdisch Zugewanderten leben auch noch entfernte Nachfahren anderer Weltraumfahrer auf der Erde, allerdings sind es nicht viele und sie spielen keine wichtige Rolle. All die anderen aber, die sehr entfernten Nachfahren der alten Lyraner, Weganer, Sirianer und Maloner, sind jene, um derentwillen die Plejadier den Weg zurück zur Erde gesucht haben. Die Vorfahren dieser fernen Nachfahren auf der Erde sind auch die Vorfahren der Plejadier, und zusammen blicken alle auf dieselbe älteste Ur-Ur-Urherkunft zurück, denn alle Völker der Plejadier, der Sirianer, Maloner, Lyraner und Weganer sowie ihre heutigen Nachfahren auf der Erde entstammen einer Schöpfung Henoks in uralter Zeit, als er vor rund 12 Milliarden Jahren seine ersten Kreationen schuf und das erste seiner Völker gründete.

Auf eine Frage meinerseits an die Plejadier, welche Außerirdischen denn zuerst auf die Erde gekommen seien, meinten sie, die Plejadier hätten keinerlei diesbezügliche Aufzeichnungen oder Informationen, außer denen, die sie mir bereits gegeben hatten. Sicher sei aber, daß auch andere Extraterrestrier den Erdenplaneten angeflogen hätten, ehe die ersten aus der Henok-Linie auftauchten, wobei es sich mit Sicherheit um solche Außerirdische gehandelt habe, die unserem Universum und somit unserem Raum-Zeit-Gefüge entstammten. Das sei nachweisbar durch verschiedene Dinge, die sie, die Plejadier, auf der Erde gefunden hätten, wie versteinerte menschliche Fußspuren, die weit mehr als 120 Millionen Jahre alt seien. Auch andere Funde würden von der sehr frühen Anwesenheit Außerirdischer auf der Erde zeugen.

Als ich die Plejadier eines Tages fragte, welches auf der Erde das älteste und welches das jüngste Volk sei, abgesehen von den Menschen, die durch Evolution auf diesem Planten entstanden sind, erzählten sie mir einiges mehr über das Kommen und Gehen der Außerirdischen auf der Erde, Dinge, die sich an gleichlautende Aussagen von Semjase anschlossen. Die ersten drei fremden Völker, die aus der Henok-Linie zur Erde kamen und sich hier ansiedelten, waren die Rassen der Roten, der Braunen und der Weißen, allerdings nur die Normalwüchsigen dieser Rassen mit einer durchschnittlichen Größe von etwa 170 Zentimetern. Diese Völker lebten damals in einem fernen Sternensystem, das sich in unserer Universums-Dimension befand, also in unserem Raum-Zeit-Gefüge. Die Planeten aber, auf denen die damaligen Außerirdischen lebten, wurden vor mehr als 22 Millionen Jahren durch einen dunklen Wanderplaneten gefährdet. Einige Welten wurden sogar teilweise zerstört, als der Wanderplanet, fortan Zerstörer genannt, in das Weltensystem eindrang, wonach er wieder in den Weltenraum hinausschoß. Die Überlebenden der kosmischen Katastrophe bauten ihre Zivilisation wieder auf und versuchten dann den neuen Weg des Zerstörers zu ergründen, der mit ungeheurer Geschwindigkeit über unendliche Weiten durch den Weltenraum raste, bis er endlich zum SOL-System gelangte und von diesem sozusagen ›gefangengenommen‹ wurde und seitdem immer wieder durch das System gejagt ist und oftmals die Erde gefährdet hat. Also folgten die Wissenschaftler der damaligen fremden Menschheit dem Weg des Zerstörers und fanden schließlich die Erde in unserem Sonnensystem. Rauhes und unwirtliches Klima gewöhnt, vermochten sich die Weithergereisten aus dem Universum hier festzusetzen, auch wenn sie ungeheure Schwierigkeiten hatten und sehr viele starben. Erst sehr viel später kamen dann noch Andersfarbige sowie Riesen, Giganten, Titanen, Zwergwüchsige sowie Naturwesen zur Erde, jedoch erst, als sich das Klima verbessert hatte und die Umwelt und die Atmosphäre nicht mehr so lebensfeindlich waren. Zu noch sehr viel späterer Zeit dann, und zwar erst vor rund 21 000 Jahren, kamen erneut Außerirdische zur Erde, die wiederum sehr entfernte Nachfahren der zuletzt Zugewanderten waren. Diese jedoch lebten in ihren Heimatbereichen der erdfremden Welten bereits nicht mehr in der Dimension unseres Raum-Zeit-Gefüges, sondern in einer raum-zeit-verschobenen Ebene in den Lyra-Wega-Systemen, wo die alten Lyraner und Weganer bereits seit Urzeiten ansässig waren. Diese Neuzugewanderten auf der Erde waren Zwergenvölker, von denen sich eine große Sippschaft an den Gestaden des Sanura Sees ansiedelten und dort lebten, bis im Westen des Sees der natürliche Damm riß, der den Hochplateausee gegen ein tiefes Tal abdämmte. Durch den Dammbruch wurde alles weggerissen, und die Gestade, an denen die etwa 40 Zentimeter großen Zwerge wohnten, rutschten ab, wonach sich dann die Hänge und die gesamte Umgebung langsam festigte und allmählich Wälder entstanden. Dieser Sanurasee, so erklärten die Plejadier, befand sich genau dort, wo heute das Semjase-Silver-Star-Center steht, sozusagen an den ehemaligen Ufern des Sees.

Die Andersfarbigen, die im nachhinein zur Erde kamen, waren ausschließlich dunkelhäutige Menschen, die sich auf jenem Land festsetzten, das wir heute Afrika nennen. Von dort aus verbreiteten sie sich dann weiter bis nach Australien und Neuseeland. Die jüngsten Bewohner der Erde, die gelbhäutigen Völker, deren direkte Linie die Chinesen und die Japaner sind, siedelten sich im fernen Osten des Planeten an, im heutigen China und

Japan. Aus ihnen gingen durch Rassenvermischungen viele Unterrassen hervor, wie auch bei den weißen, roten und braunen Völkern geschehen, die sich alle als Zweigrassen über den ganzen Planeten oder zumindest über sehr große Gebiete verbreiteten. Die gelben Völker kamen vor etwas mehr als einem kosmischen Zeitalter, und zwar vor ziemlich genau 25 984 Jahren. Sie kamen vom Planeten Nissan und waren die entfernten Nachfahren jener, die jenseits der Milchstraße (jenseits der Sonne = Galaxiesonne) auf einem Planeten namens Kudra lebten.

18
Die Heimat der Plejadier

Die Plejaden

Bei den von der Erde aus sichtbaren Plejaden handelt es sich um einen offenen Sternhaufen im Sternbild des Stieres. Mit bloßem Auge sind von unserem Planeten aus bei sehr guter Sicht ca. sieben der etwa 300 Plejadengestirne zu sehen, die sich im Zentrumsbereich befinden. Insgesamt weist das Bild einen Durchmesser von etwa sieben Lichtjahren auf, wobei es von der Erde rund 420 Lichtjahre entfernt ist. Die Plejadengestirne sind relativ jung, nach plejadisch-plejarischen Angaben 62 Millionen Jahre alt. Die Gestirne werden nicht von bewohnbaren Planeten umkreist, so daß es dort weder Pflanzen, Tiere noch Menschen oder Geistformen gibt. Die wenigen Planetengebilde um einige der Plejadengestirne herum sind unwirtlich und lebensfeindlich und selbst noch halbe Sonnen, wie die Muttergestirne selbst. Diese wiederum sind heiße, blaue Sterne beziehungsweise Sonnen, die kein hohes Alter erreichen, weil sie schon nach kurzer Dauer wieder vergehen. Um die Plejadengestirne sind noch die Reste jener Gaswolken zu erkennen, aus denen sie vor Millionen von Jahren entstanden sind.

Das Sternbild Stier (Taurus/Tau) umfaßt ein riesiges Gebiet, und es ist eines der Bilder am Sternenhimmel, dem die Erdenmenschen schon sehr früh einen Namen gaben. Es erinnert an eines der ältesten Haustiere des Menschen, das Rind. Vor mehr als 5000 Jahren hatte dieses Sternbild auf der Erde eine ganz besondere Bedeutung, und zwar wegen des Frühlingspunktes, der dort zu suchen war. Vor der Zeitenwende wurden sowohl das Sternbild als auch der Stier als Tier in nahezu jeder bekannten Hochkultur verehrt und angebetet. Das Sternbild enthält die wohl bekanntesten Sterne überhaupt, wie eben die Plejaden, die Hyaden und den

Krebsnebel, wobei der Sternbildname eine würdige Hervorhebung dieser besonderen Himmelsregion ist.

Der Hauptstern des Bildes ist Aldebaran, ein Riese in rund 68 Lichtjahren Entfernung, der als langperiodisch Veränderlicher bezeichnet wird und etwa 36 mal den Durchmesser unserer Sonne aufweist. Der Krebsnebel besteht als Überrest einer Sternexplosion, die auf der Erde anno 1054 n.Chr. beobachtet wurde, jedoch bereits vor 4442 Jahren stattgefunden hat, zurückgerechnet vom Jahr 1996. Die Hyaden weisen ein Alter von rund 500 Millionen Jahren auf und sind also ebenfalls unbewohnbare Sterne wie die Plejaden.

Der Sternhaufen im zentralen Kern der Plejaden zieht mit einer Geschwindigkeit von 144 000 Stundenkilometern durch den Weltenraum, was einer Fortbewegung von 40 Kilometern pro Sekunde entspricht. Die silbrig-blauen diffusen Gas- und Materienebel umgeben praktisch alle Plejadengestirne und erhalten ihr Licht von dahinterliegenden Gestirnen, das dann reflektiert wird, weshalb man von einem Reflexionsnebel spricht.

Die Heimatgestirne und Heimatplaneten der Plejadier, das wurde bereits erklärt, liegen nicht in oder bei den Plejadengestirnen, die von der Erde aus gesehen werden können und sich also in unserem Raum-Zeit-Gefüge befinden, sondern jenseits dieser Gestirne noch weitere 80 Lichtjahre entfernt, so daß die Distanz zur Erde rund 500 Lichtjahre beträgt. Zudem existieren die plejadischen Heimatgestirne und Heimatwelten in einer Dimension, die zu unserer Existenzebene um einen Sekundenbruchteil raum- und zeitverschoben in der Zukunft liegt. In dieser anderen Raum-Zeit-Ebene existiert ein Sternhaufen mit zehn verschiedenen bewohnbaren Planeten. So sind zumindest die Sterne beziehungswise Sonnen im Sternhaufen der Plejaren nach den Namen der Sonnen in unserer Dimension benannt, den Plejaden. Auf den Plejaden der raum-zeitverschobenen Dimension der Plejadier wird der erdähnlichste Planet Erra genannt, der auch Verwaltungsplanet der plejadischen Föderation ist, deren Verbündete bis in 6 Milliarden Lichtjahren Entfernung zu finden sind.

Damit die Plejadier in unsere Dimension hineinfinden können, wurde von ihren fernen Vorfahren vor rund 52 000 Jahren in den Plejadengebieten unserer Dimension ein sogenanntes Dimensionentor geschaffen, das es ihnen seither ermöglicht, nach Belieben die Dimensionen zu wechseln. Dieses Dimensionentor wird aber auch als Nachrichtenübermittlungskanal benutzt, wodurch es den Plejadiern jederzeit möglich ist, ihre Kommunikation zwischen den beiden Dimensionen aufrechtzuerhalten, und zwar ohne Zeitverlust, weil ihre Kommunikationssignale auf einer künstlich-technisch nutzbar gemachten Ebene geistiger Energieträger übermittelt werden. Dadurch sind der Übermittlungsgeschwindigkeit praktisch keine Grenzen gesetzt; ein Signal erreicht ein Milliarden Lichtjahre entferntes Ziel in dem Augenblick, in dem es ausgesandt wird. Das gleiche Kommunikationssystem besteht auch zu allen Föderationsangehörigen in anderen fremden Dimensionen sowie auch zu Askets Volk im DAL-Universum und einigen anderen dort lebenden Völkern, die mit den Plejadiern verbündet oder befreundet sind. Zu diesem Zweck wurde auch zwischen den beiden Schwesteruniversen ein Dimensionentor geschaffen, ebenfalls vor rund 50 000 Jahren.

Anredeform

Jede menschliche Lebensform ist gleichwertig, egal ob sie reich oder arm ist, berühmt oder nicht, oder ob sie eine hochrangige Stellung oder nur eine einfache Position innehat, und ob sie ehrenvolle Titel trägt oder nicht. Jeder Mensch ist ein Mensch, weshalb auch jedermann gleich behandelt werden muß. Die Plejadier leben nach dieser Richtlinie und bemühen sich schon seit langer Zeit, auch in der Anrede von Mensch zu Mensch keine Unterschiede zu machen. Daher werden von ihnen alle Menschen per >Du< und mit Vornamen angesprochen. Das gilt auch unter Fremden, die einander noch nie gesehen haben. Also treten bei der Begrüßung keinerlei Unterschiede zutage, was den Umgang vereinfacht und der Norm der Höflichkeit entspricht. Leider ist diese Form der Anrede noch nicht vollends bei allen Menschen der Föderation durchgedrungen, denn gewisse Neuerungen brauchen oft Jahrhunderte und Jahrtausende, bis sie sich durchsetzen, weil starre Gewohnheiten tief in einem Menschen festsitzen. Aus diesem Grund hat sich das Du auch bei den Erranern noch nicht hundertprozentig durchgesetzt, vor allem bei einfachen Menschen. Dies wird vielleicht verständlich, wenn man bedenkt, daß diese Außerirdischen durchschnittlich 1000 Erdenjahre alt werden, so daß besonders alten Menschen gewisse Gewohnheiten im Laufe von Jahrhunderten in Fleisch und Blut übergehen und sie sich schwer tun, sie abzulegen.

Bei den Plejadiern werden zur Begrüßung nicht die Hände gereicht und geschüttelt, wie dies in der westlichen Welt üblich ist. Zum Gruß wird die rechte Hand erhoben und flach ausgestreckt auf die Herzgegend gelegt, wobei respektbezeugend vor dem Nächsten leicht der Kopf und der Oberkörper nach vorn geneigt werden. In gewissen Fällen ist auch eine Umarmung angezeigt.

Regierungsform

Bei den Plejadiern sowie bei allen Verbündeten der Föderation existiert nur ein einziges Staatsgebilde und eine einzige Regierung, die als Ordnungs- und Ausführungskraft dessen fungiert, was der Hohe Rat als Ratgebung erteilt. Dieser Hohe Rat ist nicht auf einem Föderationsplaneten beheimatet, sondern lebt als Halbgeist-Wirform im ca. 2,2 Millionen Lichtjahre entfernten Andromeda-Gebiet. Die Halbgeistformen des Hohen Rates verfügen über ein enormes Wissen und über die entsprechende Weisheit, weshalb sie von den Plejadiern und ihren Verbündeten der Föderation mit einer Gesamtpopulation von 127 Milliarden Menschen als oberste Ratgebungsform ausgesucht wurden. Und wie die Bezeichnung Hoher Rat schon sagt, erteilt dieser nur äußerst hochwertige Ratschläge und keinerlei Befehle, wobei die Ratschläge den jeweiligen Völkerregierungen durch die Ischwischs mitgeteilt werden, die dann alles den einzelnen Völkern unterbreiten, denen es freigestellt ist, die Ratschläge nach eigenem Ermessen zu befolgen oder nicht. In der Regel befolgen die einzelnen Menschen und Völker die Ratschläge des Hohen Rates voll und ganz, weil sie wissen, daß diese höchste Weisheit enthalten. Das setzt allerdings eine entsprechende Entwicklung der Menschen voraus, nämlich daß sie alle schöpferisch-natürlichen Gesetze und Gebote erlernt und erfaßt haben und diese auch getreu leben. Eine Tatsache, die offensichtlich auf der Erde noch keine Verwirklichung finden kann, weil hier immer noch menschliche Gesetze und Gebote notwendig sind, um die Ordnung aufrecht zu erhalten.

Parteien und Politiker im Sinne der Erdenmenschen gibt es nicht, sondern 2800 Geistführer pro Planet, die die zentrale Planetenregierung bilden und mit dem Hohen Rat sowie mit Völkern und Regierungen anderer Welten in Verbindung stehen.

Die Wohngebäude

Es gibt zwar auf Erra, dem Zentralplaneten der Plejadier, auch einige größere Städte mit mehrstöckigen Wohnhäusern, jedoch sind keine Wohnsilos in Form von Hochhäusern oder Wolkenkratzern zu finden, wo die Menschen zusammengepfercht leben müßten. Zwischen den einzelnen Wohngebäuden befinden sich ausgedehnte Park- und Gartenanlagen, die mit sauber angelegten Fußwegen versehen sind. Auch sind wohlgeordnet an zentralen Punkten Landeplätze für Personen- und Sachflugkörper zu finden, die Gesamteigentum sind und von jedem nach Bedarf benutzt werden können. Straßen jeglicher Art sind unbekannt, weil die Plejadier keine Landfahrzeuge besitzen. So sind sämtliche Wohngebiete reine Fußgängerzonen, in denen es keinen Lärm, kein Verkehrschaos und keine Umweltverschmutzung durch Abgase gibt. Die Mehrzahl der Plejadier zieht es vor, nicht in Städten, sondern abseits von diesen im Grünen beziehungsweise auf dem Land zu wohnen, in Einfamilienhäusern, die eine halbkugelförmige oder kugelförmige Gestalt und einen Mindestdurchmesser von 21 Metern aufweisen. Das Baumaterial besteht größtenteils aus widerstandsfähigen Metallegierungen oder aus Kunststoff, der aus Erdreich gewonnen wird, und zwar vorwiegend aus Sand. Dieser Kunststoff ist unserem Silikon ähnlich. Jedes Einfamilienhaus steht für sich allein auf einem fruchtbaren Grundstück, das in der Regel ein Hektar (10 000 Quadratmeter = 100 x 100 Meter) groß ist. Die Wohngemeinschaften beziehungsweise Familien auf diesen Grundstücken bemühen sich, nach Möglichkeit autark zu sein, so daß jede Behausung eine eigene Wasser- und Energieversorgung besitzt, die von keinem öffentlichen Netz abhängig ist.

Für den Eigenbedarf legt jede Familie oder Wohneinheit auf diesen Grundstücken einen eigenen Obst-, Gemüse-, Kräuter- und Blumengarten an, der mit großer Freude bearbeitet, gehegt und gepflegt wird. Ganz allgemein wird jede fruchtbare Bodenfläche zur natürlichen Nahrungsmittelgewinnung genutzt. Eine Wohnung bietet einer fünfköpfigen Familie Platz und nicht mehr, denn die ratgebend erlassene Höchstzahl für Nachkommen beträgt pro Frau nicht mehr als drei Kinder. Eine Empfehlung des Hohen Rates, die wie alle anderen befolgt wird. Aus Gründen der Friedenserhaltung sollen Schwiegereltern nicht zusammen mit ihren in Partnerschaft beziehungsweise Ehebündnis lebenden Kindern im gleichen Haushalt leben; eine Regel, die durchweg eingehalten wird. Schwiegereltern können aber auf einem angrenzenden Grundstück in ihrem eigenen Einfamilienhaus wohnen, sollen sich aber in keiner Weise in die Belange ihrer Kinder einmischen, wenn diese verheiratet oder aus dem Erziehungsalter herausgewachsen sind. Auch das ist, wie viele andere auch, eine Empfehlung, die voll und ganz eingehalten wird. Mit 14 bis 16 Jahren verlassen die Kinder das Elternhaus, um in kleinen Gruppen und in der Gemeinschaft Gleichaltriger erzogen zu werden.

In bezug auf die Bauten ist noch zu erwähnen, daß diese absolut erdbebensicher gegen schwerste Erschütterungen errichtet sind. Auch sind sie absolut sicher gegen Blitzschlag und elementare Stürme. Alle Gebäude, auch wenn sie noch so groß sind, sind nahtlos aus einem Stück gefertigt, haben in der Regel nur wenige Stockwerke und besitzen ein Federsystem, eine Art Schwimmkörper.

Ernährung

Die Plejadier ernähren sich sowohl von mineralischen und pflanzlichen als auch von tierischen Produkten, wobei sie ein ausgewogenes Maß berücksichtigen. Ihre Nahrung setzt sich hauptsächlich aus Obst und Gemüse zusammen, aber sie verzichten auch nicht auf Tierprodukte wie Fleisch, Butter und Käse. Diese Dinge sind ihnen so lieb wie den Erdenmenschen, so daß sie u.a. auch Kühe halten. Diese aber werden nur zur Milchproduktion genutzt, jedoch niemals, um geschlachtet und verzehrt zu werden. Müssen Tiere ausnahmsweise zum Verzehr getötet werden, dann geschieht dies nur in absoluten Notfällen, wobei dann auch nur kleinere Tiere wie Hasen und Hühner geschlachtet werden. Dennoch brauchen die Plejadier nicht auf Fleischspezialitäten zu verzichten, denn es stehen bei ihnen viele verschiedene Fleischgerichte auf dem Speiseplan. Doch, wie läßt sich das damit vereinbaren, daß sie keine Tiere schlachten? Nun, sie erzeugen ihr lebensnotwendiges Fleisch für Nahrungszwecke auf künstlichem Weg, indem sie es mit Hilfe von Zellkulturen stückweise durch Schnellvorgänge heranzüchten oder durch sogenannte Multiduplikatoren vervielfältigen. Also braucht sich niemand auf der Erde darüber zu wundern, wenn die Plejadier ihr Fleisch wie auf dem Fließband produzieren, ohne dafür auch nur ein einziges Tier schlachten und seines Lebens berauben zu müssen. Sollte es jedoch vorkommen, daß zu wenig oder gar keine Nahrungsmittel aus tierischen Produkten vorhanden sind, können diese selbstverständlich durch gleichwertige pflanzliche Substanzen ersetzt werden, jedoch nicht auf endlose Zeit, weil nach und nach doch Schäden entstehen können, wenn die Ersatzstoffe nicht mit tierischen Produkten ausgeglichen werden. Erwachsene (auch Erdenmenschen) vermögen eine einseitige und rein vegetarische Ernährung relativ lange unbeschadet zu ertragen, wenigstens was die rein physischen Auswirkungen betrifft, während dies bei Kindern und Jugendlichen anders ist, bei denen bereits früh Wachstumsstörungen und andere negative Erscheinungen zutage treten können.

Pflanzen

Die direkten Vorfahren der heutigen Plejadier, die in früheren Zeiten auf der Erde lebten, brachten alle möglichen Tiere und Pflanzen von unserer Welt auf ihre Planeten, vor allem nach Erra, dem Hauptplaneten, den sie urbar machten und kultivierten. Deshalb existieren dort heute alle Pflanzen, die auch auf der Erde wachsen, neben vielen anderen, die von fremden Welten hergeholt und dort angepflanzt wurden. Für die tägliche Nahrung der Bevölkerung werden sowohl Obst als auch Getreidearten, Kartoffeln, Beeren und allerlei Gemüse angebaut. Alle diese Nahrungsmittel sind jedoch nicht mit den irdischen zu vergleichen, denn zwischen diesen und den plejadischen besteht ein gewaltiger Unterschied, sind doch die erranischen Früchte und Beeren sowie das Gemüse und Obst sehr viel nahrhafter, durststillender und geschmackvoller als die gleichartigen Produkte auf der Erde. Ißt man von den Früchten, den Getreideprodukten, von den Beeren oder vom Gemüse, stillt dies nicht nur vorübergehend Hunger und Durst, sondern man ist für lange Zeit wirklich satt. Wird die Nahrung in einer speziellen Form als Trocken- und Dauernahrung verarbeitet, dann stillt diese Hunger und Durst bis zu 90 Stunden. Nicht nur das Aroma der verschiedensten Obstsorten, Gemüse und Beeren ist sehr viel stärker, als es der Erdenmensch gewohnt ist, sondern auch sämtliche Farben sind sehr viel intensiver, satter und kräftiger. Während uns das Grün in der Natur auf der Erde oft schmutzig und gräulich erscheint, erfreut es auf Erra den Betrachter mit einem sauberen, satten Grün, um nur ein kleines Beispiel zu nennen. Zum einen hängt das zusammen mit der reinen, sauberen Luft, die auf Erra überall gegeben ist und nicht im geringsten mit giftigen Schadstoffen aller Art geschwängert wird, wie das auf der Erde der Fall ist. Zum anderen ist es den auf dem Planeten sehr emsig arbeitenden Androiden und Robotern zu verdanken, die sich in vorbildlicher Weise um die Bäume, Pflanzen und Blumen bemühen, und diese richtig behandeln, hegen und pflegen.

Auf dem Hauptplaneten Erra wird neben dem normalen Garten- und Obstbau und der üblichen Landwirtschaft auch noch ein gigantisch anmutender Anbau praktiziert, den die Erdenmenschen kaum für möglich halten. Er wird hauptsächlich von Androiden und Robotern betrieben, wobei natürlich auch immer wieder Menschen mitarbeiten. Es handelt sich dabei um ganz spezielle Pflanzen- und Baumzüchtungen. Diese wachsen in eigens für sie erstellten riesigen Gewächshäusern, in denen die Pflanzen in einem ihnen angepaßten Klima gedeihen. Die Pflanzen selbst müssen als Riesengewächse bezeichnet werden, denn ihre Ausmaße sind gewaltig. So werden dort Maispflanzen gezüchtet, die 18 Meter hohe Stengel haben, an denen Kolben von 2,20 Meter Länge und 20 bis 25 Zentimeter Dicke hängen. Ich habe Pfefferminzstauden gesehen, die 15 Meter Höhe erreichten, neben vielen anderen Pflanzen, die bei uns auf der Erde verhältnismäßig mickrig sind. Die größten Ausmaße dieser Riesenpflanzen erreichen wohl die Apfel-, Birn- und Kirschbäume sowie viele andere Baumarten, die bis zu120 Meter hoch in den Himmel ragen. Es sind aber auch Südfrüchte vertreten, wie Apfelsinen, Pampelmusen, Datteln, Feigen und Bananen, deren Früchte gigantisch sind. Mammut-Äpfel, wie ich sie nenne, werden so groß wie ein ausgewachsener Kürbis, mit einem Gewicht von 20 bis 30 Kilogramm. Eine Banane schätzte ich auf gute 50 Zentimeter Länge, und die Apfelsinen waren ebenso groß wie die Äpfel. Derartige Riesenfrüchte finden jedoch keine Verwendung in einem normalen Haushalt, sondern werden ausnahmslos industriell verarbeitet, um in andere Welten exportiert zu werden, wo Mangel an Lebensmitteln herrscht. Nur zu diesem sozialen Zweck, der ohne jegliche Gegenleistung erfolgt, werden diese Riesengewächse gezüchtet. Dies gilt auch für Gemüse, Beeren, Kartoffeln usw., die in dieser riesenhaften Form in speziellen Treibhäusern gezüchtet werden, wobei ein Weißkohlkopf gut und gern einen Meter Durchmesser aufweist und eine himbeerähnliche Frucht so groß ist wie auf der Erde ein großer Granatapfel. Und obwohl diese Genmanipulation eigentlich eine Überzüchtung oder Gigantisierungszüchtung darstellt, schmecken die Früchte, Beeren und das Gemüse genauso gut, kräftig und aromatisch wie die normalwüchsigen.

Sprache

Auf den Heimatplaneten der Plejadier wird eine einheitliche Sprache gesprochen, die Sarat genannt wird, auch wenn es noch andere und verschiedene Dialekte gibt. Um sich in der gesamten Föderation verständlich zu machen, wurde eine sogenannte Universal- beziehungsweise Föderationssprache geschaffen, Samtee. Diese Sprache lernt jeder Plejadier bereits von Kindheit an als zweite Muttersprache. Diese beiden Sprachen werden neben der eigentlichen Muttersprache des jeweiligen Volkes erlernt, wobei nach Ptaahs Erklärung sich die Gesamtzahl der in der Föderation gesprochenen Sprachen auf 127 603 beläuft.

Fahrzeuge beziehungsweise Fluggeräte

Die Plejadier auf Erra kennen keine Landfahrzeuge, sondern nur Fluggeräte verschiedenster Formen und Verwendungszwecke, und somit auch keine Straßen, wie bereits im Abschnitt Wohngebäude erklärt. Zwischen den Wohnhäusern und den Landeplätzen der Fluggeräte sowie über Land gibt es nur Fußwege, die ausschließlich von Fußgängern benutzt werden, um weitere oder kürzere Strecken zurückzulegen oder ausgedehnte Spaziergänge zu machen. Zu diesen Fußgängern gehören nicht nur Menschen, sondern auch Androiden, die Laien nicht von Menschen unterscheiden können. Durch die freie Natur führen lange Trampelpfade, die weder die Pflanzen- noch die Tierwelt beeinträchtigen. Für sämtliche Personen- und Warentransporte im planetaren Bereich dienen ausschließlich Fluggeräte beziehungsweise Schwebeflugkörper, die zu vielen verschiedenen Zwecken benutzt werden. Allerdings gibt es nur zwei Bauarten, nämlich kugelförmige Flugobjekte oder diskusförmige Gebilde, wobei die Diskusfluggeräte mit den kleinen Raumschiffen vergleichbar sind, die in allen Größen für die Raumfahrt zur Verfügung stehen. Die Schwebefahrzeuge für den Personentransport sind für ein bis fünf Personen ausgelegt, wobei jede Wohnung oder jedes Wohngebäude beziehungsweise eine jede Familie über mindestens ein Fortbewegungsmittel dieser Art verfügt. Der Fahrzeugbedarf einer Familie ist eine individuelle Angelegenheit, so daß eine erwachsene Einzelperson je nach Wunsch oder Erfordernis ein eigenes Schwebefluggerät beanspruchen kann. Natürlich können auch zwei oder drei Personen ein Fluggerät gemeinsam benutzen, jedoch darf und kann die Zahl von fünf Personen in einem Fahrzeug nie überschritten werden. Sollte eine größere Gruppe ein Ziel ansteuern wollen, dann stehen auf Erra weder Reise- noch Charterfluggeräte zur Verfügung, so daß statt dessen einfach dementsprechend viele der kleinen Fahrzeuge verwendet werden müssen, die für fünf Personen Platz bieten. Solche Massenreisen kommen bei den Plejadiern jedoch praktisch nicht vor, weil die Menschen ohnehin sehr häufig rund um den gesamten Planeten unterwegs sind und daher keine Bedürfnisse haben, außerdem noch Reisen zu unternehmen. Daß dabei all diese Fluggeräte absolut keinerlei Umweltverschmutzung hervorrufen, sollte eigentlich nicht besonders hervorgehoben werden müssen, denn die Plejadier kennen kein Fortbewegungsmittel, keine Arbeitsmaschinen oder andere Geräte, die umweltschädliche Stoffe produzieren und abgeben würden. Fossile Brennstoffe jeder Art wurden seit der Besiedelung der Planeten von den Plejadiern nie verwendet, geschweige denn auch nur in Betracht gezogen, so daß die Planeten auch in dieser Beziehung unbelastet und in keiner Weise ausgebeutet sind. In der Regel fliegen und arbeiten alle Fluggeräte sowie sonstigen Maschinen, Geräte und Roboter völlig geräuschlos, so daß die Menschen nicht durch Maschinenlärm belästigt und in ihrer Gesundheit beeinträchtigt werden. Alle Fluggeräte fliegen in der Regel in rasantem Tempo, das jedoch je nach Wunsch oder Bedarf gesteigert werden kann, wobei durch Kontrollapparaturen immer die höchstmögliche Sicherheit gegeben ist.

Wenn hier von den Fahrzeugen die Rede ist, muß auch auf eine einmalige Attraktion auf dem Hauptplaneten Erra hingewiesen werden. Dabei handelt es sich um ein »irdisches Fahrzeugmuseum«. Auf einem riesigen unfruchtbaren Gelände von mehreren Hektar Größe ist eine gigantische, freischwebende Halle aufgebaut, in der sämtliche Rad- und Raupenfahrzeuge ausgestellt sind, die jemals auf der Erde gebaut wurden. Darunter befinden sich auch Duplikate von einmaligen Prototypen, die auf der Erde niemals bekannt wurden und nur von Bastlern gebaut wurden, aber von den Plejadiern eingehend untersucht und nachgebaut wurden. Modelle hingegen, die in mehreren Exemplaren oder serienmäßig hergestellt wurden, fanden den Weg von der Erde nach Erra, weil sie der Museumsinhaber jeweils persönlich auf der Erde besorgte. Als Museums-Initiator pflegt er auch ein ganz besonderes Hobby, das darin besteht, in der Freizeit alleine oder zusammen mit Freunden Ausflüge in die Wildnis zu unternehmen – mit einem Fahrzeug irdischer Herkunft, das er extra umgebaut und mit einem Antrieb versehen hat, der auf den üblichen plejadischen Antriebsformen beruht, damit ja keine giftigen Benzin- oder Dieselabgase in die Umwelt gelangen. Dieses Fahrzeug ist sein besonderer Stolz – ein irdischer Landrover aus dem Jahre 1978.

Arbeitsmethoden

Bei den Plejadiern auf Erra ist jeder Erwachsene wie Jugendliche verpflichtet, täglich zwei Stunden für die Allgemeinheit zu arbeiten, und zwar unentgeltlich. Der Arbeitsplatz und die Arbeit sowie die Arbeitszeit sind nicht festgelegt, sondern können von Tag zu Tag nach Belieben gewechselt werden. Es gilt also keine Vorschrift, nach der sich jemand zu richten hätte. Jeder Mensch betrachtet es als seine Pflicht, täglich das erforderliche Arbeitspensum zu erledigen, je nach dem, welche Tätigkeit ihm gerade zusagt. Der Gemeinschaftssinn ist bei den Plejadiern stark ausgeprägt, so daß sich niemand vor der täglichen Zweistundenarbeit drückt. So können je nach Belieben Garten- und Arbeiten auf dem Land oder Tätigkeiten in Produktionsstätten ausgeübt werden, wobei diese in der Regel nur eine Kontrolle darstellen, was natürlich nicht bedeutet, daß nicht auch handwerkliche und forschungsmäßige Arbeiten ausgeführt werden müssen, die für Roboter und Androiden tabu sind und ausschließlich in den Bereich menschlicher Kompetenz und Intelligenz fallen. Die eigentlichen körperlichen Arbeiten werden durch Roboter, Androiden und Multi-Duplikatoren erledigt.

Da die Wahl der täglichen Arbeit, der Arbeitszeit und des Arbeitsortes jedem Menschen freigestellt ist, fliegen die Plejadier auf Erra oft sehr weit über Land, um dann irgendwo, wo es ihnen gefällt, zu landen und in einem Industriebetrieb oder im Garten- beziehungsweise Landwirtschaftsbau mitzuarbeiten, um das Zweistundenpensum zu erfüllen. In dieser Form bereisen die Erraner ihren gesamten Planeten, denn diese Arbeitsregelung gilt für ihre ganze Welt. Dieses Prinzip dient zur Förderung des Zusammenlebens größerer Gemeinschaften und zur planetaren Gemeinschaft, wobei viele planetenweite Freundschaften geschlossen werden, der Nächstenliebe Genüge getan und die Harmonie unter der Gesamtbevölkerung gepflegt wird. Nach der Erledigung der Zweistundenarbeitspflicht steht es jedem völlig frei, seine restliche Zeit nach Belieben einzuteilen. Dabei ist es aber nicht so, daß sie sich auf die faule Haut legen, sondern sie nutzen die Zeit für die verschiedensten sinnvollen Tätigkeiten.

Bei den Plejadiern ist es keine Seltenheit, daß jemand bis zu dreißig verschiedene Wissensgebiete studiert beziehungsweise Berufe erlernt, die während des durchschnittlichen Lebens von 1000 Jahren vielfach in der Praxis Anwendung finden. Im übrigen sei noch gesagt, daß die Plejadier jede Art manueller Tätigkeit als unbedingt notwendig erachten, um in der geistigen und bewußtseinsmäßigen Entwicklung voranzukommen, weil nur ein ausgewogenes Maß geistiger und physischer Tätigkeit den erforderlichen und lebensnotwendigen Ausgleich schafft. Aus diesem Grunde werden täglich mindestens zwei Stunden lang auch manuell-körperliche Tätigkeiten aller Art ausgeführt, sozusagen als Gegengewicht bzw. Ausgleich zur geistigen Betätigung. In einem entsprechenden Vergleich erklärte Quetzal einmal, daß das Gros der Erdenmenschheit hinsichtlich ihrer geistig-bewußtseinsmäßigen Entwicklung durchschnittlich elf Stunden manuelle Arbeit benötige, während es bei den Plejadiern nur noch zwei Stunden seien. Der Erdenmensch sei mit seiner Bewußtseinsentwicklung noch nicht so weit fortgeschritten, daß er mehr Freizeit verkrafte, was im krassen Gegensatz zu dem stehe, daß auf der Erde die Arbeitszeiten immer mehr verkürzt würden.

Zu manuellen Tätigkeiten gehören laut Quetzals Erklärungen auch Maschinenschreiben, ärztliche Tätigkeiten und ähnliches, die jedoch auch verbunden sind mit geistiger Arbeit. Wird gelernt, dann ist das Quantum und der Schwierigkeitsgrad des Lernstoffes maßgebend für den Bedarf an manuell-körperlicher Arbeit, denn je größer das Quantum und der Schwierigkeitsgrad des Lernstoffes ist, desto größer wird der Bedarf an physischer Betätigung. Wird dies beachtet und dem Ganzen Genüge getan, dann steigert sich auch die Lernfähigkeit, weil die manuelle Tätigkeit eine Beruhigung und eine gewisse Ausgeglichenheit im Bewußtsein sowie in der Psyche und im Körper schafft.

Bei den Plejadiern wird der private Gartenbau für Gemüse, Beeren und Obst sehr hoch bewertet, und obwohl sie genügend Landbearbeitungsmaschinen sowie Roboter und Androiden besitzen, durch die die Hauptarbeiten erledigt werden, machen sie im eigenen Garten davon keinen Gebrauch. Statt technische Hilfsmittel einzusetzen, arbeiten die Plejadier in ihren eigenen Gärten in mühevoller manueller Arbeit, so daß mehr oder weniger alle Menschen Hände haben, die an körperliche Arbeit gewohnt sind und oft genug Schwielen aufweisen. Im Gegensatz dazu erfolgt die Bodenbearbeitung in den gemeinnützigen bzw. Staats-Betrieben mit Maschinen und Robotern, die vielfach von Androiden und in speziellen Fällen von Menschen bedient werden. Bei der Bearbeitung des Bodens und der Pflanzen wird dabei tunlichst vermieden, daß die Geräte und Roboter sowie die Androiden, Menschen und Arbeitsmaschinen direkt mit der sehr fruchtbaren Erde in Berührung kommen. So handelt es sich bei allen Arbeitsmaschinen und Robotern ausschließlich um Geräte, die über dem Boden dahinschweben und mit mehr oder weniger langen gelenkigen Metallarmen diesen bearbeiten und die Pflanzen pflegen. Andere Maschinen haben lange Saugarme, ähnlich wie Staubsauger, an denen vorn Saugtrichter angebracht sind. Diese heben das Erdreich vom Boden ab, befördern es in die Maschine, tränken es mit Sauerstoff und spucken es dann durch einen zweiten, mit dem Saugarm mitlaufenden Auslaufschlauch wieder aus, wodurch der Boden dann umgegraben, aufgelockert und mit Sauerstoff und Nährstoffen angereichert ist. Ähnliche Geräte existieren auch, um die Saat und Jungpflanzen in den Boden einzubringen oder um die Ernte einzuholen. Für die Unkrautentfernung gibt es eigens ein Arbeitsfluggerät mit einem speziellen biegsamen Metallarm, der aus dem Arbeitsgerät ausfährt und das Unkraut aus dem stets lockeren Boden saugt, um dieses ins Fluggerät zu befördern, wo es in einem schnellen Prozeß zu Humus umgewandelt wird, der dann umgehend wieder an das Erdreich zurückgegeben wird. So schweben also grundsätzlich alle Arbeitsmaschinen und Roboter über dem Boden, wobei auch die Androiden und die Menschen stets in den Fluggeräten bleiben und den Boden nie berühren. Dadurch wird das Erdreich weder durch schwere Maschinen noch durch Trittspuren von Menschen oder Androiden belastet. In dieser Beziehung dürfte doch interessant sein zu erwähnen, daß bei den Privatgärten in sehr seltenen Fällen auch hiesige Geräte zum Einsatz kommen, wenn es einmal notwendig wird, das Erdreich zu regenerieren.

Für die tägliche Pflichtarbeit von zwei Stunden kann jeder Bürger all das beziehen, was er benötigt und was ihm zusteht, entweder an entsprechenden Verteilerstationen oder direkt bei sich zu Hause durch ein entsprechendes Verteil- beziehungsweise Bezugssystem. Zahlungsmittel sind hierzu nicht erforderlich, denn solche existieren bei den Plejadiern schon seit urdenklichen Zeiten nicht mehr. Alle Bedarfsgüter können frei und unentgeltlich bezogen werden, weil jeder das erhält, was er zum Leben und für sein Wohlbefinden benötigt. Deshalb besteht auch keinerlei Veranlassung zum Stehlen, Diebstahl und dergleichen sind daher unbekannt. Die persönliche Pflicht jedes einzelnen ist, wie bereits gesagt, das tägliche Arbeitspensum von zwei Stunden zu absolvieren, was auch von jedem einzelnen Bürger strikt eingehalten wird. Solche Verhaltensweisen sind natürlich nur dann möglich, wenn alle Bewohner eines Planeten eine Evolutionsstufe erreicht haben, in der Materialismus kei-nerlei Bedeutung mehr hat. Aus diesem Grunde wäre ein solches System auf der Erde heute und auch in weiterer Zukunft unmöglich. Zu einer solchen Evolutionsstufe gehört natürlich auch die entsprechende Einstellung, die eine sinnvolle Arbeit nicht als notwendiges Übel und Belastung oder als Einschränkung der persönlichen Freiheit betrachtet, wie dies leider heute auf unserem Planeten vielfach noch immer der Fall ist. Manuelle und geistige Arbeit gehören zum Leben und sind ein unentbehrliches Medium zur Lebenserhaltung und Förderung der eigenen Evolution.

Multi-Duplikatoren

Als erster und wichtigster Punkt ist wohl zu sagen, daß alle Produktionsstätten, Fabriken und Industrieanlagen der Plejadier unterirdisch und in unfruchtbaren Gegenden angelegt sind, wobei keinerlei luftverschmutzende Abgase und Rauch entstehen. Rauchende oder dampfende Schlote, die die Luft verpesten, gibt es nicht. Alle Baustoffe sowie Werkzeuge, Maschinen, Medikamente, Fahrzeuge und teilweise auch Lebensmittel werden durch Multi-Duplikatoren (die Bezeichnung entstammt meinem Sprachgebrauch) repliziert. Daß dies teilweise auch mit Lebensmitteln geschieht, obwohl diese auch auf ganz natürliche Weise durch Garten-, Obst- und Ackerbauprodukte gewonnen werden, liegt daran, daß manche Dinge so erzeugt werden, wie z.B. Fleischprodukte, weil die Zellkulturenzüchtung langwieriger ist. Auch Roboter und Androiden werden durch die Plejadier mit Multi-Duplikatoren hergestellt.

Multi-Duplikatoren sind Riesenapparaturen, sozusagen riesenhafte Kopier- und Vervielfältigungsmaschinen, durch die selbst kleine Raumschiffe hergestellt beziehungsweise dupliziert werden können, neben unzähligen weiteren Produkten, die in ihren Variationen keine Grenzen kennen und die haargenau – nicht nur äußerlich, sondern bis in die letzte Atom- und Molekularstruktur – alle getreu repliziert werden.

Um ein Produkt duplizieren zu können, ist es nur erforderlich, eine atomare Bauplan-Schablone zu besitzen, durch die ein Multiduplikator programmiert wird, was in der Form geschieht, daß das zu duplizierende Objekt in seiner gesamten Atom- und Molekularstruktur durch den Multi-Duplikatorscanner >eingelesen< wird, wonach dann die Duplizierung erfolgen kann, und zwar in jeder gewünschten Zahl. Jeder Multi-Duplikator arbeitet auf Elektronen-Energie-Basis, wobei Elektronen praktisch unerschöpflich sind. Der Duplikator zapft diese Elektronenmeere an, die überall im gesamten Universum vorhanden sind, wonach die eingefangenen beziehungsweise gewonnenen Elektronen in das erforderliche Arbeitsmaterial umgewandelt werden, aus dem dann die gewünschten Produkte entstehen und je nach Belieben vervielfältigt werden können. Daneben liefern die Elektronen auch noch die erforderlichen Antriebs- und Arbeitsenergien für diese Wunder-Apparate. Diese vollautomatische Fabrikationsmethode ist bedienungsmäßig Aufgabe von Robotern und Androiden, die diese Apparaturen auch warten. Infolgedessen haben die Menschen dabei eigentlich nichts anderes mehr zu tun, als Kontrollfunktionen auszuüben.

Natürlich gibt es nicht nur die riesenhaften Multi-Duplikationsanlagen, die für Groß- und Massenherstellungen ausgelegt sind, sondern auch kleinere Apparaturen, die in jedem Haushalt zu finden sind sowie in jedem Fluggerät, sei es auch noch so klein, das für Menschen bestimmt ist. Selbstverständlich sind so auch Multi-Duplikatoren in jedem Raumschiff zu finden.

Künstler

Selbstverständlich gibt es bei den Plejadiern auch Künstler aller Art, wie Musiker, Sänger, Maler und Bildhauer. Diese haben beim Volk ein hohes Ansehen, wobei mit ihnen jedoch kein Personenkult betrieben wird, wie dies hier auf der Erde der Fall ist. Ihr Talent wird als solches akzeptiert und geehrt – mehr nicht, denn auch ein solcher Beruf stellt nichts Besonderes dar. Eine Begabung ist eine Begabung wie jede andere auch. Die Künstler sind bescheiden und sehen sich auch nicht als etwas Besonderes an, und zudem arbeiten sie täglich wie alle anderen Menschen ihre zwei Stunden für das Gemeinwohl und die Gemeinschaft des gesamten Planeten. Und da es bei den Plejadiern auch kein Geld gibt, kommt auch keine Geschäftemacherei zustande. Alle Künstler sind aus reinem Idealismus und aus einem inneren Bedürfnis heraus schöpferisch tätig, und zwar ausschließlich in ihrer Freizeit. Ihre Kunstwerke aller Art, Musik und Gesang, werden über riesige Bildschirme in jeden Haushalt projiziert, oder es finden Ausstellungen und Konzerte in eigens dafür errichteten Gebäuden statt.

19
Reisen durch Raum und Zeit

Einführung

Da die Plejadier den Erdenmenschen allein schon in technischer Hinsicht um viele Nasenlängen voraus sind, und zwar den letzten Angaben zufolge nicht weniger als rund 8000 Jahre, dürfte es nur selbstverständlich sein, daß sie die Raumfahrt schon lange perfekt beherrschen. Was bedeutet aber in diesem Fall ›perfekt‹?

Einerseits besitzen die Plejadier eine ganze Reihe verschiedenster Raumflugkörper beziehungsweise Raumschiffe mit Eigenschaften die für den Erdenmenschen äußerst phantastisch anmuten. Andererseits sind die meisten dieser Flugkörper (abgesehen von wenigen Ausnahmen) tatsächlich derart konstruiert und ausgerüstet mit allen erforderlichen Apparaturen, daß diese im wahrsten Sinne des Wortes in der Lage sind, durch Raum und Zeit zu reisen, also in die Vergangenheit oder in die Zukunft beziehungsweise in andere Dimensionen und Universen. Bevor ich jedoch darauf eingehe, möchte ich zunächst einige markante Fähigkeiten und Eigenschaften dieser technischen Wunderwerke außerirdischer Herkunft aufzählen:

1) Die plejadisch-plejarischen Raumflugkörper fliegen völlig lautlos und sind fähig, für erdenmenschliche Begriffe ›unmögliche‹ Flugmanöver durchzuführen.

2) Die Raumfahrzeuge besitzen die Fähigkeit, sich optisch und akustisch durch entsprechend zu aktivierende Schutzschirme gegen jede Ortung abzuschirmen. Nicht nur Radar, sondern auch andere Apparaturen und Instrumente zur Ortung werden so nutzlos.

3) Die Raumfluggeräte sind sowohl manuell als auch vollautomatisch steuerbar, wobei die Autosteuerung selbständig auch jede Landung und jeden Start sowie jedes Ausweichmanöver durchzuführen vermag, nur fernprogrammiert durch Gedankenimpulse eines Piloten, wobei dieser weder über Flugnavigationskenntnisse noch dergleichen verfügen muß, weil nach einem gedanklichen Befehlserhalt jede Flugapparatur selbständig alle erforderlichen Manöver einleitet und durchführt. Dies gewährleistet auch, daß ohne spezielle Führung durch einen Piloten ein Planet oder irgendein Ziel angeflogen werden kann und ein solches Raumschiff zeitpunktgenau und an jedem Zielpunkt auf einer Planetenoberfläche oder in tiefen Wassern landen oder ankern kann. Auf dieselbe Weise können auch Gaswolken oder Gasplaneten sowie andere Dimensionen angeflogen werden.

4) Die plejadisch-plejarischen Raumschiffe jeder Art und Größe sind 100%ig absturz- und crash-sicher. Schiffseigene Kontrollgeräte überwachen laufend sämtliche Funktionen sowie sämtliche Materialien und die Gesamtstruktur des Flugapparates, so daß eventuelle Schwachstellen, Materialfehler und sonstige Fehler frühzeitig vorauserkannt und behoben werden können. Die Antriebs-, Navigations-, Steuerungs- und Lebenserhaltungssysteme sind in jedem Raumfahrzeug jeder Größenordnung je zweimal vorhanden, von denen das eine die Funktion des anderen übernähme, wenn eines ausfallen sollte. Ein solcher Fall, so versicherte man mir mehrfach, sei aber bereits seit vielen Hunderten von Jahren nicht mehr eingetreten, weil es zu keinen Fehlern mehr gekommen sei, weder im Material noch in den verschiedenen Systemen. Schwierigkeiten könne es jeweils nur geben, wenn für Raumflugkörper neue Metallegierungen geschaffen werden, die für die Atmosphären fremder Welten bestimmt seien; da könne es schon einmal vorkommen, daß sich das Material plötzlich nicht mehr eigne, weil rasch voranschreitende atmosphärische Veränderungen eventuell das Schiffsaußenmaterial angreifen würden, wie dies in jüngster Zeit auf der Erde einmal bei Neukonstruktionen von Raumschiffen der Fall gewesen sei. Eine Gefahr bedeute das aber in keiner Weise, denn solche Veränderungen werden derart frühzeitig erkannt, so daß keinerlei Schäden daraus entstehen könnten.

Dank der sinnvollen Regelung der Plejadier hätten sie keinerlei Unfälle mehr mit ihren Raumschiffen, höchstens, daß höhere Naturgewalten ausnahmsweise einmal eine Ursache bilden könnten, die jedoch nach Angaben der Plejadier mit einer Wahrscheinlichkeit von etwa 1 zu 8 Milliarden zu berechnen sei.

Wie die planetaren Fahrzeuge der Plejadier werden auch die eigentlichen Raumschiffe gewartet und einer steten Kontrolle sowie Nachkontrolle unterzogen, so daß in jeder Beziehung die höchstmögliche Sicherheit gegeben ist.

5) Die Raumschiffe und Planetenschiffe der Plejadier sind für alle Fälle natürlich auch bewaffnet, weil immer damit gerechnet werden muß, daß irgendwo und irgendwann einmal eine Verteidigungsmaßnahme ergriffen werden muß. Und da die Plejadier als von der gesamten Föderation gewählte Ordnungshüter fungieren, ist eine ausreichende Bewaffnung der Raum- und Planetenschiffe sowie von deren Besatzungen notwendig, auch wenn diese Waffen schon seit Jahrtausenden nicht mehr als solche eingesetzt werden mußten. Die Waffen selbst, und zwar alle, sind zugleich auch Werkzeuge für die verschiedensten Verrichtungen, und in dieser Funktion finden sie auch immer wieder Anwendung.

Es ist also unerläßlich, daß auch die Plejadier über Waffen verfügen, weil sie in den gesamten Regionen ihrer Föderation sowie auch in anderen Bereichen anderer Dimensionen für Ruhe und Ordnung zu sorgen haben, wobei diese Aufgabe jedoch nicht mit Waffengewalt ausgeübt wird, sondern in rein friedlicher Form, bei der die Waffen nur notfalls als Hilfsmittel bei einer Selbstverteidigungsaktion eingesetzt würden, was jedoch, wie gesagt, bereits seit Jahrtausenden nicht mehr der Fall war, weil alle der Föderation Angehörigen, die selbst auch bewaffnet sind, in friedlicher Koexistenz und nach den schöpferischen Gesetzen und Geboten leben. Eine Tatsache, die leider nicht auf alle Außerirdischen zutrifft, die in den beinahe endlosen Weiten des Universums leben und existieren und oft noch recht rabiat und kriegerisch sind. Also ist es auch aus diesen Gründen erforderlich, daß die Plejadier und ihre Verbündeten bewaffnet sind für den Fall, daß sie mit solchen aggressiven und kriegerischen Wesen zusammenträfen oder von solchen angegriffen würden.

Selbst sind die Plejadier stets nur defensiv, jedoch niemals offensiv, so daß sie auch niemals Angriffe durchführen oder irgendwelche Zivilisationen und Welten unterjochen.

6) Die Raumschiffe sind durchweg in der Lage, in andere Dimensionen (Raum-Zeit-Ebenen) einzudringen und diese auch wieder zu verlassen. Dies gilt sowohl für alle kleineren als auch großen und sehr großen Objekte. Nur planetarisch gebundene Flugkörper verfügen nicht über diese Technik, durch die auch in die Zukunft oder Vergangenheit gereist werden kann.

7) Die größeren Raumschiffe sowie die mittleren Raum-Planetenschiffe verfügen über alle notwendigen Apparaturen, um Zeitmanipulationen durchführen zu können, in deren Folge eine Zeitverschiebung durchgeführt wird. Das bedeutet, daß z.B. eine gewisse Zeit durchlebt wird, diese dann jedoch zurückmanipuliert wird, wodurch dieselbe Zeit nochmals durchlebt werden kann. Zum Beispiel war ich fünf Tage mit Semjase in ihres Vaters Kommandoraumschiff im DERN- sowie im DAL-Universum unterwegs, um dann kurz nach meinem Weggang von daheim wieder dort zu erscheinen, weil die Zeit zurückmanipuliert wurde.

8) Die astronomischen Entfernungen im Universum werden von den Plejadiern vorwiegend noch mit einer ganzen Armada von Raumschiffen bewältigt, die sich in den Weiten des Universums und in verschiedenen Dimensionen bewegen, und zwar praktisch ohne jeglichen Zeitverlust, wenn sie mit vielfacher Lichtgeschwindigkeit von einem Ort zum anderen fliegen. Reisen über Hunderte und Tausende oder gar Millionen und Milliarden Lichtjahre hinweg dauern nur wenige Minuten. Diese Technik ist mittlerweile zwar bereits überholt, wird aber trotzdem nicht aufgegeben. Die neueste Technik für Transporte und Reisen durch den Weltenraum sowie in andere Dimensionen nimmt überhaupt keine Zeit mehr in Anspruch, weil nur noch künstlich erzeugte Tore zum Zielort durchschritten oder durchflogen werden müssen, wobei der Zielort sowohl irgendwo im Weltenraum als auch direkt auf der Oberfläche eines Planeten sein kann.

9) Das Rätselhafteste an den plejadisch-plejarischen Raumschiffen ist wohl die Tatsache, daß diese je nach Belieben Zeitreisen durchführen können, eben sowohl in die Vergangenheit als auch in die Zukunft, wobei sie einerseits in dimensionsverschobener Form in der Vergangenheit oder Zukunft auftauchen oder sich physisch der bereisten Dimension angleichen, so daß sie also sowohl mit ihrem Körper als auch mit ihrem Raumschiff gegenwärtig sind. Solche Reisen sind in der Regel Expeditionen zu Forschungszwecken, um sich Gewißheit über bestimmte Dinge zu verschaffen, wie etwa Ursachen und Hintergründe oder Wirkungen von bestimmten Ursachen zu ergründen, weil dies für die Plejadier lebensnotwendig ist. Selbstverständlich ist es aber bei ihnen nicht üblich, wegen einer jeden kleinen Unklarheit oder dergleichen eine Zeitreise durchzuführen, denn solche werden nur unternommen, wenn es wirklich notwendig ist. Mit Hilfe solcher Zeitreisen haben die Plejadier schon sehr viele Rätsel und Geheimnisse der Vergangenheit gelöst, von denen auch ich profitieren konnte. Auch Informationen und Forschungsergebnisse aus der Zukunft kamen den Plejadiern oft zugute, wie auch mir, wenn man mich einige Dinge der Zukunft schauen ließ.

Überlichtgeschwindigkeit

Mit der Regelmäßigkeit eines Uhrwerks fragt man mich immer wieder, wie meine außerirdischen Freunde die große Entfernung von rund 500 Lichtjahren von den Plejaden bis zur Erde schaffen, weil doch die irdischen Wissenschaftler behaupten, daß die Lichtgeschwindigkeit grundsätzlich nicht überschritten werden könne. Eine dumme Behauptung, die zumindest in der Signalübermittlung im Jahre 1995 widerlegt werden konnte, wie in ›Bild der Wissenschaft 10/1995‹ berichtet wurde. Die Meldung lautete:

›Schnellstes Signal‹

Für Expertenstreit sorgt seit einiger Zeit der Weltrekord einer Forschergruppe um den Kölner Physiker Prof. Günter Nimtz. Sie hat es geschafft, Informationen per Mikrowelle mit 4,7facher Lichtgeschwindigkeit zu übertragen. Auch einige andere Teams nutzten wie die Kölner Physiker den Tunneleffekt, um in ähnlichen Experimenten ebenfalls Überlichtgeschwindigkeit zu erzielen (»Die sieben Welträtsel der Physik«, Bild der Wissenschaft

8/1994). So gelang es Forschern um Raymond Chiao von der University of California in Berkeley, einzelne Photonen mit Überlichtgeschwindigkeit tunneln zu lassen.

Der Tunneleffekt ist eines der vielen, mit alltäglicher Vorstellung kaum erfaßbaren Phänomene der Quantenphysik: Teilchen und Wellen können unter bestimmten Voraussetzungen durch eine eigentlich unüberwindbare Barriere treten und tauchen plötzlich auf der anderen Seite wieder auf. Das Tunneln an sich, so scheint es, geschieht ohne jeden Zeitverlust. Ob die gemessenen Überlichtgeschwindigkeiten Auswirkungen auf die Relativitätstheorie haben, diskutieren die Physiker zur Zeit heftig. Einstein forderte, daß sich kein Signal schneller als Licht ausbreiten darf.‹

Dazu ist zunächst folgendes zu sagen:

1) Auch in naturwissenschaftlichen Kreisen erklären immer mehr Menschen, daß sie die Überlichtgeschwindigkeit durchaus für möglich halten. Wie im vorgehenden Artikel zu lesen ist, zeigen auch neue experimentelle Beweise, daß die Lichtgeschwindigkeit tatsächlich weit überschritten werden kann. Zwar verneinte Albert Einstein in seiner Relativitätstheorie die Möglichkeit einer Raumfahrt mit Lichtgeschwindigkeit, doch bedeutet das in keiner Weise, daß er recht damit hatte, denn die Plejadier beweisen seit langem, daß Reisen mit Lichtgeschwindigkeit eben doch real sind. Zwar könnte man sagen, daß Einstein mit seiner Aussage nur meinte, daß Raumfahrt mit einfacher Lichtgeschwindigkeit nicht möglich sei, was jedoch nicht zutreffe auf Reisen mit Überlichtgeschwindigkeit. Doch hat er das wirklich gemeint und irrte er sich in dieser Hinsicht nicht gewaltig? Sei es wie es sei, jedenfalls hat die irdische Wissenschaft inzwischen bewiesen, daß zumindest eine Signalübermittlung mit mehrfacher Lichtgeschwindigkeit möglich ist.

2) Die Plejadier sind mit ihren technischen Entwicklungen den Erdenmenschen 8000 Jahre voraus und damit haushoch überlegen. Es ist also kein Wunder, daß der Begriff Überlichtgeschwindigkeit bei ihnen zum täglichen Sprachgebrauch gehört. Und bei ihrem enormen technischen Vorsprung gegenüber den Erdenmenschen ist es auch nicht verwunderlich, daß sie über ein technisches Know-how verfügen, das dem Menschen der Erde nicht nur

sagenhaft, sondern phantastisch und utopisch erscheint, besonders dann, wenn es darum geht, daß diese Außerirdischen mit ihren Raumschiffen zigfache Überlichtgeschwindigkeit erreichen, wodurch es ihnen mit ihren exotisch wirkenden Antrieben möglich ist, je nach Wunsch und Bedarf kreuz und quer durch das gesamte Universum sowie durch andere Dimensionen und durch die Zeit zu reisen.

3) Begreiflicherweise möchte praktisch jeder technisch interessierte Mensch Näheres über die Überlichtgeschwindigkeitsantriebe sowie über die normalen Antriebe erfahren und Hinweise erhalten, wie diese in natura funktionieren. Gerade mit solchen Angaben kann ich aber nicht aufwarten, weil ich einerseits in technischen Belangen eine absolute Null bin, und andererseits informierten mich die Plejadier über diese Dinge sehr spärlich. Dazu trug allerdings auch ich selbst immer bei, weil ich aus Sicherheitsgründen keine solchen Informationen haben wollte, die man mir eventuell durch Zwang hätte entreißen können. Wie die Außerirdischen finde nämlich auch ich, daß die Erdenmenschen noch lange nicht reif genug sind, um über ein solches Wissen verfügen zu dürfen, und wenn sie schon eines Tages dazu fähig sein wollen, dann müssen sie sich ihr Wissen selbst erarbeiten. Tatsächlich hieße es Öl ins Feuer gießen, wenn ein solches Wissen den Erdenmenschen übergeben würde, denn nachweislich wurde seit jeher prinzipiell jede Erfindung zu kriegerischen sowie machtgierigen Zwecken mißbraucht. Und würden die Außerirdischen den Erdenmenschen in ihrer technischen Entwicklung in der Form behilflich sein, indem sie Geheimnisse preisgeben, dann käme das einem Verrat am Leben gleich sowie einem Verrat an den richtungsweisenden und lebensschützenden Direktiven der Plejadier. Der Mensch hat schon genug Unheil auf der Erde und an all ihren Lebensformen angerichtet; man denke dabei nur an die vielen Atombombenversuche und die Atombombenabwürfe auf Hiroshima und Nagasaki sowie an die vielen kommerziell genutzten Atombombenexplosionen, durch die riesige Seen usw. geschaffen wurden. Und man denke an all die Naturkatastrophen, Wirbelstürme, Erdbeben und Vulkanausbrüche sowie die radioaktive Verseuchung, die durch diese Atombombentests und durch die kommerzielle Nutzung von Atombomben auf der Erde hervorgerufen worden sind. Allein aus dieser Perspektive betrachtet, würden die Plejadier und ich ein Verbrechen an der

Menschheit und dem Planten Erde begehen, wenn wir Geheimnisse über die Technologie der Außerirdischen verraten würden.

Transmission

Den Erklärungen der Außerirdischen zufolge gibt es im ganzen Universum nur eine einzige Möglichkeit, die Barriere von Raum und Zeit schnell und sicher zu überwinden, und zwar durch die Nutzung eines dem Normalraum übergeordneten Hyperraumes. Zwischen diesen beiden Räumen wird durch technische Vorgänge ein Dimensionentor (oder für ein anderes Universum ein Universumstor) geschaffen, wobei ungeheure elektromagnetische Energien erforderlich sind, welche die Energiekapazität mehrerer Atomkraftwerke irdischen Maßstabes umfassen – Energien jedoch, die von Kleinraumschiffen, die einen Durchmesser von nur sieben Meter haben, erzeugt werden können. Die gesamte erforderliche Technik zur Erschaffung eines Dimensionentores (bzw. Universumstores) wird Transmitter-Technik genannt, die mit Direkt- oder Teletransmittermaschinen sowie mit Zeittransmittern arbeitet. Durch solche Dimensionentore (oder Universumstore) hindurch wird dann das Raumschiff transmissioniert.

Eine Transmission beruht auf einer hyperschnellen Beförderung von Raumschiffen, Personen sowie Gegenständen, die meistens durch eine Ent- und Rematerialisation unter Anwendung technischer Hilfsmittel und künstlicher oder natürlicher Energien erfolgt. Für die Raumfahrt kommt dabei nur eine kontrollierte Transmission in Frage, die von Menschen bewußt hervorgerufen, in Gang gesetzt und durchgeführt wird. Sehr viele Transmissionen finden in einem Hyperraum statt, nur wenige im Normalraum. Hyperräume gibt es dabei mehrere, die alle für Transmissionen benutzt werden können. In technischer Hinsicht ist es nicht einfach, in einen Hyperraum zu gelangen, denn man muß ihn gewissermaßen mit einem gewaltigen Anlauf mit zigfacher Lichtgeschwindigkeit durch einen sogenannten Hypersprung aufbrechen, der gleichzeitig auch die Durchquerung des Hyperraumes kennzeichnet. Durch die vielfach übersetzte Lichtgeschwindigkeit schrumpfen Raum und Zeit derart zusammen, daß die Transmission in Nullzeit erfolgt, wodurch ein Raumschiff im gleichen Sekundenbruchteil am Zielort wieder rematerialisiert und erscheint, zu dem es am Ausgangspunkt gerade dematerialisiert wurde und verschwand. Dies bedeutet für die Besatzung des Raumschiffes, daß während der Transmission wie auf ihrem Heimatplaneten oder im Normalraum für sie genausoviel Zeit vergeht, und zwar entgegen den Behauptungen, daß bei Lichtgeschwindigkeit oder Überlichtgeschwindigkeit eines Flugkörpers für diesen die Zeit praktisch stillstehe, während auf dem Heimatplaneten oder im Normalraum Jahrhunderte, Jahrtausende oder gar Jahrzigtausende vergehen würden. Würde diese Behauptung zutreffen, dann wäre ich wohl der einzige Erdenmensch, denn während all der mit meinen plejadisch-plejarischen Freunden durchgeführten Hyperraumreisen müßten auf der Erde bereits viele Jahrmilliarden vergangen sein und das SOL-System dürfte überhaupt nicht mehr existieren. Also erfolgt durch diese Hyperraum-Flugmethode keine Zeit-Dilatation (Verlangsamung der Zeit).

Ent- und Rematerialisation

Für die immense Beschleunigung für den Transport von Menschen und Material beziehungsweise von Raumschiffen muß der greifbare, grobstoffliche Aggregatzustand eines Körpers/Objektes kurzfristig in einen Zustand versetzt werden, der unsichtbar feinstofflich ist. Dieser für den Erdenmenschen noch unbekannte und mysteriös erscheinende Vorgang vollzieht sich in drei Schritten:

1. Schritt: Als erster Vorgang wird eine Entmaterialisation eingeleitet, durch die sich ein greifbarer, grobstofflicher Körper beziehungsweise ein Raumschiff mit Besatzung und allem Drum und Dran am Ausgangspunkt entmaterialisiert. Das bedeutet, daß das Schiff und alle Insassen in seine atomaren bzw. subatomaren Bestandteile zerlegt, d.h. ›aufgelöst‹ werden, was anders erklärt bedeutet, daß alles in feinstoffliche Materie und somit in reine Energie umgewandelt wird.

2. Schritt: Diese durch Entmaterialisation entstandene energetische Existenzform ist für einen Transport dieser Art am besten geeignet, weil der feinmaterielle Zustand eine Art Energiepaket bildet, das in Bruchteilen einer Sekunde vom Ausgangspunkt zum Zielort rast. Bei diesem Vorgang bleibt das Energiepaket als selbständige und kompakte Einheit bestehen, ohne

sich mit den Energien des umgebenden Raumes zu vermischen. Bei dieser Transportart treten auf dem Transitweg keinerlei Hindernisse auf, weil der Hyperraum frei von behindernden oder gefährdenden Dingen ist. Besonders beim Überwechseln von einem sehr entfernten Ort zum anderen oder von einer Dimension zur anderen wird in der Regel ein dem Normalraum übergeordneter Raum, eben ein sogenannter Hyperraum, als Transitweg benutzt.

3. Schritt: Bei der am Zielort stattfindenden Rematerialisation wird blitzartig der ursprüngliche Aggregatzustand wieder hergestellt, und zwar dadurch, daß sich das am Ziel angelangte Energiepaket wieder in die körperliche Form umwandelt, die es vor der Entmaterialisation hatte.

Der gesamte Vorgang einer Ent- und Rematerialisation läuft unvorstellbar schnell ab, so daß praktisch während der beiden Vorgänge kein Zeitverlust entsteht. Hindernisse und Gefahren gibt es dabei auch keine, denn die Entmaterialisationsenergien sind derart, daß sie ungehemmt durch jede Materie hindurchgehen, und zwar sowohl durch Beton-, Stahl- oder Bleiwände als auch durch Planeten und Sonnen. Also bilden Gestirne, Kometen, Meteoriten und Planeten usw., die sich im Normalraum auf der Flugbahn des Energiepaketes befinden, keinerlei Hindernisse oder Gefahren, wenn auf diese Weise gereist wird. Wenn die Entstofflichung in Gang gebracht worden ist, läuft der Rest automatisch ab, was bedeutet, daß dann keinerlei Möglichkeit mehr besteht, den Ablauf zu stoppen oder zu korrigieren, weil im bereits begonnenen Entmaterialisierungsvorgang keine Manipulationen manueller oder technischer Art mehr möglich sind. Dies bedingt also, daß jede Programmierung exakt erfolgen muß, damit keine Pannen passieren, die katastrophale Auswirkungen zeigen würden und nicht wiedergutzumachen wären. Bei Neulingen in der Raumfahrt, die sich erstmals auf das Gebiet der Hypersprungreisen begeben, kann es daher vorkommen, daß sie durch das Nicht- oder nur teilweise Beherrschen der Materie und der Programmierung zwangsläufig an falsche Zielorte geschleudert werden und sich irgendwo im Universum verlieren, von wo aus sie ihre Heimatgestirne und Heimatwelten nicht wieder finden, so daß sie buchstäblich in Raum und Zeit verlorengehen. Oder sie treiben in entmaterialisiertem Zustand auf immer und ewig als Energiepaket durch das Universum.

Bei der Zerlegung und Wiederzusammenfügung eines Körpers/Objektes durch Ent- und Rematerialisation muß selbstverständlich alles synchron verlaufen, da es sonst zu bösen Überraschungen kommen kann. Also ist es von äußerster Wichtigkeit, daß das Energiepaket nach der Entmaterialisation im selben Sekundenbruchteil rematerialisiert wird, und zwar haargenau bis ins letzte atomare Detail eines jeden Körpers und Gegenstandes/Objektes, damit auch tatsächlich der perfekte Originalzustand wieder hergestellt wird.

Neben vorgenannter Form der Hyperraumreisen gibt es noch eine zweite, die ähnlich der ersten funktioniert. Bei der zweiten Art wird bei der Entmaterialisation nicht ein Energiepaket gebildet, sondern eine Unmenge von Impuls-Signalen, die mit rasender, billionenfacher Lichtgeschwindigkeit an den Zielort übertragen werden, um dort milliardenfältig schneller als blitzartig eine Rematerialisation hervorzurufen. Durch diese Hyperraumreisemöglichkeit ist es nicht mehr erforderlich, ein Energiepaket voller Signale durch den Hyperraum oder den Normalraum zu schicken, sondern nur noch die Signale selbst, die sich mit unvorstellbarer Geschwindigkeit in Wellenform fortbewegen und durch keine Hindernisse irgendwelcher Art aufzuhalten sind.

Beamen

Beamen ist eine hochtechnisierte Erweiterung einer kontrollierten Transmission, die durch Teletransmittermaschinen erfolgt und gesteuert wird. Dabei handelt es sich um eine der bewußtseinsmäßig-geistig erzeugten Teleportation nachempfundene Transmissionsform eines Körpers, wie dies in ähnlicher Form in Science-fiction-Filmen dargestellt wird, wobei der Vorgang der Ent- und Rematerialisation ohne flimmernde Energieeffekte und ungeheuer viel schneller vor sich geht. Eine Ent- und Rematerialisation erfolgt blitzartig, so daß beim Beamen kein Vorgang beziehungsweise Effekt beobachtet werden kann, und zwar selbst dann nicht, wenn ein solcher Vorgang gefilmt und mit billionenfacher Verlangsamung (Zeitlupe) wieder abgespielt würde. Diese Form der Transmission ist jedoch nicht nur auf Menschen beschränkt, auch Gegenstände oder Raumschiffe können durch diese Technik gebeamt werden. Menschen, Gegenstände oder Raumschiffe verschwinden durch das Beamen im Normalraum quasi spurlos von der Bildfläche, jedoch nur, um im selben Augenblick am Zielort mit ebenso unvorstellbarer Geschwindigkeit wie aus dem Nichts gezaubert wieder zu erscheinen. Dieses Beamen ist bei den Plejadiern eine durchaus übliche und täglich angewandte Methode der Beförderung von Menschen und Materialien.

Das Beamen kann, wie die Steuerung der Raumschiffe selbst, auf zweierlei Weise vorgenommen werden, vollautomatisch und manuell. Bei manuellem Betrieb ist jedoch äußerste Vorsicht geboten, denn schon auf kurze Distanz kann es durch eine kleine Unachtsamkeit oder durch fehlende Sachkenntnis zu schwerwiegenden Folgen kommen, wenn die Automatikfunktion ausgeschaltet wird, die auch die Funktionen im manuellen Betrieb überprüft. So ist es denkbar, daß ein gebeamter Mensch durch Unkenntnis eines manuellen Bedieners z.B. in einer tiefen Schlucht, mitten im Wasser, auf schroffen Felsen oder an einer anderen gefährlichen Stelle ankommt. Zwar rematerialisiert ein Mensch erst dann wieder, wenn ein fester oder weicher Untergrund unter seinen Füßen ist, doch kann das trotzdem ins Auge gehen. Und genau ein solcher Fall war einmal eingetreten, weil ich unkundigerweise an der Beamanlage herummanipulierte und dann sofort in den Beamschacht stieg, ohne zu wissen, daß ich durch meine Unkenntnis alle Sicherheitsfaktoren ausgeschaltet hatte, was normalerweise nicht möglich ist, weil jedes Raumschiff nur auf Bedienungsanweisungen der diesem Schiff zugeordneten Piloten reagiert. Auf meinen Wunsch hin wurde diese Sicherheit jedoch ausgeschaltet, damit ich selbst das Schiff steuern konnte, eben manuell, um dann auch für mich den Vorgang des Beamens einzuleiten, wobei ich unbemerkt eine Fehlhandlung beging, die dazu führte, daß ich nicht auf dem vorgesehenen Weg eines großen Feldes materialisierte, sondern auf dem Wipfel einer im Feld stehenden Wettertanne, an deren Ästen ich mich gerade noch festhalten konnte, um nicht abzustürzen, woraufhin ich dann sicher hinunterklettern konnte. Ein solches Mißgeschick passierte mir allerdings nur ein einziges Mal, denn bei weiteren Experimenten war ich vorsichtiger und immer bemüht, zusammen mit dem jeweiligen Piloten zu kontrollieren, ob die Sicherheitsanlage eingeschaltet blieb.

Das Beamen darf man sich auf keinen Fall wie eine Art Explosion oder Implosion vorstellen, denn dadurch käme eine Ent- und Rematerialisation niemals zustande. Bei einer physikalischen Explosion wird ein Körper oder Gegenstand buchstäblich in Tausende von Stücken zerrissen und dadurch völlig zerstört, so daß sich aus den Trümmersplittern und Staubteilchen kein ursprünglich Ganzes mehr zusammensetzen läßt, das auch nur im entferntesten die ursprüngliche Form aufwiese. Bei einer Implosion geschähen ähnliche Dinge. Also handelt es sich um einen anderen Vorgang, der der bewußtseinsmäßig-geistigen Teleportation nachempfunden ist, jedoch auf rein technischer Basis fundiert. Um das jedoch verstehen zu können, fehlt es den Erdenmenschen noch an den notwendigen Begriffen, die zur sachgerechten Erklärung des gesamten Phänomens Beamen und Beamtechnik erforderlich wären.

Grundsätzlich kenne ich drei Anwendungsformen des Beamens:

1) Einmal bin ich es, den man transmissioniert beziehungsweise beamt, und zwar von einem x-beliebigen Standort weg direkt in das Innere eines Strahlschiffes/Raumschiffes der Plejadier, oder umgekehrt aus dem Raumschiff heraus an einen x-beliebigen Platz, wie z.B. in mein Büro, auf eine Wiese oder Straße, auf eine abgelegene Waldlichtung oder irgendwo auf das Gelände des Semjase-Silver-Star-Centers.

2) Ich werde von einem x-beliebigen Standort auf der Erde zu einem anderen x-beliebigen Standort auf der Erde transmissioniert beziehungsweise gebeamt.

3) Die Plejadier verlassen via Transmission beziehungsweise Beamen ihr Strahlschiff/Raumschiff, das in abgeschirmtem, unsichtbarem und nicht zu ortendem Zustand wie ein Ballon in der Erdatmosphäre schwebt, um sich zu mir oder sonstwohin auf der Erde zu begeben. Ihre Rückkehr in ihr Raumfahrzeug erfolgt dann wiederum von jedem x-beliebigen Punkt auf der Erde per Teletransmitter, also durch Beamen/Transmissionieren.

Erfreulicherweise führten die Plejadier und ihre Föderationsverbündeten mehrmals solche Transmissionen durch, die zum Teil als Demonstrationen gedacht waren und die von ausgesuchten, integren und realdenkenden Zeugen beobachtet werden konnten. Dazu ein Beispiel, entnommen aus Guido Moosbruggers Buch ›... und sie fliegen doch!‹:

Nächtlicher Einsatz im Schönenberger Gebiet (bei Zürich) bei Regen und Schlamm

(Erlebnisbericht vom 20. Februar 1977 von Engelbert Wächter – gekürzt)

Am späten Abend des 20. Februars 1977 fuhren Engelbert Wächter, Jacobus Bertschinger sowie sein 75jähriger Vater, Bernadette Brand und Billy mit zwei Autos bei strömendem Regen Richtung Horgen/Hirzel, um Billy zu einem verabredeten Kontaktort zu bringen...

»Nach einer Sumpf- und Höllenfahrt über eine Strecke von ca. 80 Metern (und nach etwa 70 Kilometer Fahrt) hatten wir dann endlich unser Ziel erreicht. Noch eine letzte Kontrolle der Funkgeräte, und Herr Meier entschwand unseren Blicken, denn er tappte ohne Licht zwischen den Baumstämmen des stockdunklen Waldes hindurch.

Kaum war Billy verschwunden, entwickelten wir eine rege Tätigkeit. Zunächst mußten die beiden Autos im morastigen Sumpf gewendet werden, was bei dem sturzflutartigen Regen und dem aufgeweichten, glitschigen Boden wahrlich keine Kleinigkeit war. Unser Jacobus sei hier nachträglich für seine diesbezügliche Leistung unserer ehrlichen Anerkennung versichert.

Nach dem Wagenwenden mußten wir Schneeketten montieren, um überhaupt aus dem Sumpfgelände wieder wegfahren zu können. Nun stellten wir uns, auf Billys Rückkehr wartend, am Waldrand unter die schützenden Baumkronen. In harmonischem Gleichklang klatschte die Regenflut nieder, und die schweren Tropfen, die von den Bäumen in unsere Genicke tropften und unsere Kleider allmählich in nasse Säcke verwandelten, schlugen den Takt dazu. Hin und wieder trieb der Wind sein Spiel mit den Baumwipfeln, was jedesmal wahre Wasserkaskaden auslöste und nicht gerade dazu beitrug, unseren Fahrweg zu verbessern, denn langsam bildete sich um die beiden Autos ein kleiner See.

Während Jacobus im Lichte einer langsam absterbenden Taschenlampe versuchte, die Spannketten noch besser anzuziehen, durchdrang plötzlich der aufgeregte Schrei eines Waldkauzes den relativ ruhigen, finsteren Wald, und zwei weitere Tiere stimmten mit ein. Sekunden später erfüllte ein eigenartiges Rauschen die Luft, das gleich darauf in ein uns bekanntes Singen (Sirren) überging.

Nun wußten wir Bescheid: Das Strahlschiff unserer gemeinsamen Freundin und Vermittlerin uralter Wahrheiten – Semjase – mit unserem Freund Billy an Bord zog langsam in niedriger Höhe über unsere Köpfe hinweg. Aber kaum war das Sirren über den Tannenwipfeln verklungen, da stand urplötzlich Herr Meier mitten unter uns – für uns völlig überraschend –, glückstrahlend mit absolut trockener Kleidung trotz des immer noch niederprasselnden Regens. Nur nach und nach wurde sein trockener Regenmantel naß und begann im Scheinwerferlicht unserer Autos zu glänzen. Doch wie hätte es auch anders sein können: In Semjases Strahlschiff war er natürlich vor dem Regen geschützt, und bei einer Transmission mit Hilfe des Teletransmitters wird bekanntlich niemand naß.

Nach Billys Rückkehr wurden in aller Eile beide Fahrzeuge mit dem Abschleppseil verbunden, um dem kleineren Wagen ohne Ketten das Wegkommen aus dem tiefen Schlamm zu ermöglichen. Gegen ein Uhr morgens verabschiedeten wir uns herzlich in Wädenswil, und trotz des Schlammbades und Regenabenteuers fuhren wir alle in gehobener Stimmung nach Hause.

Verwundert es Sie, liebe Leser, daß mir kleinem Erdenwurm unsere gemeisame Freundin Semjase im Traum noch eine grandiose Kunstflugeinlage mit ihrem Strahlschiff zum besten gab?«

Selbstverständlich können durch die Teletransmittermaschinen auch alle möglichen Gegenstände gebeamt werden, wie ich bereits erwähnt habe. So beamte mir Quetzal, der Kommandant der plejadisch-plejarischen Erdstation im schweizerischen Hochgebirge, einmal einen Sack voll erranischer Saatkartoffeln in mein Büro, die wir auf einem Center-Acker anpflanzen und von denen wir reichliche Ernten einbringen konnten. Gleichermaßen wurden mir von Quetzal Pfirsichkerne plejadischer Pfirsichfrüchte auf meinen Bürotisch gebeamt, die ich einpflanze, daraus sind zwei

Pfirsichbäume entstanden, die heute an den Gebäudewänden hochwachsen und jährlich viele Früchte bringen, die anfangs so groß wie eine ausgewachsene Männerfaust waren, inzwischen jedoch viel kleiner geworden sind.

Hyperraum-Sprung

Astronomische Entfernungen werden von den Plejadiern nach wie vor durch die praktizierte Methode der kombinierten Hyperraum-Sprünge bewältigt. Diese kombinierte Methode beginnt mit einem herkömmlichen Anflug in materieller Form im Normalraum, und zwar bis zum sogenannten Transmissionspunkt, wo dann die Transmission in den Hyperraum stattfindet und es ›jenseits‹ von diesem am Zielort mit dem herkömmlichen Flug endet beziehungsweise weitergeht. Ein Fluggebiet, das diese Hyperraum-Sprung-Methode praktiziert, benötigt zwei grundverschiedene Antriebe – einen Normalantrieb für den Normalraum und einen Hyperantrieb für den Hyperraum.

Der Normalantrieb dient als Antrieb während der Anfangs- und Endphase, also nur außerhalb des Hyperraumes, während der Hyperantrieb für den Sprung in den Hyperraum und zu dessen Durchquerung dient. Die Beschleunigung eines Raumschiffes erfolgt zuerst mit dem Normalantrieb im Normalraum, und zwar zunächst bis zur Lichtgeschwindigkeit, die bekanntlich 299 792 458 m/s beziehungsweise 299 792,458 Kilometer pro Sekunde beträgt. Erst wenn diese Geschwindigkeit nahezu erreicht ist, kann der Hyperantrieb in Gang gesetzt werden.

Als Normalantriebe benutzten die Plejadier zu Beginn meiner Kontakte mit ihnen und während der ersten Jahren die sogenannten Antigravitationsantriebe sowie einen Photonenantrieb, wobei diese in der Zwischenzeit entwicklungsmäßig überholt wurden – jedoch weiß ich nicht, welcher Art der Normalbetrieb heute ist. Als Hyperantrieb dienten während der gleichen Zeit ein sogenannter Tachyonen- sowie ein Antimaterieantrieb. Auch diese Antriebe erfuhren in der Zwischenzeit enorme entwicklungsmäßige Änderungen, über die ich leider nicht Bescheid weiß. Mein diesbezügliches Wissen für alle neuesten Antriebsformen reicht nur soweit, erklären zu können, daß die neuesten Antriebstechniken auf der Basis einer Nutzung der Elektronen beruhen, die unerschöpflich im gesamten Universum gegeben sind.

Wird bei einem Raumschiff der Hyperantrieb eingeschaltet, schießt dieses praktisch schlagartig in zigfacher Lichtgeschwindigkeit nach oben, um mit diesem kaum vorstellbaren Schwung den Hyperraum zu durchbrechen und in diesen praktisch hineinzustürzen, was als Sprung beziehungsweise Hypersprung bezeichnet wird, wobei sich die Geschwindigkeit noch steigert und die Lichtkonstante um das Millionenfache = 300×10^9 km/sec. beziehungsweise Billionenfache = 300×10^{15} km/sec. überschreitet.

Zur Zeit ist das alles für den Erdenmenschen noch völlig unverständlich, besonders wie solche unglaublichen Geschwindigkeiten erzeugt werden können, zumal das aus dem Ruhezustand oder aus nur einfacher Lichtgeschwindigkeit heraus geschieht. Als äußerst schwacher Vergleich diene hierzu eine Gewehrkugel, die ebenfalls aus dem Ruhezustand heraus auf eine hohe Geschwindigkeit beschleunigt wird, jedoch im Normalfall nur gerade mal Schallgeschwindigkeit erreicht, was durchschnittlich 330 Metern pro Sekunde entspricht, wenn die Kugel den Gewehrlauf verläßt – also nur einem kleinen Bruchteil der Lichtgeschwindigkeit. Analog dazu muß man sich einmal vorstellen, daß die plejadischen Raumschiffe in blitzartiger Folge gigantische Beschleunigungskräfte entwickeln, und zwar aus dem Stand heraus. Sieht man dabei große oder kleine Raumschiffe durch diese ungeheuren Kräfte unvermittelt losschießen, dann kommt man nicht umhin, Vergleiche zu ziehen zwischen einem Katapult, von dem aus Gegenstände aus dem Stand heraus auf große Geschwindigkeiten gebracht werden, nur daß dies bei den Raumschiffen noch viel imposanter und gewaltiger ist. Um diese ungeheuren Beschleunigungen erreichen zu können, verwenden die Plejadier unter anderem auch sogenannte Materiebeschleuniger, die vermutlich auf Elektronenbasis arbeiten, jedoch nicht für die Beschleunigung der Raumschiffe selbst zuständig sind, sondern nur dazu dienen, überlichtschnelle Energien zu erzeugen.

Die Transport- und Reisemethode per Hyperraum-Sprung vollzieht sich folgendermaßen:

1) Zunächst beschleunigt das Raumschiff bis auf Lichtgeschwindigkeit, wobei während des gesamten Fluges ein Universal-Schutzschirm in Betrieb ist, durch den alle unliebsamen und gefährlichen Fremdeinwirkungen vom Raumschiff ferngehalten beziehungsweise unwirksam gemacht werden (siehe Universal-Schutzschirm).

2) Ist die Lichtgeschwindigkeit nahezu erreicht, wird der Hyperantrieb aktiviert, der das Raumschiff auf millionen- und billionenfache Lichtgeschwindigkeit springen und in den Hyperraum eindringen läßt. Der Universal-Schutzschirm wird automatisch aufgehoben, einerseits durch diese gigantische Beschleunigung und andererseits durch alle hierzu erforderlichen weiteren Vorgänge, die durch Maschinen, Geräte, Apparaturen und Elektroniken erzeugt werden. Dadurch kann eine unendliche Ausdehnung der Masse des Raumschiffes und seines Inhalts erfolgen, was eine vollständige Entmaterialisierung von Raumschiff und Besatzung bedeutet. In einem Millionstel- und Billionstelbruchteil einer Sekunde wird die grobstoffliche Materie in reine Energie umgewandelt, in ein Energiepaket, das im dem Normalraum übergeordneten Hyperraum in Nullzeit zum Zielort transmissioniert wird, eben ohne jeglichen Zeitverlust. Bei der am Zielort automatisch stattfindenden Rematerialisation, die praktisch im selben Augenblick nach der Entmaterialisation einsetzt, wird das Energiepaket wieder in den körperhaften Zustand umgewandelt, und zwar billionenfach schneller als ein Blitz vom Himmel fährt, wie schon an früherer Stelle erklärt. Die Raumschiffbesatzung merkt nichts von der Ent- und Rematerialisation in dieser unglaublich anmutenden Überblitzaktion, und selbstverständlich muß kein Besatzungsmitglied irgendwelche Unannehmlichkeiten oder gar Schädigungen in Kauf nehmen.

3) Nach einer Hyperraum-Transmission legt das Raumschiff nach der Rematerialisierung den weiteren oder restlichen Weg bis zum endgültigen Zielort wieder im Normalraum und in grobmaterieller Form zurück.

a) Einhaltung eines großen Sicherheitsabstandes

Dringt ein Raumschiff mit zigfacher Überlichtgeschwindigkeit sprunghaft in den Hyperraum ein, entsteht nicht nur eine gewaltige Raumstruktur-Erschütterung, die über enorme Distanzen hinweg (mehrere Lichtjahre) registriert werden kann, sondern es kann unter Umständen auch zu einer derart ungeheuren Sogwirkung kommen, daß benachbarte Himmelskörper mit in den Hyperraum hineingerissen werden können, aus dem sie dann als gefährliche und todbringende Geschosse wieder hervorbrechen und als Kometen, Wanderplaneten oder gigantische Meteoriten durch das Weltall ziehen. Das kann Raumfahrt-Neulinge aus Unkenntnis oder mangelnder Sorgfalt passieren.

Um solchen Gefahren entgegenzuwirken, wird daher von den Plejadiern ein bestimmter Sicherheitsabstand strikt eingehalten, zumindest war dies bei den Hyperraumtechniken meiner ersten Kontaktjahre so, wobei sich dies in der Zwischenzeit für die neuesten Hyperraumflugtechniken geändert hat, weil durch ein Aufholen der Technik von rund 4500 Jahren mit Hilfe befreundeter und höherentwickelter Rassen aus dem DAL-Universum völlig andere Voraussetzungen geschaffen wurden. Der besagte Sicherheitsabstand betrug und beträgt auch heute noch für die alte Hyperraumflugtechnik 150 Millionen Kilometer, was grob gesehen einer astronomischen Einheit entspricht (= astronomische Einheit, Einheitszeichen AE – engl. astronomical unit – ist die Längeneinheit der Astronomie; 1 AE = 149 597 870 km, dies entspricht dem mittleren Abstand Erde-Sonne). Während der ersten Jahre meiner Kontakte mit den Außerirdischen benötigten diese von ihren Heimatwelten auf den Pejaden ihrer Dimension bis zum Transmissionspunkt irgendwo außerhalb ihres Systems noch 3½ Stunden, um dann von dort aus durch den Hypersprung in Nullzeit im SOL-System wieder zu rematerialisieren, eben in gehörigem Sicherheitsabstand zu den Planeten, wonach dann abermals 3½ Stunden Flugzeit im Normalraum nötig waren, um zur Erde zu gelangen. So betrug damals die Reisezeit von den Heimatwelten der Plejadier bis zur Erde beziehungsweise wieder zurück in ihre Heimatsysteme jeweils sieben Stunden.

b) Einhaltung eines geringen Sicherheitsabstandes

Durch Hilfe befreundeter und höherentwickelter Rassen vermochten die Plejadier innerhalb weniger Jahre nach meinem ersten Kontakt mit ihnen ihre Raumfahrttechnik derart zu entwickeln, daß die Gesamtreisezeit beziehungsweise effektive Flugzeit für die 500 Lichtjahre weite Strecke auf sage und schreibe knappe sieben Minuten zusammenschrumpfte. Fortan konnten mit der neuen Technik 150 Kilometer außerhalb der Atmosphäre eines Planeten oder eines Mondes sowie sonstigen Himmelskörpers transmissioniert werden, weil nur noch dieser minimale Sicherheitsabstand erforderlich war. Von diesem planetennahen Transmissionspunkt dauerte es dann jeweils nur noch wenige Minuten, um den oder die nahen Planeten mit dem Normalantrieb zu erreichen oder von diesen wieder zum Transmissionspunkt zu gelangen. Das bedeutet, daß uns seither die Plejadier mehrmals täglich direkt von ihren Heimatsystemen aus besuchen konnten, wenn sie es, aus welchen Gründen auch immer, für notwendig erachteten. Dennoch behielten sie ihre Stationen auf der Erde bei: eine in der Schweiz, eine in Asien und eine auf dem amerikanischen Kontinent, wobei jedoch von allen Besatzungen dieser Stationen sowie von den Plejadiern auf ihren Heimatgestirnen einzig und allein mit mir physischer und telepathischer Kontakt gepflegt wurde und mit sonst keinem anderen Menschen auf der Erde, wenn man von jenen impulstelepathischen Informationskontakten absieht, von denen die Impulsempfänger jedoch nie eine Ahnung hatten oder je haben werden.

c) Die neueste Raumflugtechnik der Plejadier

Die neueste Raumflugtechnik der Plejadier ist derart weit in der Entwicklung vorangeschritten, daß ihre Raumschiffe Raum und Zeit nicht mehr in den vorgenannten Formen durchfliegen beziehungsweise transmissionieren müssen, sondern daß für Personen, Gegenstände oder Raumschiffe kleine bis riesenhafte Zeittore erzeugt werden. Diese Zeittore sind hochenergetisch erzeugte Durchgänge von einem Ort zum anderen, ganz egal, wie weit diese auseinanderliegen, wobei selbst in parallelgerichtete Nachbaruniversen gereist werden kann. Ein solches Zeittor kann je nach Bedarf in jeder Größe erzeugt werden und sieht aus wie ein offener Türdurchgang, hinter dem man die andere Seite beziehungsweise den Zielort klar und deutlich erkennen kann, eben gerade so, als ob man durch ein Fenster oder durch eine Türöffnung ins Freie hinaussieht. Wirft man so einen Gegenstand hindurch, dann entsteht dort, wo dieser durch die Öffnung fliegt, ein ähnliches, energetisches Flimmern, wie die Zeittore dies auch an ihren Rändern aufweisen. Dann ist dieser Gegenstand bereits auf der anderen Seite am Zielort, wo man ihn zu Boden fallen und liegenbleiben sieht. Genauso können auch

Menschen durch diese Zeittore treten oder Raumschiffe hindurchfliegen. Im Augenblick des Hinübertretens sind sie bereits am Zielort, selbst dann, wenn dieser Milliarden von Lichtjahren entfernt ist oder sich in einer anderen Dimension oder im benachbarten Zwillingsuniversum befindet. Zwar ist diese Technik noch nicht völlig ausgereift, doch man versicherte mir von Ptaahs Seite, daß dies bis spätestens Mitte des Jahres 1997 der Fall sein werde.

Universal-Schutzschirm

Für den Raumflug im Normalraum auf konventionelle Art und Weise bestehen natürlich gewisse Gefahren, die berücksichtigt werden müssen, und solche Gefahren treten sowohl bei Unterlicht- als auch bei Überlichtgeschwindigkeit auf, wobei diese Gefahren sehr vielfältig sein können, von Staubwolken bis zu Meteoriten, von Energiestürmen bis hin zu viele Millionen Grad heißen Gasgebilde. Das sind natürlich äußerst unerwünschte und oft lebensgefährliche Faktoren und Effekte, gegen die eine hundertprozentig funktionierende Schutzvorrichtung zur Verfügung stehen muß, welche die Gefahrenmomente einerseits selbsttätig erkennt und analysiert und andererseits selbständig die erforderlichen Abwehr- und Schutzmaßnahmen einleitet und durchführt, ehe es zu einem Schaden kommen kann, der für die Raumfahrt fatal wäre; wenn man nur bedenkt, daß ein kleines Staubkorn bereits wie eine Gewehrkugel wirkt, wenn es durch den Weltraum saust und auf ein Raumschiff trifft. Um solchen drohenden Gefahren entgegenzuwirken, werden alle Raumschiffe mit einem energetischen Schutzschirm ausgestattet oder mit mehreren Schirmen, wenn dies für das entsprechende Raumfluggerät erforderlich ist.

Die plejadisch-plejarischen Raumschiffe jeder Art und Größe sind ausnahmslos mit einem Universal-Schutzschirm versehen, der nicht ausfallen kann und imstande ist, sämtliche erforderlichen Schutz- und Abwehrmaßnahmen selbständig in hervorragendster Weise zu erfüllen. Ein Universal-Schutzschirm ist zu vergleichen mit einer unsichtbaren Energieglocke, die das gesamte Raumschiff kugelförmig wie ein schützender Mantel umhüllt. Wird ein Raumschiff auf höhere Geschwindigkeiten gebracht, verändert sich in der Flugrichtung dieser Schutzschirm derart, daß er sich bis

zu mehreren Dutzend Kilometern ausdehnt, bei noch höheren Geschwindigkeiten bis zu mehreren hundert Kilometern, je nachdem, wie groß das Raumschiff ist. Bei kleineren Schiffen beläuft sich die maximale Ausdehnung auf ca. 100 Schiffslängen, was bei einem Siebenmeterschiff also 700 Meter ausmacht, während bei dem mir bekannten größten Schiff, Ptaahs Riesenraumer, die Distanz der Schutzschirmausweitung 3500 Kilometer beträgt. Die Ausdehnungsform eines solchen Schutzschirmes wirkt sich nach vorn kegelförmig aus, wodurch ein schmaler langgestreckter Spitzkegel entsteht. Ein solcher Universal-Schutzschirm leitet normalerweise jedes Hindernis einfach auf die Seite und aus der Flugbahn des Raumschiffes heraus, wobei er wie eine Art harter Puffer wirkt, an dem unter Umständen ein kleinerer Meteorit zersplittern könnte. Der Universal-Schutzschirm kann gegebenenfalls ein Hindernis wie einen Meteoriten auch zerstören.
1) Ein Universal-Schutzschirm leitet normalerweise also alle Hindernisse bereits weit im Vorfeld des Raumschiffes ab, wobei es keine Rolle spielt, welcher Form und Art es ist. Dadurch kann es niemals zur Kollision mit interstellarer Materie, mit Meteoriten und Kometen oder mit anderen Raumfahrzeugen kommen. Also bedeuten auch Gase, Energien, kosmischer Staub und Weltraummüll keinerlei Probleme, ebensowenig der Luftwiderstand in einer Atmosphäre. Auch Reibungshitze kann beim Flug durch die Atmosphäre eines Planeten nicht auftreten, weil der Universal-Schutzschirm auch das verhindert. Der entscheidende Faktor bei all diesen Vorgängen ist, daß keine Reibung entsteht, sondern alles ohne Reibung abgeleitet wird. Es erfolgt also auch keine Zerstörung oder Vernichtung irgendwelcher Stoffe oder Materialien, es sei denn, die regulierende Schutzschirmsteuerung würde dies in gewissen Fällen als erforderlich ansehen. Also erfolgt auch keine Verdrängung, auch nicht von Gasen, Energien oder Luft, sondern nur eine Ableitung, weil schon ein auch nur minimales und geringfügiges Abdrängen beziehungsweise Verdrängen Widerstand hervorrufen und somit Reibung entstehen lassen würde, wodurch auch die Geschwindigkeit eines Raumschiffes oder sonstigen Flugkörpers durch eine entstehende Bremswirkung beträchtlich dezimiert würde.

2) Mit Hilfe der Ableitungstechnik erfüllt der Universal-Schutzschirm mit dem vor dem Raumschiff ausstrahlenden Schutzkegel eine weitere, äußerst

lebenswichtige Aufgabe, indem durch diesen alle fremden Gravitationsfelder in der Umgebung des Flugkörpers neutralisiert beziehungsweise abgeleitet werden. Dadurch können sich die Raumschiffe auch im direkten Bereich von Planeten usw. bewegen, ohne durch deren Gravitation beeinträchtigt zu werden, wodurch auch Flugmanöver möglich sind, die sämtlichen Anziehungskräften spotten. Und da durchweg alle Raumschiffe der Plejadier eigene Gravitationskräfte erzeugen und zudem die von außen einwirkenden Gravitationskräfte neutralisieren, können sie auch ohne Andruckprobleme mit hohen Geschwindigkeiten fliegen oder aus dem Stand heraus mit ungeheurer Geschwindigkeit starten. Das in den Raumschiffen selbsterzeugte Gravitationsfeld ist immer kontrollierbar und kann auch haargenau auf den Bedarf der Besatzungsmitglieder abgestimmt werden, was bei den Plejadiern besonders wichtig ist, weil viele ihrer Föderationsverbündeten verschiedener Gravitationsstärken bedürfen. So wie Besatzungsmitglieder der Raumschiffe kleine Gravitationsgeräte bei sich tragen, die es ihnen erlauben, auch auf allen beliebigen fremden Planeten herumzulaufen und damit für sich selbst eigene kleine Welten zu bilden, gilt das auch für sämtliche Raumschiffe aller Größen und Arten, die durch dieses Gravitationsprinzip sozusagen eigene kleinere und größere Miniaturplaneten bilden. Also ist es nicht verwunderlich, daß demzufolge jede beliebige Atmosphäre eines beliebigen Planeten absolut ohne Risiko mit wahnwitzigen Beschleunigungen durchflogen werden kann, ohne befürchten zu müssen, daß das Fluggerät infolge der Reibungshitze verglüht und verdampft oder durch die Gravitationskräfte eines Planeten in Stücke gerissen wird.

Durch das künstlich erzeugte Gravitationsfeld im und um das Raumschiff wird der bei unseren irdischen Flugzeugen auftretende Trägheitswiderstand vollkommen ausgeschaltet und unwirksam gemacht. Auf diese Weise kann in jeder gewünschten Stärke und Wechselfolge ein Raumschiff ohne die geringsten unangenehmen Folgen für die Besatzung beschleunigt werden. Konkret bedeutet das, daß für die Insassen der Raumschiffe kein Beschleunigungsandruck zu spüren ist, seien die Beschleunigungen während des Fluges noch so gewaltig und plötzlich. Die Raumfahrer spüren bei einer plötzlichen Beschleunigung überhaupt nichts, weder schmerzhafte Gewichtsveränderungen noch sonstige Beschwerden.

Im Gegensatz zu irdischen Hochgeschwindigkeis-Flugzeugen oder irdischen Raketenraumfahrzeugen, die infolge des örtlich begrenzten Schubeffektes nur einzelne Körperteile auf indirektem Weg beschleunigen, wirkt die Beschleunigung der plejadisch-plejarischen Raumschiffe auf sämtliche Atome des Raumschiffes einschließlich seiner Besatzungsmitglieder. Kurz gesagt: Die Besatzungsmitglieder eines solchen Raumschiffes sind wirklich in jeder Beziehung unbeschwert, selbst bei höchsten Beschleunigungen und bei den unmöglichsten Flugmanövern, so daß sie sich so pudelwohl fühlen, als säßen sie auf ihrem Heimatplaneten in einem bequemen Sessel.

Halten sich plejadische Raumfahrer auf fremden Planeten auf, deren Umweltverhältnisse für sie ungewohnt oder gar gefährlich sind, wie etwa eine giftige Atmosphäre, gefährliche Druckverhältnisse oder ungewohnte Gravitationsbedingungen, dann schützen sie sich durch Raumanzüge oder kleine, transportable Gravitationsausgleichsgeräte sowie durch Schutzgeräte, die ein Optimum an Sicherheit bieten, wie sie auch in der Pilotenkanzel eines Raumschiffs gegeben ist.

3) Der Universal-Schutzschirm bietet auch absolut verläßlichen Schutz vor allen Strahlungen und Energien, die bei Raumflügen unweigerlich in vielfältigen Variationen in Erscheinung treten und nicht nur für Menschen gefährlich sein können, sondern auch für die Raumschiffe und ihre hochempfindlichen Geräte, Apparaturen, Maschinen und Androiden.

4) Jeder Universal-Schutzschirm verhindert schließlich auch, daß sich die Effekte der speziellen Relativitätstheorie realisieren sowie sehr viele andere, dem Erdenmenschen noch absolut unbekannte Gefahren und Effekte, die beim Fliegen mit annähernder oder überschrittener Lichtgeschwindigkeit auftreten können, wie die relativistische Massenzunahme und die Zeit-Dilatation (Zeitdehnung bei Annäherung an die Lichtkonstante).

Im Zusammenhang mit dem Erklärten ist es sicher nicht abwegig, wenn ich auch auf die übrigen Schutzvorrichtungen der plejadisch-plejarischen Raumschiffe zu sprechen komme: Wie bereits erklärt, läßt sich ein Raumschiff der Außerirdischen nach deren Willen weder optisch noch durch

Radar oder irgendeine andere Methode orten, wenn die entsprechenden Schutzschirme eingeschaltet sind. Landet ein Raumschiff der Plejadier auf der Erde, werden üblicherweise zwei verschiedene Schutzschirme eingeschaltet. Der äußere Schutzschirm, der in einem Abstand von 500 Metern rund um das gelandete Objekt aufgebaut ist, bewirkt, daß eine Lebensform, egal ob Mensch oder Tier, sanft und unmerklich vom Schiff weggeleitet wird, wenn bewußt oder unbewußt der Versuch unternommen wird, sich zu nähern. Auch bei diesem Schutzschirm erfolgt kein Wegdrängen, wodurch ein Druck erzeugt würde, der bemerkt werden könnte. Der zweite und innere Schutzschirm ist anders als der äußere. Er befindet sich in einem Radius von 100 Metern um das Raumschiff und ist wesentlich wirksamer als der erste. Sollte es wider Erwarten einer Lebensform, ob Mensch oder Tier, gelingen, durch den äußeren Schutzschirm einzudringen, wird ihr dies beim inneren Schirm mit Sicherheit nicht möglich sein, denn dieser, unsichtbar wie der äußere, wirkt wie eine undurchdringliche Mauer, die selbst mit gröbster Gewalt nicht durchbrochen werden kann, auch wenn sie mit größter Kraftanstrengung geringfügig ›eingedrückt‹ werden kann. Selbst Geschosse, die man darauf abfeuert, oder Energiestrahlen wie Laser würden entweder bereits am Rande des Schutzschirmes abgelenkt oder bei einem tieferen Eindringen nach maximal 30 Metern Eindringtiefe wieder zurückgeschleudert. Dieser Innenschirm kann durch einen zusätzlichen Schirm verstärkt werden, wonach dieser selbst einem Angriff mit Atom-, Wasserstoff- oder Neutronenwaffen standhalten würde. Im weiteren verfügt jedes Raumschiff über einen Schutzschirm, der das Eindringen negativer Schwingungen verhindert, wozu auch die relativ niedrigen Gedanken- und Bewußtseinsschwingungen der Erdenmenschen gehören. Im Gegensatz dazu werden positive Schwingungen ungehemmt durchgelassen.

Schlußbemerkung

Die Raumfahrttechnologie der Plejadier ist alles in allem jeder bisher durch die Erdenmenschen erzeugten Technik haushoch überlegen und wird dies auch noch für viele Tausende von Jahren bleiben. Dies mag manchen auf der Erde zwar utopisch erscheinen und bei einigen vielleicht Gefühle der Angst oder des Zorns und des Neides hervorrufen, doch an der Tatsache dieser Wahrheit ist nicht zu rütteln – und Angst vor den Außerirdischen, zumindest vor den Plejadiern, braucht niemand zu haben, wenn nicht unsere irdischen Wissenschaftler, Regierungen und Militärs unsinnige Dinge anzetteln, die Außerirdische mit negativen Absichten auf unsere Zivilisation aufmerksam machen.

Vorerst noch sind für die meisten irdischen Naturwissenschaftler Zeitreisen, Hyperraum-Sprünge und eine einfache Raumfahrt mit nur annähernder Lichtgeschwindigkeit nichts mehr als nur hirnrissige, irre Behauptungen und Phantastereien von einigen wenigen Verrückten wie ich es bin, für die sie im besten Falle ein mitleidiges Lächeln übrig haben. Dadurch ändert sich aber nichts an der Tatsache, daß die Außerirdischen der Plejaden die Raumfahrttechnik bis zur Präzision beherrschen, unsere Erde besuchen und mit mir als einzigem Erdenmenschen Kontakt pflegen. Es ist jedem Menschen freigestellt, dies anzunehmen oder abzulehnen. Wie auch immer: Die Tatsachen und die Wahrheit können zwar heute noch geleugnet und lächerlich gemacht werden, doch die Zukunft wird die Wahrheit meiner Worte und Aussagen beweisen.

20
Die Botschaft der Außerirdischen für uns Menschen

Die Botschaft der Plejadier basiert auf der Geschichte und Vergangenheit ihrer und unserer Menschheit, durch die sie sich veranlaßt fühlen, uns zu beraten und indirekt zu helfen. Eine offene Hilfe dürfen sie nicht leisten, weil ihnen dies durch ihre Direktiven untersagt ist. Neuankömmlinge aus den Tiefen des Universums brachten leider nicht nur Gutes und einen enormen Fortschritt zur Erde, sondern auch sehr viele Übel, wie Irreführung, Streit, falsche Lebensweisen, falsche Philosophien und Ideologien sowie die Abwendung von den schöpferisch-natürlichen Gesetzen und Geboten. Und leider war es damals auch so, daß diese Mißstände und Übel von vielen Menschen auf der Erde gerne angenommen und befolgt wurden, woraus sich sehr bald Auswüchse ergaben, die Irrglauben und Abartigkeiten aller Art erst recht förderten.

Die Plejadier, die sich als direkte Nachkommen dieser Ur-Vorfahren sehen, von denen ja auch die heutige Erdenmenschheit abstammt, leben seit 52 000 Jahren in völligem Frieden auf ihren Heimatwelten, wobei sie sich jedoch noch sehr stark mit ihren Ur-Vorfahren verbunden und für die damaligen Geschehen auf der Erde und die Fehlleitung der Erdenmenschheit mitverantwortlich fühlen, obwohl die Taten der selbstherrlichen und verantwortungslosen Ur-Vorfahren bereits rund 389 000 Jahre zurückliegen. Aus diesem Mitverantwortungsgefühl heraus haben sie sich freiwillig verpflichtet, den Erdenmenschen durch meine Vermittlung ein Leben in schöpferisch-natürlicher Form aufzuzeigen beziehungsweise wieder aufzuzeigen, da früher nach diesen Richtlinien, Gesetzen und Geboten gelebt wurde. Mit dieser Aufgabe verbunden ist aber auch die Lehre, daß der Mensch, und zwar jeder, dem Nächsten und der gesamten Umwelt gegenüber – dem Planeten sowie der gesamten Fauna und Flora – eine große Verantwortung trägt. Die Verpflichtung der Plejadier besteht aber auch darin, daß sie sich über den Hohen Rat der Geistebene Arahat Athersata verpflichtet haben, der Nokodemion-Henok-Geistform in ihrer Mission behilflich zu sein, um die entfernten Nachkommen auf den Weg der schöpferisch-natürlichen Richtlinien zu bringen, auch die entfernten Nachfahren auf der Erde, damit auch diese endlich wieder in Frieden, Liebe und Harmonie auf unserem schönen, blauen Planeten leben können, einem wahren strahlenden Juwel im SOL-System, das der Mensch immer mehr zu zerstören droht.

Die Botschaft der Plejadier an die Erdenmenschheit beinhaltet also folgendes:

1) Übermittlung einer Reihe von Fakten aus der Geschichte und Vergangenheit des Erdenmenschen und seiner Herkunft, um den Irregeführten zu zeigen, wie alles Übel entstehen konnte und wie sich Menschen zu Göttern über Rassen und Völker erhoben, um diese ideologisch-religiös in ihren Bann zu schlagen. Daraus entstanden auch Götzen- und Heiligenkult sowie vielfältige Religionen.

2) Aufklärung des Erdenmenschen darüber, daß kein Himmel und keine Hölle in der Form existieren, wie Religionen dies behaupten, sondern daß Himmel und Hölle innere, psychisch-bewußtseinsmäßige Zustände des Menschen sind.

3) Aufklärung des Erdenmenschen darüber, daß es im ganzen Universum nur eine einzige Schöpfung gibt und keine Schöpfergötter, und daß diese Schöpfung selbst die kreierende Kraft für alle ihre Schöpfungen/Kreaturen usw. ist, wobei es keine weitere Kraft neben ihr gibt und sie selbst von 83trillionenjähriger Lebensdauer ist, ehe sie zur Urschöpfung evolutioniert.

4) Aufklärung des Erdenmenschen in bezug auf die Geisteslehre, die viele schöpferisch-natürliche Gesetze und Gebote sowie Richtlinien und viel Wissenswertes für die Evolution des Bewußtseins enthält.

5) Aufkärung des Erdenmenschen darüber, daß er einem 60 bis 80 Milliarden Jahre dauernen Reinkarnationszyklus unterliegt, so daß er immer

wieder geboren wird, um sich weiter zu entwickeln und dereinst in die Schöpfung einzugehen und mit dieser eins zu werden.

6) Aufklärung des Erdenmenschen darüber, daß jede menschliche Lebensform von einem winzigen Stück Schöpfungsgeist belebt ist, das evolutioniert und zusammen mit dem materiellen Bewußtsein die treibende Kraft des Lebens ist.

7) Aufklärung des Erdenmenschen hinsichtlich einer planetengerechten Bevölkerung (keine Überbevölkerung sowie viele weitere Fakten, die im Zusammenhang stehen mit dem menschlichen Leben und dem der Fauna und Flora sowie mit der Umwelt und der Einstellung und Moral des Menschen, worin auch das menschliche Leben und der Mensch an sich einbezogen sind sowie seine wirkliche innere und äußere Freiheit, die Liebe und Harmonie, die Nächstenliebe, das Wissen und die Weisheit, die Wahrheit und alle Formen der Verantwortung).

Jeder einzelne Mensch, jede Familie, jede Rasse, jedes Volk und jede Nation erlebt ein selbsterwirktes Schicksal. Deshalb muß sich die gesamte irdische Menschheit selbst und ohne jede fremde Hilfe in ureigenster Bemühung und Verantwortung mit Verstand und Vernunft entwickeln und wieder auf den richtigen Weg der schöpferisch-natürlichen Gesetze und Gebote gelangen. Dabei können die Außerirdischen keine direkte Hilfe leisten; die unschätzbaren Impulse und Anregungen erfolgen ja nur in indirekter Form, von denen die Empfänger keinerlei Ahnung haben, so daß sie die gefundenen Resultate ihrer eigenen Findigkeit zuschreiben. Wären die Außerirdischen nicht durch ihre Direktiven gebunden und würden offene Hilfe leisten, dann würde der Erdenmensch erstens daraus nichts lernen, weil ihm der Lernvorgang vorenthalten würde, so daß er über kurz oder lang wieder rückfällig würde; zweitens würden die Extraterrestrier wieder als Götter verehrt oder dergleichen, wodurch neue Religionen und Sekten entstehen würden, was wahrlich nicht im Sinne der Evolution liegt.

Weil die Erdenmenschen seit alters her Außerirdische immer als Götter betrachtet und angebetet haben, was meistens auch die Schuld der

Außerirdischen selbst war, die sich zu Göttern erhoben, fühlen sich die Plejadier verpflichtet, den Menschen auf der Erde in dieser Hinsicht einmal gründlich reinen Wein einzuschenken. Das bedeutet, daß sie auch Klarheit über den Erdenmenschen selbst schaffen, damit dieser sich endlich selbst achtet und sich als das sieht, was er tatsächlich ist, nämlich eine Lebensform, die in jeder Beziehung selbständig und für all ihr Denken, Handeln und Fühlen verantwortlich ist, ohne daß eine Gottheit über ihr steht, die sie wie eine Marionette dirigieren und mit ihr spielen würde und die sie nach Lust und Laune lobt oder bestraft oder sie blutrünstig massakriert. Und die Außerirdischen bemühen sich auch darum, daß die-Erdenmenschen sie als das sehen, was sie tatsächlich sind, nämlich Menschen der gleichen Schöpfung, die den gleichen schöpferisch-natürlichen Gesetzen und Geboten unterstehen, und ebenfalls Leid und Trauer, Freude und Harmonie kennen, auch wenn sie dem Erdenmenschen in ihrer technischen Entwicklung und bewußtseinsmäßig weit voraus sind.

Die Plejadier verdammen die Menschen auf der Erde in keiner Art und Weise, und sie stellen sich auch nicht überheblich über uns Erdlinge, ganz im Gegenteil; sie sind durch ihre Informationen äußerst hilfreich und ganz deutlich erdmenschenfreundlich. Sie räumen sogar ein, daß ein gewisses Barbarentum beim Menschen völlig natürlich und notwendig ist, solange es nicht ausartet und immer gemäß der Evolutionsstufe in Erscheinung tritt, langsam aber immer mehr verflacht, je höher ein Mensch sich entwickelt. Dazu sagt ein Ausschnitt aus dem 9. Kontaktbericht vom Freitag, den 21. März 1975 folgendes:

Semjase: »Leider muß ich heute eine etwas einseitige Unterhaltung führen, da ich wichtige Dinge klarzustellen habe: Schon seit Jahrzehnten werden wir von verschiedenen Erdenmenschen und von ganzen Gruppen in Sphären gepreßt, in die wir nicht hineinpassen; Sphären, in denen wir aber auch nicht beheimatet sein wollen. Oft nur um der reinen Renommiersucht und um des Profites willen, werden wir höher gestellt, als wir dies in Wirklichkeit sind. Wir alle sind auch nur Menschen, wie alle menschlichen Wesen. Euren Begriffen nach besitzen wir eine Supertechnik und großen geistigen (bewußtseinsmäßigen) Fortschritt. Wir sind jedoch weder die Hüter der Erdenmenschen noch irgendwelche gottgesandten Engel oder dergleichen.

Verschiedene eigensüchtige Personen und durch sie irregeleitete Gruppen behaupten, daß wir Bewacher der Erde und ihrer Menschen wären und daß wir ihre Geschicke lenken würden. Das entspricht nicht der Wahrheit, denn wir führen nur eine freiwillige Aufgabe durch, die in keiner Weise mit einer Überwachung und einer Lenkung der Geschicke der Erdenmenschen etwas zu tun hat. Es ist daher falsch, uns als überirdische Botschafter und Wächter darzustellen. Wären wir Botschafter und Wächter in dem Sinne, wie man von uns behauptet, dann würden wir in aller Öffentlichkeit landen und die Geschicke der Erdenmenschen deutlich erkennbar lenken.

Wir sind nicht das, was man uns andichtet; auch wenn wir geistig (bewußtseinsmäßig) rund 25 Millionen Jahre weiter und technisch den Erdenmenschen um nahezu 3½ Jahrtausende voraus sind. Doch liegt es im Sinne all jener Erdenmenschen, uns etwas Göttlichem zu machen, die selbst in religiösem Glauben gefangen sind. Dadurch degradieren sie sich selbst und all ihre Mitmenschen zu unterentwickelten Menschenwesen. Durch fehlerhafte oder ganz bewußt erfundene Kontaktberichte, die jeder Wahrheit entbehren, entsteht der Eindruck, daß der Erdenmensch nur Fehler begehe und in keiner Weise richtig lebe. Dem ist aber in Wahrheit nicht so, denn der Erdenmensch geht seinen evolutionsmäßig bedingten Weg. Gewiß, er ist barbarisch und dementsprechend auch in seinen Forschungen ungestüm und oft bedenkenlos. Doch das Barbarentum ist vielen Lebensformen eigen, denn es ist naturbedingt und zweckmäßig, wodurch das Leben erst gewährleistet ist. Damit meine ich das natürliche Barbarentum, das von Ausartungen frei ist. Dieses ist auch viel höher-entwickelten Rassen als denen der Erdenmenschen eigen, und es legt sich erst mit höherer geistiger (bewußtseinsmäßiger) Vervollkommnung, wenn die erforderlichen Erkenntnisse dem Geiste (Bewußtsein) zuteil geworden sind. Es stimmt aber in keiner Weise, daß der Erdenmensch nur diffamiert und eine

Ausgeburt des Bösen ist. Er ist Abkömmling wilder Vorfahren und hat den Weg seiner Entwicklung zu gehen. Dieser Weg aber führt unter viel Not, Elend und Mühsal zu Erkenntnis und Wissen. Menschenwesen vermögen deshalb nur dann fruchtbare Forschung zu betreiben, wenn sie religiöse Vorbehalte ausschalten und die Wahrheiten dort suchen, wo sie wirklich verborgen sind. Dies beeinträchtigt nicht die Achtung vor dem Leben oder gar die Achtung vor der Schöpfung selbst, ganz im Gegenteil; die Achtung vor der Schöpfung und dem Leben wird durch die Forschung und ihre Erkenntnis erst recht angefacht. Die große Gefahr liegt darin, daß Wissenschaftler vielfach die Macht ihres Könnens und Wissens zu eigennützigen Zwecken ausnützen und ihre weniger entwickelten Artgenossen versklaven und ausbeuten. Dies soll verhütet werden, ebenso ihre technischen Errungenschaften, wenn sie nur der Zerstörung dienen. Es geht nicht an, daß sie sich dadurch zu Göttern aufschwingen und so dieselben Fehler begehen wie schon unsere (gemeinsamen) Vorfahren. Dies wollen wir durch gewisse Einflüsse zu verhindern versuchen. Wir wollen aber auch gewisse Wege weisen und gewisse Erkenntnisse im Erdenmenschen reifen lassen. Wenn wir uns in gewisse Dinge und Belange einmischen, dann nur deshalb, damit der Erdenmensch nicht dieselben Fehler begeht, wie sie unseren Vorfahren zu ihrem Schaden unterliefen.«

Gedanken

Wenn ich nachts im Freien, im lauen Winde steh
und ich sehnsüchtig hinauf zu den Gestirnen seh,
erfüllet von den Gedanken des Glückes und der Liebe,
voll Gedanken der Ruhe und Gedanken nach Friede,
dann erkenne ich plötzlich, daß die Wünsche nur
in mir erzeugen diese Gedanken in Moll und Dur.
Dann erkenne ich, daß mein Wunsch danach strebt,
und daß all das Denken nach diesem Wunsche lebt.
Ich erkenne den Zwiespalt Traum und Wirklichkeit,
doch bin ich nicht gegen Träume und Wünsche gefeit,
weshalb sie so stetig in mir lodern und erscheinen
und in mir bringen sehr viele Wünsche zum Keimen.
Ich möchte den Frieden hier sehen – auf der Erde;
daß endlich große Liebe in allen Menschen werde;
ich möchte sehen, daß alle Menschen sich lieben,
daß sie zusammenleben in Harmonie und in Frieden;
daß sie friedvoll einander helfen, sich beschützen
und nicht einander hassen, sondern nur unterstützen.
Ich möchte sehr, daß alle Kriege beendet werden,
und nicht alles weiter zertrümmert wird zu Scherben.
Nicht länger soll Tod des Menschen Ziel mehr sein,
sondern Freundschaft und ein Leben in Sonnenschein.
Doch meine Gedanken, ich weiß, sie sind sehr weit,
und irgendwo verlieren sie sich in ferner Ewigkeit;
unerhört verhallen sie – unerhört vom Menschenohr,
und ich fühl mich ertappt als ein Narr, als ein Tor.

Ich weiß ja, meine Gedanken, sie sind nur Träume;
wie Wasser, die gischtend vergehen im Wellengeschäume.
Ach, ich bin nur ein Träumer, ein Narr ohne Ziel,
weil ich weiß, daß meine Wünsche nicht erfüllbar sind,
weil der Erdenmensch für Liebe und Frieden ist blind.
Oh ich Narr, nun schmerzt in mir noch Höllenglut,
und gesunken ist alle Hoffnung und so auch mein Mut.
Mein Sehnsuchtsblick nach den Sternen erlischt jetzt,
weil die Angst mir nun durch Herz und Gedanken hetzt.
Das friedliche und warme Licht der Sterne verblaßt,
und mein Sinn die Kälte des weiten Universums erfaßt.
Schaudernd und traurig geh ich zurück mit leisem Grau'n,
während in mir sehnsüchtig Gedanken nach Frieden raun';
nach Liebe und Versteh'n des Menschen in Ehrlichkeit,
doch das werde ich nicht mehr erleben in Wirklichkeit.

Anhang

Michael Hesemann über Billy Meiers Kontakte zu den Plejadiern

Auszug aus dem Buch von Michael Hesemann »Geheimsache U.F.O.« (Seite 413 bis 428) in dem Billy Meiers Glaubwürdigkeit und sein Beweismaterial genauestens überprüft wird.

Über 1200 exzellente Farbfotos fünf verschiedener Modelle plejadischer »Strahlschiffe« nahm Meier in den Jahren 1975–76 auf, außerdem acht 8 -mm-Filme, die natürlich bald auf die Aufmerksamkeit engagierter UFO-Forscher stießen. Die erste, die Meiers erstaunliches Beweismaterial sichtete, war die Münchner Ufologin Ilse von Jacobi, es folgte Lou Zinsstag aus Basel, die Großnichte von C. G. Jung. Obwohl sie nur eine knappe Autostunde von Meiers Heimatort Hinwil entfernt wohnte, erfuhr Frau Zinsstag ausgerechnet durch einen Freund aus London das erste Mal von Meier. Dieser Freund war Timothy Good, ein junger Violinist des London Symphony Orchestra und ebenfalls begeisterter UFO-Forscher. Good hatte von einer Konzerttournee durch Indien im Herbst 1964 einen Artikel des »Statesman« aus New Delhi mitgebracht, dessen Überschrift bezeichnend war: *»Fliegende Untertassen-Mann verläßt Delhi«*. Er handelte von einem Schweizer namens Edward Albert, der fünf Monate lang wie ein Hindu-Mönch in einer der Höhlen von Mehrauli gelebt hatte und nun ausgewiesen wurde, angeblich, weil ihm das Geld ausgegangen war. *»Ich habe nicht nur Objekte aus dem Weltraum gesehen, ich habe sie fotografiert und bin in ihnen mitgeflogen«*, erklärte er dem Reporter des »Statesman«, S. Venkatesh, *»Ich habe eine Aufgabe zu erfüllen«*. Nach einigen Recherchen erfuhr Good den Nachnamen des Schweizers (Meiers voller Name ist tatsächlich Eduard Albert Meier) und nähere Angaben über seinen Wohnort. Menschen, die dem Schweizer begegnet waren, erzählten Good von dessen angeblichen Kontakten mit *»einem Mädchen aus dem Weltraum«*. Alle, mit denen er sprach, schilderten »Edward Albert« als *»aufrichtig und voller Begeisterung«*, und so beschloß Good, dem Fall bei seinem nächsten Besuch in der Schweiz auf den Grund zu gehen. Als sein Orchester 1965 in Zürich gastierte, versuchte er dann auch, den Schweizer zu kontakten und traf sich sogar mit dessen Schwester. Doch Meier hielt sich zu dieser Zeit noch in Griechenland auf, kehrte erst Ende 1966 in die Schweiz zurück, und so konnte Good nur telefonisch mit ihm sprechen. Auch Lou Zinsstag gab schnell auf, nahm die Spur erst wieder auf, als 1975 die ersten Zeitungsberichte über Meier erschienen, woraufhin sie ihn mehrmals besuchte. Ihre Eindrücke schilderte sie Good: *»Eduard ist ein junger Invalide, 38, (...) intelligent und von großer Geschicklichkeit mit seiner rechten Hand. Seine Frau ist Griechin und spirituell eher unbedarft, wie ich herausfand, aber sie haben drei kleine Kinder. Sie leben in einem sehr heruntergekommenen Haushalt in einem sehr alten Bauernhaus mit wenigen, einfachen Möbeln (...) Er ist seit seinem fünften Lebensjahr mit ETs in Kontakt. Zusammen mit seinem Vater sah er ein UFO und traf 1942 einen Außerirdischen. Seitdem geschieht es mit einiger Regelmäßigkeit, daß er alle 11 Jahre neue Besucher trifft.«* Nach einem weiteren Treffen im August 1976 ergänzte sie: *»Ich habe Eduard Meier wieder besucht, der erstaunlichste Mann, den ich je gesehen habe. Er zeigte mir weitere Fotos, von einer Beschaffenheit, die schwer zu beschreiben ist. Wenn er anfängt zu reden, könnte man fast glauben, man höre einem Spinner zu, denn alles, was er sagt, ist so phantastisch. Doch dann waren da seine Fotos, sogar Bilder, die er im Weltraum aufgenommen hat, und die niemand je zuvor gesehen hat, nicht einmal die NASA, da bin ich sicher.(...) Seine Lebensgeschichte ist so phantastisch, daß es mir schwerfällt, sie zu glauben. Aber ein Blick auf seine Fotos bestätigt sie mir jedes Mal aufs Neue. Mehr als je zuvor glaube ich, er ist ein guter Mann, obwohl Esther* (eine Journalistin und Freundin Lous) *Angst vor ihm hat und glaubt, er könnte unter einem Fluch stehen oder selbst ein Hexer sein. Ich glaube das nicht, aber etwas ist ungewöhnlich an dem Mann«.* Einige Wochen später war sie sicher: *»Wenn Meier sich als Schwindler herausstellen sollte, sollte ich meine ganze Fotosammlung auf das Fährschiff bringen und in den guten alten Vater Rhein von Basel werfen.«* Und da weder Lou Zinsstag noch Timothy Good selber die Möglichkeit hatten, die Echtheit der Fotos auch wissenschaftlich beweisen zu lassen, schalteten sie amerikanische Experten ein.

Im Oktober 1977, Meier hatte gerade seinen 89. Kontakt mit den Plejadenbewohnern, traf Lt. Col. Wendelle C. Stevens in Zürich ein. Stevens war seit 1948, als er ein UFO-Aufspürprojekt der US-Luftwaffe in Alaska leitete, von der Realität der UFOs überzeugt.

»*Mich faszinierten die Berichte meiner Piloten, und ich wollte mehr über dieses Phänomen erfahren*«, erklärte Stevens mir einmal. »*Doch dann machte ich die Erfahrung, daß meine Vorgesetzten, an die ich das ganze Material schickte, offiziell seine Existenz abstritten. Sie verwarnten mich sogar, als ich anderen von den Begegnungen meiner Piloten erzählte. Das erweckte meine Neugier. Warum gab man sich soviel Mühe, das alles zu vertuschen? Was steckte dahinter? Weshalb schien man so besorgt?*« Als er dann 1954 auf eine Luftwaffenbasis in Kalifornien versetzt wurde, kam er mit den ersten Kontaktlern in Berührung. Bald davon überzeugt, daß ihre Geschichten vielleicht den Schlüssel zur Lösung des UFO-Rätsels in sich trugen, ging er jeder einzelnen mit geradezu militärischer Sorgfalt auf den Grund. Als US-Luftwaffenattaché an den amerikanischen Botschaften in Ecuador und Bolivien setzte er seine Studien fort, und als er 1963 in den Ruhestand trat, begann er, alles zu sammeln, was er an UFO-Berichten, Fotos und Dokumenten von Korrespondenzpartnern aus aller Welt zugesandt bekam. Als ihn Lou Zinsstag im September 1976 in seinem Haus in Tucson, Arizona, besuchte, umfaßte sein Archiv über 700 Fachbücher und über 3000 UFO-Fotos aus allen fünf Kontinenten: Das größte UFO-Foto-Archiv der Welt. Doch als die Schweizerin einen Briefumschlag mit Meier-Fotos aus ihrem Koffer holte und sie, eines nach dem anderen, auf Stevens Wohnzimmertisch legte, verschlug es ihm fast den Atem: »*Ich habe nichts in meinem Archiv, das qualitativ auch nur annähernd an diese Bilder herankommt*«. Dann betrachtete er die Fotos gründlicher. »*Wenn ein Objekt scharf, der Hintergrund aber unscharf ist, dann weiß man gleich, es ist ein kleines Objekt, nah vor der Linse*«, erklärte Stevens. »*Bei echten UFO-Fotos erkennt man dagegen eine feine Körnung, einen leichten Dunst vor dem Objekt, die Luftpartikelchen und die Feuchtigkeit zwischen ihm und der Linse. Außerdem besteht eine Beziehung zwischen der Färbung des Objektes und der Entfernung, aus der Licht ein Objekt in der Kameralinse spiegelt. Je näher ein Objekt ist, um so rötlicher erscheint es, je ferner es ist, je mehr tendiert es zum bläulichen. Dann achte ich auf die Verteilung von Lichtreflektionen. Kleine Modelle mit einer stärkeren Kurvung der Außenseite reflektieren Licht anders als große Objekte.«* Die Meier-Fotos waren leicht zu analysieren. Sie entstanden alle bei hellem Tageslicht, zeigten deutlich die silbernen Scheiben am Himmel und hatten genügend Landschaft, Bäume und Berge im Hintergrund, zudem Zweige, Wiesen oder - in einem Fall – Meiers Filmkamera im Vordergrund, um als Referenzpunkte die Position des Objektes zu verraten. Auf einem Foto spiegelte sich ein entfernter Feldweg auf der spiegelglatten Unterseite des Objektes, ein exzellenter Schlüssel, um die Entfernung des UFOs zu bestimmen. Eine Fotoserie zeigte sogar ein »Strahlschiff« in verschiedenen Phasen, während es eine massive Schweizer Wettertanne umkreiste. *»Verdammt, die Bilder sind nicht nur phantastisch, ich finde nicht einen Hinweis auf einen Schwindel«,* staunte Stevens. *»Das sind die besten UFO-Fotos, die ich je gesehen habe.«* Wären sie Fälschungen, wäre dazu ein Millionenaufwand notwendig gewesen. *»Aber Meier ist arm wie eine Kirchenmaus. Er lebt von 700 Franken Rente im Monat. Und er hat kein Interesse daran, seine Erlebnisse zu vermarkten. Mir verkaufte er die Fotos für zwei Franken pro Stück, fast zum Selbstkostenpreis«,* versicherte Lou Zinsstag. Stevens Begeisterung steigerte sich noch mehr, als er erfuhr, daß Meier über tausend Bilder dieser exzellenten Qualität gemacht hatte, wobei *»sein letztes Geld für Filme und Entwicklung draufging«.* Er hatte es sich immer zum Prinzip gemacht, interessante Fälle vor Ort zu recherchieren, Zeugen in die Augen zu sehen und ihren Hintergrund zu studieren. So stand für Stevens fest: Er mußte in die Schweiz. Es dauerte noch ein Jahr, dann begegnete Lt. Col. Stevens dem Mann, der die erstaunlichsten UFO-Fotos der Welt aufgenommen hatte. Er verbrachte Stunden damit, auf ausgedehnten Spaziergängen durch die Wälder Meiers ganze Geschichte zu erfahren: Seine Kontakte in der Kindheit mit dem Plejadier Sfath, seine Begegnungen in Indien mit der schönen Asket aus dem Dal-Universum, die bis 1964 andauerten, das Versprechen der Außerirdischen, 11 Jahre später zurückzukehren, seine Erlebnisse mit Semjase, seine Raumflüge im UFO und seine Philosophie, die er »Geisteslehre« nannte. Und Stevens hörte aufmerksam zu, versuchte vergeblich, Widersprüche in seinen Aussagen zu entdecken und begann, sich ein Bild von dem geheimnisvollen Schweizer zu machen. *»Er ist ein Mann mit vielen Gesichtern«,* schlußfolgerte Stevens schließlich.

Als nächstes führte Meier den Amerikaner zu den Plätzen, an denen seine Fotoserien entstanden sind. Eine davon zeigte das UFO zuerst als einen undeutlichen Punkt am Himmel, auf der nächsten ist zumindest seine Form zu erkennen, auf den folgenden enthüllt es, je näher es kommt, immer neue Details, bis es schließlich vor der schon tief am Himmel stehenden Sonne hinter einem massiven Baum schwebt. Diese Bilder, am 29.3.1976 in Hasenbol-Langenberg aufgenommen, faszinierten Stevens besonders. Da sich das Licht der untergehenden Sonne, das die ganze Landschaft in ein Gold-Orange taucht, an der Kuppel des UFOs bricht, ist eine Doppelbelichtung ausgeschlossen. Auch ein kleines Modell kann es nicht gewesen sein, da ein solches in ähnlicher Position stärkere Lichtkontraste aufweisen, tief schwarz erscheinen würde, statt sanft von dem Sonnenlicht umhüllt zu werden. Zudem ergab eine gründliche Analyse, daß die Zweige des noch winterkahlen Baumes – der, da näher, sehr viel schattenhafter wirkt als das UFO – vor dem Strahlschiff stehen. Als Stevens und Meier zu der Stelle fuhren, stießen sie auf eine Hürde. Das Gelände befand sich mitten auf dem Land eines Bauern und war versperrt durch einen Stacheldrahtzaun und ein Holzgatter. Die beiden fuhren also zum Hof des Besitzers, baten um Erlaubnis, das Gelände betreten zu dürfen. *»Haben Sie Herrn Meier schon einmal gesehen?«*, fragte ihn Stevens. *»Ja, er kam vor über einem Jahr mit seinem Moped.« »Erinnern Sie sich noch, was er auf dem Moped geladen hatte?« »Er hatte Kameras, eine Fototasche und ein Stativ dabei.« »Sahen Sie noch etwas Scheibenförmiges, wie eine Radkappe?« »Nein, ganz bestimmt nicht. Das wäre mir aufgefallen«*, erwiderte der Bauer. An der Lokation entdeckte Stevens gleich den Baum. Er war 30 Meter groß und stand auf dem Rücken einer Erhebung, hinter der es bergab in eine Talmulde ging. Ein cleverer Schwindel? Immer mehr verdichtete sich für Colonel Stevens die Gewißheit, daß dem nicht so war.

Dann traf er Meiers Zeugen. Sie alle waren knochentrockene Skeptiker, die vom Saulus zum Paulus bekehrt wurden, die skeptisch nach Hinwil gekommen waren und, von allen Zweifeln geheilt, den Schweizer verließen. Einer davon war der österreichische Schuldirektor Guido Moosbrugger. *»Ich hatte in der Zeitung von Meier gelesen, hatte ihn angeschrieben und war auf seine schriftliche Einladung hin am 15. Mai 1976 nach Hinwil gereist«*, erzählte Moosbrugger. *»Am Abend des 16. Mai wollte ich – nach wie vor ungläubig – wieder abreisen, doch Billy (Meier) machte mir den Vorschlag, noch eine Nacht zu bleiben, da er das Gefühl hatte, daß sich in dieser Nacht etwas Besonderes ereignen würde.«* Gegen 22.00 Uhr stand fest, wann dies der Fall sein würde. *»Zwischen halb eins und eins«*, rief er Moosbrugger kurz zu. *»Ja, was denn?«*, fragte der Österreicher. Statt zu antworten, machte Meier eine wellenförmig wedelnde Handbewegung, als wollte er den Flug eines Raumschiffes andeuten. Eine Stunde zuvor, gegen 23.30 Uhr, verließen die Männer, außerdem Herr Schutzbach, ein Freund Meiers, und seine Frau Kalliope das Haus. Während Billy mit seinem Moped voranfuhr, folgten die drei ihm in Moosbruggers Wagen, bis er sie – nach einer fast einstündigen Irrfahrt – anwies, am Rande eines Feldweges zu halten. Nach einiger Zeit setzte Meier seine Fahrt in Richtung eines nahegelegenen Waldstückes fort. Nur wenige Minuten später verschlug es Moosbrugger den Atem. *»Wie aus dem Nichts erschien eine feuerrote, scheinwerfergroße Scheibe über einer Waldschneise«*, erinnerte sich Moosbrugger, *»sie schwebte zunächst ruhig in der Luft, schaukelte wie ein Pendel hin und her und verschwand dann wieder... bald darauf tauchte an derselben Stelle ein schneeweißes, kugelförmiges Gebilde auf, das sich kreisförmig in horizontaler Richtung bewegte.«* Dann erschienen zwei weitere Kugeln unterhalb der ersten, schließlich eine vierte, die wie ein Tropfen zur Erde fiel. *»Nach einer weiteren Pause erstrahlte eine grelle, silberne Scheibe, die scheinbar auf uns zuflog und dabei immer größer und größer wurde«*, bevor sie sich wieder entfernte. Kurz darauf hörten sie ein leises Brummen und sahen am Ende des Feldweges den Scheinwerfer von Billys Moped, der gerade seinen Kontakt beendet hatte. Moosbrugger war so begeistert, daß er fortan fast jedes Wochenende nach Hinwil fuhr. Tatsächlich wiederholte sich der Vorfall am 12. Juni 1976, als es Moosbrugger sogar gelang, erst eine *»feuerrote Scheibe«*, dann einen Silberdiskus zu fotografieren, der *»so etwas wie einen glitzernden Sprühregen nach unten fallen ließ«*. Am 20. Februar 1977 fuhren Meier und drei andere Besucher, Engelbert Wächter, Jacobus Bertschinger und Bernadette Brand, in zwei Wagen bei strömendem Regen vielleicht 80 Kilometer weit auf aufgeweichten Landstraßen durch das Zürcher Oberland. Dann wies Billy sie an, an einem Waldrand zu halten, stieg aus und tappte ohne Taschenlampe in den stockdunklen Forst. Nachdem es ihnen mit viel Mühe gelungen war, die Wagen im Schlamm zu wenden, stellten sich die drei unter schützende Tannen und warteten, um von Minute zu Minute immer durchnäßter zu werden. Plötzlich hörten sie, wie ein Kauz rief, die Tiere des Waldes immer unruhiger wurden. Dann ertönte ein Sirren. *»Vielleicht ist es das Strahlschiff, vielleicht fliegen sie gerade über uns hinweg«,* meinte Herr Bertschinger aufgeregt und schaute zum Nachthimmel empor. Kaum hatte er seinen Blick wieder gesenkt, stand breit grinsend Billy Meier vor ihm. Dann sahen ihn auch die anderen, waren erstaunt. Sein Ledermantel und seine Haare waren absolut trocken und wurden jetzt langsam durch den Regen feucht. Auch seine Schuhe waren nicht schmutzig wie die eines Mannes, der gerade hunderte Meter weit durch den Schlammboden eines Waldes gelaufen war. *»Mit Hilfe eines Tele-Transmitters haben sie mich direkt zu Euch ›gebeamt‹«,* meinte Meier in Anspielung auf die Fernsehserie »Raumschiff Enterprise«. Bei anderen Kontakten entdeckten Meiers Begleiter Landespuren der UFOs, entweder breite, kreisrunde, verbrannte Flächen oder in Dreiecksform angeordnete Zirkel spiralförmig flachgelegten Grases, das, statt zu vertrocknen, in dieser neuen Position weiterwuchs. Und immer wieder erlebten sie Manöver der »Strahlschiffe«, hörten Sirrgeräusche und nahmen sie auf Tonband auf, oder berichteten über Meiers urplötzliches Verschwinden oder Auftauchen.

Als Stevens im März 1978 erneut in die Schweiz reiste, kam er nicht allein. Er brachte drei professionelle Privatdetektive mit, Freunde von ihm und knallharte Skeptiker, die überzeugt waren, *»es am Ende der Woche zu wissen, wenn etwas an der Sache faul ist«.* Doch Meiers entwaffnende Offenheit beeindruckte sie, und seine Zeugen waren alles andere als unkritische Gläubige. Ein Schuldirektor (Moosbrugger) und zwei Lehrer, eine Graphikerin und ein Computer-Programmierer waren darunter, und jede Menge bodenständiger Schweizer Handwerker und Arbeiter. Den letzten Zweifel nahm den Detektiven Brit und Lee Elders und Tom Welch ein Lügendetektortest mit Meier und jedem einzelnen seiner Augenzeugen. Jeder bestand den Test, schien also die Wahrheit zu sagen. Beeindruckt und mit 300 Fotos im Koffer reisten Stevens und sein Untersucherteam einige Wochen später nach Amerika zurück. Jetzt galt es, das vorliegende

Beweismaterial wissenschaftlich untersuchen zu lassen. Dabei wandten sie sich zuerst an die Firma »Design Technology«, ein photo-optisches Labor in San Diego, das unter Vertrag der US-Marine und namhafter privater Firmen stand. Der Leiter des Labors, der Physiker Neil Davis, untersuchte das ihm von Stevens überlassene Foto unter dem Mikroskop, scannte es mit einem Mikrodensitometer und überprüfte die Möglichkeit einer Doppelbelichtung - erkennbar durch eine heterogene Filmkörnung und unterschiedliche Lichtverhältnisse auf dem Objekt und in der Landschaft – oder der Benutzung eines Modells. Seine Schlußfolgerung: *»Bei der Untersuchung des Papierbildes konnte nichts gefunden werden, das mich veranlaßt hätte anzunehmen, daß das Objekt etwas anderes wäre als ein großes Objekt, das in einiger Entfernung von der Kamera fotografiert wurde.«* Doch auch das genügte dem Team noch nicht. In Phoenix, Arizona, kamen sie mit Jim Dilettoso in Kontakt, einem jungen Experten für Computeranimation, dessen Untersuchung des Turiner Grabtuchs – das den Abdruck des gekreuzigten Christus tragen soll – bereits Schlagzeilen gemacht hatte, und der jetzt Aufträge der US-Raumfahrtbehörde NASA bearbeitete. Dilettoso legte im Beisein von Stevens dem NASA-Mitarbeiter Dr. Robert Nathan vom Jet Propulsion Laboratory (JPL) der US-Raumfahrtbehörde in Pasadena vier Meier-Bilder vor. Nathan hatte das Computerprogramm entwickelt, mit dem NASA die Aufnahmen der US-Raumsonden auswertete. Doch statt sich selber der Bilder anzunehmen, führte Nathan die beiden Forscher zu Bob Post, Leiter des JPL-Fotolabors, in dem jede Aufnahme eines Planeten, die NASA je freigegeben hat, entwickelt wurde. Zwei Stunden lang ließ Post sie durch jedes Auswertungsprogramm laufen, das er im Computer hatte, dann kam er zurück und erklärte Stevens und Dilettoso: *»Was immer diese Bilder sind, sie sind verdammt gut... Von einem fotografischen Standpunkt her: Nichts deutet auf eine Fälschung hin. Das verblüffte mich. Sie sehen wie echte Fotos aus. Ich denke, Gott, wenn die echt sind, dann ist das schon allerhand!«* Auch der Astronomieprofessor Dr. Michael Malin, der sich auf Bildauswertungsverfahren spezialisiert hat und für JPL die Kamera der – leider verschollenen – Marssonde »Mars Observer« entwickelte, war überrascht, keinen Hinweis auf einen Schwindel zu finden, als er sie in Dilettosos Labor durch dessen $ 50.000 teures Computerequipment laufen ließ. *»Ich zoomte Randzonen des Objektes und der Landschaft an und verglich sie«*, erklärte er später dem Schriftsteller Gary Kinder. *»Die Ränder wiesen alle Merkmale auf, die man von einem weitentfernten, großen Objekt erwarten konnte. Soweit ich es sehen konnte, kann ich sagen, das Ding war kein fotografischer Schwindel«,* meinte Malin, *»natürlich kann es nach wie vor ein 7-Meter-Modell sein, das von einem Helikopter an vier dünnen Nylonfäden hochgehalten wird. Was aber hätte jemanden zu diesem Aufwand motivieren können? (...) Ich halte die Aufnahmen für glaubwürdig. Die Geschichte von einem Farmer in der Schweiz, der mit einem Dutzend Außerirdischer per Du ist, die ihn regelmäßig besuchen... das kann ich nicht glauben. Aber die Fotos sind glaubwürdiger. Sie sind ein vernünftiger Beweis für Etwas. Was dieses Etwas ist, weiß ich nicht.«* Kurz darauf veröffentlichte eine UFO-Gruppe aus Phoenix die Ergebnisse ihrer »Computeranalyse« der Meier-Fotos und behauptete, Beweise für Doppelbelichtungen und die Aufhängefäden von Modellen gefunden zu haben. Sofort besorgten sich Stevens und Dilettoso Details über die verwendeten Computerprogramme und Vorgangsweisen und wiederholten die Prozedur, ohne auf diese »entlarvenden« Resultate zu stoßen. Dann fanden sie heraus, daß die UFO-Skeptiker keine Originalabzüge zur Verfügung gehabt hatten, sondern Kopien der fünften Generation. Vergleicht man die Position der Aufhängefäden zu den Objekten auf den Computerbildern mit der auf den Originalfotos, so fällt sofort eine nicht unbedeutende Diskrepanz auf: Wären die »Enthüllungen« zutreffend, so würden die UFO-Modelle an nahezu diagonalen Bindfäden hängen. Und auch dieser alle Gesetze der Schwerkraft ad absurdum führende Umstand hätte noch nicht erklärt, weshalb diese »Fäden« nicht auch auf Fotos der ersten Generation erschienen. Doch Stevens und Dilettoso waren gewarnt worden: Jemand versuchte mit allen Mitteln, ihren Paradefall zu diskreditieren. Um dem etwas entgegenzusetzen, galt es, alle verfügbaren Beweisstücke so gründlich wie möglich von namhaften Experten untersuchen zu lassen. Eine solide wissenschaftliche Studie war immer noch das beste Argument.

Als nächstes nahmen sie sich die Tonbandaufnahmen der Sirrgeräusche des Strahlschiffes vor, die Meier und einer seiner Zeugen, Herr Schutzbach, aufgenommen hatten. Auch dazu zogen sie einen namhaften Experten zu Rate, den Toningenieur Robin Shellman, der die Tonanalyse an einem Spektrumanalysator der Firma Spectro Dynamics durchführte, einem Gerät, das

Tonfrequenzen zwischen 10 Hertz und 20 Kilohertz erfaßt. Durch Demodulation entdeckte er, daß die Sirrgeräusche von drei verschiedenen Rotationen herrührten, von 242-249 Umdrehungen pro Minute (rpm) über 9098 rpm bis zu einer Hochgeschwindigkeitsrotation, die von 29.500 rpm bis zu unglaublichen 59.400 rpm reichte und deren Frequenz im Spektrum zwischen 520 und 990 Hertz lag. Erstaunt über diese Ergebnisse, nahm er die Bänder mit in das Untersee-Tonzentrum der US-Marine nach Groton, wo er zusammen mit den beiden Toningenieuren Steven Williams und Howard Ilson die Aufnahmen durch eine Geräusch-Datenbank schickte, in der so ungefähr jedes bekannte Geräusch auf der Erde gespeichert war. Auf diese Weise gelang es dem Trio, das Brummen einer ganzen Reihe konventioneller Flugzeuge im Hintergrund zu identifizieren, darunter eine Kleinmaschine und ein Mirage-Jet der Schweizer Luftwaffe, außerdem das Bellen eines kleinen Hundes, eine europäische Polizeisirene und Krähenschreie. Diese Geräusche waren nur insofern signifikant, als sie bestätigten, daß die Aufnahmen – wie Meier behauptete – im Freien entstanden. Für das Rotationsgeräusch gab es kein Gegenstück. Seine Charakteristiken deuteten darauf hin, daß *»die Hauptquelle des Sirrens eine Maschine elektromagnetischer Natur ist, die innerhalb multipler Magnetfelder mit 242 rpm rotiert. Das Sirren im hörbaren Spektrum besteht aus einer Gruppe starker Harmonien, die in direkter Beziehung zur Rotation der Maschine stehen. Die Bandbreite der Frequenzen reicht von 300 Hertz bis zu 980 Hz. Dabei blieb die Rotationsgeschwindigkeit stabil... zudem löst die Rotation der Maschine eine Vibration aus, die zur Verstärkung ihrer höheren Harmonien führt.«* Eine Analyse durch Jim Dilettoso ergab, daß das Sirren aus einem Gemisch aus 32 simultan vorhandenen Frequnzen bestand, von denen sich 24 im hörbaren Bereich und acht außerhalb dieses befanden. Um dies zu imitieren, wären acht erstklassige Synthesizer und ein exzellentes Mischpult notwendig, ein Equipment, das, alles in allem, damals weit über $ 100.000 gekostet hätte – und auch damit wäre es so gut wie unmöglich gewesen, die Frequenzen so perfekt zusammenzufügen. Auch der von Dilettoso zu Rate gezogene Steve Ambrose, der Toningenieur von Popstar Stevie Wonder und Erfinder des Mikromonitors, war beeindruckt: *»Das ist schwer zu duplizieren... Das ›Klangbild des Raumschiffes‹ ist eine einzigartige Tonaufnahme, die ein ganz erstaunliches Frequenzbild hatte. Wenn das ein*

Schwindel sein soll, dann hätte ich gerne den Kerl getroffen, der dafür verantwortlich ist, denn er könnte eine Menge Geld mit Spezialeffekten verdienen.«

Doch das erstaunlichste Beweisstück für die Echtheit seiner Kontakte waren vier kleine Metallstücke, die Meier Stevens kurz vor seinem Abschied am 5. April 1978 übergeben hatte. *»Sie repräsentieren drei der sieben Metallzustände, aus denen die Strahlschiffe bestehen«*, erklärte der Kontaktler, *»nicht das Metall ist ungewöhnlich, denn im ganzen Universum findet man dieselben Grundelemente. Wenn Sie es analysieren lassen, sagen Sie den Wissenschaftlern, sie sollten auf die Art der Verarbeitung, auf die technischen Eigenschaften achten.«* Eine der Proben befand sich im Stadium der Selbstauflösung und bestand nur noch aus kleinen, grauschwarzen Kügelchen, ein Umstand, den Meier auf die atmosphärischen Bedingungen der Erde zurückführte. Nach seiner Rückkehr in die USA übergab Stevens diese Proben dem Metallurgen Dr. Walter Walker von der University of Arizona. Was die kleinen Kügelchen betraf, so entdeckte er ähnliche Kugeln in einer zweiten Probe, in der sie in eine feste Metallmasse eingebunden waren. Schon ihre bloße Existenz verwunderte Walker: Wie konnten sich diese Kügelchen so uniform in alle Teile des Metalls verbreiten, wie war das Metallstück entstanden? Als er ein kleines Metallstück abtrennte, um es unter dem Mikroskop zu untersuchen, entströmte ein Gas der Probe, und das kleine Plexiglasplättchen, das er auf sie gelegt hatte, zerbrach. Diese Reaktion deutete auf eine Dynamik hin, die für Metall absolut ungewöhnlich ist.

Dann kam Dilettoso mit Dr. Marcel Vogel in Kontakt, einem namhaften Experten, Leiter der Laboratorien des Computergiganten IBM, Inhaber von 32 Patenten, Erfinder der Floppy Disc und der Flüssigkristalle für Computer-Displays und Experte für kristalline Strukturen. Vogel verfügte über ein $ 250.000 teures System von Elektronenmikroskopen, eine der komplettesten Mikroskopanlagen der Welt. Als Dilettoso Vogel am Telefon von seinem Anliegen erzählte, war der Chemiker zwar skeptisch, aber neugierig. An UFOs glaubte er nicht. *»Solange ich nicht etwas in der Hand habe, das ich unter mein Mikroskop legen kann, habe ich keinen Grund dazu«*, hatte Vogel immer gesagt, *»Sichtungsberichte und Fotos sind kein Beweis.«*

Doch dann traf ein Päckchen mit den Metallproben bei ihm ein. Sofort nahm Vogel die Fragmente mit in sein Büro. Eines der Metallstücke war stark oxidiert, und so versuchte der Chemiker, die Oxidationsschicht mit einem Stahlschaber abzukratzen, als etwas Seltsames geschah. *»Ich berührte es nur mit dem Stahlschaber, als rote Streifen erschienen und die Oxidationsschicht verschwand. Ich berührte es nur, da deoxidierte es schon und wurde zu reinem Metall. Ich habe so etwas noch nie gesehen.«* Dabei stellten sich die Proben als nicht allzu ungewöhnliche Silberlegierung heraus. Ein anderes, dreieckiges Stückchen dagegen erwies sich als eine äußerst komplizierte Legierung aus sehr reinem Silber und sehr reinem Aluminium, außerdem Kalium, Kalzium, Chrom, Kupfer, Argon, Brom, Chlor, Eisen, Schwefel und Silikon. Ein mikroskopisch kleines Areal zeigte eine bemerkenswerte Mischung von nahezu sämtlichen Elementen des Periodensystems, jedes davon von höchster Reinheit. *»Jedes rein vorliegende Element war mit jedem anderen verbunden«,* stellte der erstaunte Chemiker fest, *»trotzdem behielt es auf irgendeine Art seine individuelle Struktur.«* In einer kleinen Rille in der Mitte des Musters entdeckte er bei 500-facher Vergrößerung zwei parallele Mikrorillen, die durch Kanäle miteinander verbunden waren; präzise Haarlinien, die auf irgendeine Weise maschinell in das Metall eingebracht worden waren. Doch noch überraschender war es für ihn, daß sich das hauptsächliche Element in dieser schmalen Zone als das extrem seltene Metall Thulium erwies. *»Thulium existiert nur in winzigen Mengen«,* wußte Vogel. *»Es ist irrsinnig teuer, bei weitem teurer als Platin, und schwierig zu bekommen. Man muß eine hochgradige metallurgische Kenntnis besitzen, um auch nur eine Verbindung mit diesem Material herzustellen.«* Dann stellte er sein Elektronenmikroskop auf 1600fache Vergrößerung um und staunte. *»Eine eigene Welt erschien in der Probe. Es gab hier Strukturen innerhalb von Strukturen – sehr, sehr ungewöhnlich.«* Vogel arbeitete sich tiefer und tiefer in das Metall vor, stellte schließlich auf 2500-fache Vergrößerung und fand *»doppelfädige Strukturen... sehr ungewöhnlich für Metall, solche zweifädigen Bereiche zu besitzen. Wenn man einen Bereich dieser Probe nimmt und ihn unter polarisiertes Licht legt, so findet man, daß es wohl Metall ist, doch zur gleichen Zeit... Kristall!«* Es waren sechsseitige kristalline Strukturen, die spiralförmig angeordnet waren. Eine photomikrographische Aufnahme, die

Vogel machte, war ungewöhnlich klar, was auf eine exzellente Leitfähigkeit der Strukturen hindeutete. Die Klarheit dieser Strukturen und die Reinheit der Elemente waren für Vogel ein klarer Beweis dafür, daß dieses Material nicht durch einen bekannten Metallverarbeitungsprozeß entstanden war. Hier mußte eine non-elektrische kalte Fusion der Metalle stattgefunden haben – ein Verfahren, daß auf der Erde noch unbekannt ist. *»Mit keiner uns bekannten Technologie könnten wir das auf unserem Planeten erreichen«,* erklärte Vogel dem Schriftsteller Gary Kinder. *»Darum denke ich, es ist wichtig, daß wir in der wissenschaftlichen Welt uns zusammensetzen und diese Dinge seriös studieren, statt daß wir sie der Vorstellungskraft der Menschen zuschreiben.«*

Doch trotz dieser überwältigenden Beweise war der Fall Meier alles andere als unumstritten, und Meier und die Plejadier taten offenbar das ihrige dazu, daß es so auch blieb. So entnehmen wir der offiziellen Eduard Meier-Biographie »Und sie fliegen doch...« – verfaßt von Guido Moosbrugger, den seine UFO-Erlebnisse im Umfeld des Schweizers zum Meier-Gläubigen werden ließen –, daß Semjase selbst im September 1975 ein 70 cm-Modell mitbrachte und ihren Kontaktler bat, es ausgiebig zu fotografieren. Zwar unterschieden sich die Fotos deutlich von den echten, doch als ein Streifen Negative, die das Modell in Billys Garage zeigten, im Hausmüll der Meiers gefunden wurde, glaubten UFO-Gegner, den Schweizer endlich als Betrüger entlarvt zu haben. Ein anderes Mal flog die Plejadierin mit Meier durch Raum und Zeit, und auf dem Sicht-Bildschirm des Strahlschiffes erschien ein tunnelartiges Gebilde, ein »Dimensionstunnel«, wie sie Meier erklärte. Als er das Foto veröffentlichte, schrieen seine Gegner wieder einmal auf. Es sah aus wie die unscharfe Reproduktion einer Planzeichnung des Inneren einer Weltraumkolonie, die der NASA-Physiker Dr. Gerard O Neill sieben Monate später im »Smithonian Magazine« veröffentlichte. Später erklärte Semjase diesen »Fauxpas« dadurch, daß die Plejadier Wissenschaftler telepathisch inspirieren würden und Dr. O Neill wohl im Traum eine Vision des Dimensionstores empfangen und mißverstanden hätte. Noch ärger traf es Meier, als man ihm auf einer »Zeitreise« den Untergang von San Francisco zeigte; das Foto, das er vom Raumschiff-Bildschirm machte, ähnelte verblüffend einer visionären Zeichnung, die einige Monate zuvor in der Zeitschrift »Geo« erschienen war. War Meier doch ein Betrüger? Warum aber wäre dann der Mann, der die besten und raffiniertesten Fotofälschungen der UFO-Geschichte zustandegebracht haben müßte, so naiv, derart spektakuläre Szenen einfach aus Zeitschriften abzufotografieren, die jedermann am Kiosk kaufen kann? Oder war Meier selbst zum Opfer einer Manipulation geworden? Wollten die Außerirdischen, die ihm einerseits das beste Beweismaterial aushändigten, das es bis dahin in der UFO-Geschichte gab, ihn andererseits relativieren und damit »entschärfen«, indem sie ihn mit absurden Informationen fütterten und auf dem Monitor ihrer Strahlschiffe angebliche Außenaufnahmen produzierten, die ihn früher oder später in Verlegenheit bringen mußten?

Diese Frage ging Prof. James Deardorff von der Oregon State University nicht aus dem Kopf, als er Meiers Kontaktberichte im deutschen Original Seite für Seite studierte. Deardorff ist ein Absolvent der renommierten Stanford-Universität, promovierte in Physik und Meteorologie, diente bei der Marine, lehrte erst an der University of Washington, war dann im Nationalen Zentrum für Atmosphärenforschung tätig und hatte schließlich eine Forschungsprofessur an der Abteilung für Atmosphärenphysik an der Staatsuniversität von Oregon. Außerdem gehört Prof. Deardorff zweien der angesehensten wissenschaftlichen Verbänden der Fachwelt an, der Gesellschaft zur Förderung der Wissenschaften und der britischen Königlich Astronomischen Gesellschaft. Er studierte Untersuchungen namhafter Anthropologen über die Dynamiken der Konfrontation grundverschiedener Kulturen und diskutierte mit Astrophysikern die Möglichkeiten der Vorgehensweise außerirdischer Intelligenzen. Deardorff war überzeugt, daß bereits Kontakte stattgefunden hatten und suchte nach dem Grund, weshalb die Kontaktler so oft widersprüchliche Informationen und selten überzeugende Beweise erhielten. Langsam formulierte er eine These, die er schließlich 1986 unter dem Titel »Mögliche extraterrestrische Strategie für die Erde« im vierteljährlich erscheinenden Journal der Royal Astronomical Society veröffentlichte.

Wenn das Universum tatsächlich voller Leben ist und so häufige Besuche Außerirdischer stattfinden, wie es die zahlreichen UFO-Sichtungen nahelegen, dann stellt sich natürlich die Frage, weshalb noch kein offener

Kontakt stattgefunden hat. Eine der frühesten Hypothesen in dieser Richtung ging davon aus, daß die Erde eine Art Zoo ist, der von den Außerirdischen gewissermaßen als Wildgehege für anthropologische Studien angesehen wird. Schon die Methodik der Anthropologie lehrt uns, so wenig wie möglich in eine Kultur einzugreifen, deren Dynamiken es zu untersuchen gilt, da jede Störung den Forschungsgegenstand kontaminieren würde. Sollte es sich bei den Außerirdischen um friedliche Besucher handeln – und bis heute gibt es noch keinen Beweis für das Gegenteil –, besteht außerdem die Möglichkeit, daß ihre Handlungsweise einer Art *»Codex Galactica«* unterworfen ist, einem universalen Pakt gegen kosmischen Imperialismus, der eine unerwünschte Einmischung in die inneren Angelegenheiten einer anderen Welt untersagt. Alte Zivilisationen, so der Astrophysiker Carl Sagan von der Cornell University und der Princeton-Astrophysiker Walter Newman, müßten in ihrer langen Geschichte begriffen haben, daß Entwicklung nicht aufgezwungen werden kann, sondern am besten schrittweise und als organisches Wachstum vonstatten geht. Ihr Kollege Edward Harrison von der Cambridge-Universität ergänzte, daß es wohl ein *»biogalaktisches Gesetz«*, eine Art Naturgesetz, gäbe, das besagt, daß destruktiv aggressive Lebensformen sich schon selbst zerstören würden, bevor sie ihr Heimatsystem verlassen. Interstellare Raumfahrt erfordere eine zivilisatorische Kraftanstrengung und kulturelle Kontinuität, die nur planetaren Gesellschaften möglich wäre, die eine dauerhafte Friedensordnung zustandegebracht hätten. Wie richtig diese These ist, ersehen wir aus der Tatsache, daß auch eine im kosmischen Maßstab so unbedeutende Unternehmung wie der geplante bemannte Raumflug zu unserem Nachbarplaneten Mars wohl nur als Gemeinschaftsunternehmung der beiden Großmächte USA und GUS möglich sein wird. Um zu verhindern, daß der Virus des Krieges ins All hinausgetragen wird, könnte über noch planetengebundene Zivilisationen eine Art Embargo verhängt worden sein. Dessen Sinn wäre, zu verhindern, daß *»Zivilisationen ermutigt werden, ihren Planeten verfrüht zu verlassen. Sie müssen erst ihre Reife im Umgang mit fremdartigen Wesen unter Beweis stellen, und es gibt keinen besseren Weg, ihre Unreife unter Beweis zu stellen, als die Selbstzerstörung«*. Auf die gegenwärtige Weltlage gemünzt, hieße dies: Solange auf der Erde noch Stammeskriege stattfinden, solange Menschen, unsere

Brüder und Schwestern - wie wir, Kinder der Erde –, aufgrund äußerer Merkmale oder ihrer inneren Überzeugung diskriminiert werden, sind wir noch nicht reif für den Kontakt mit Wesen, die vielleicht so grundverschieden von uns sind, daß wir sie vorschnell als »Monster« bezeichnen würden. Der griechische Astrophysiker Michael Papagiannis kam zu ähnlichen Schlußfolgerungen: »Die Grenzen des Wachstums ... werden die natürliche Auslese dieser Zivilisationen bestimmen. Jene, denen es gelingt, ihre angeborenen Tendenzen hin zu einem ständigen materiellen Wachstum zu überwinden und sie durch höhere Ziele zu ersetzen, werden die einzigen sein, die die Krise überwinden. Als Ergebnis wird die gesamte Galaxie in kosmisch kurzer Zeit von stabilen, hochethischen und spirituellen Zivilisationen bewohnt sein.«

Allerdings, so Deardorff, kann es verschiedene Interessengruppen unter den Außerirdischen geben, die vielleicht den Codex Galactica auf ihre Weise interpretieren. In Anklang auf die von Meier erhaltenen Informationen entwickelte er ein Szenario, daß »eine kleine Fraktion der Völker in der Galaxie von uns sehr wohl als feindselig empfunden werden könnte, aber von verschiedenen wohlwollenden Zivilisationen in Schach gehalten wird, die aus welchem Grund auch immer ein Interesse an der Erde oder ihren Bewohnern haben. Einer dieser Gründe mag der sein, daß der Homo Sapiens ihrer eigenen Lebensform heute oder in einer Phase ihrer Evolution ähnelt oder gleicht. Ein anderer könnte der sein, daß sie oder ihre Vorfahren einst die Erde und andere Planeten unseres Sonnensystems wie auch immer nutzten, bevor die Menschheit weit genug war, unter die Regeln ihres hypothetischen Embargos zu fallen. Oder ihnen wurde in einer frühen Phase ihrer Geschichte, als sie das erste Mal Raumfahrttechnologie entwickelten, geholfen, und jetzt fühlen sie sich verpflichtet, einer anderen Zivilisation zu helfen. Natürlich gibt es noch viele andere Möglichkeiten, und wir können nur spekulieren über die Motivation einer Zivilisation, die uns technologisch so weit überlegen ist wie wir den Menschen vor 500 Jahren oder mehr, die Erde zu überwachen.« Vielleicht wollen sie sogar korrigierend auf uns einwirken, vielleicht, weil sie sich für Irrwege in unserer Entwicklung verantwortlich fühlen, die möglicherweise auf außerirdische Interventionen in der Vergangenheit zurückgehen.

Um einen Kulturschock, eine Panik oder eine plötzliche Wertekrise der Menschheit zu vermeiden, so Prof. Deardorff, wählten die Außerirdischen eine Kommunikationsweise, die dem Umstand Rechnung trägt, daß eine offene Begegnung vielleicht erst in zwei oder drei Generationen möglich sein wird. *»Sie dient dem Zweck, jene Menschen zu erreichen, deren Wertesystem schon heute die Botschaft akzeptieren kann, die sie überbringen wollen.«* Diese Kommunikation müßte auf eine Weise stattfinden, die von den Regierungen und der Wissenschaft ignoriert wird. Dabei gelte es, überprüfbare wissenschaftliche Informationen ebenso zu vermeiden wie handfeste wissenschaftliche Beweise. Nur Indizien sind erlaubt, um Menschen zum Nachdenken zu bringen und ihre Aufmerksamkeit auf die außerirdischen Botschaften zu lenken, die, zumindest zwischen den Zeilen, wichtige Hintergründe und Schlüsselinformationen liefern, schön eingepackt in ein Umfeld spiritueller Lehren, die zumindest zu ethischem und verantwortungsbewußtem Handeln aufrufen. Dadurch wäre das Embargo gewahrt, da weder politische noch wissenschaftliche Entwicklungen beeinflußt würden. Deardorff: *»Die extraterrestrischen Kommunikationen könnten auf eine Weise eingerahmt werden... die für Wissenschaftler nicht akzeptabel oder glaubwürdig ist... Bewußtsein über das, was hier geschieht, könnte graduell entwickelt werden – nicht schneller als die Menschheit im allgemeinen braucht, um bereit zu werden, die außerirdischen Botschaften zu akzeptieren... Das wäre eben keine machtvolle extraterrestrische Intervention, den Regierungen stünde es nach wie vor frei, den nuklearen Holocaust zu entfachen und damit die Frage zu beantworten, ob die Menschheit reif ist oder nicht, in das ›kosmische‹ Zeitalter einzutreten.*

Ein solches Szenario einer außerirdischen Strategie könnte die Kommunikation mit einer oder mehreren Kontaktpersonen in allen Teilen der Erde beinhalten. Der Rezipient würde über einen bestimmten Zeitraum hinweg eine umfassende Botschaft übermittelt bekommen, bis er sie vollständig verstanden hat, es würde ihm auch erlaubt sein, umfassendes Beweismaterial für die Realität dieser Begegnungen zu sammeln, um bis zu einem gewissen Maß den Botschaften öffentliche Beachtung und Akzeptanz zu vermitteln. Doch um die allgemeine Wissenschaft nicht zu alarmieren, wäre es nur ihm erlaubt, die Außerirdischen zu treffen und mit ihnen zu kommunizieren.

Die Botschaften könnten vage Beschreibungen extraterrestrischer Technologie beinhalten, die für uns eher wie Magie oder Science Fiction klingen mögen. Sie könnten ebenso ein paar Absurditäten beinhalten, die absichtlich hinzugefügt wurden (siehe im Fall Meier, aber auch bei den frühen Kontaklern wie Adamski oder Menger, Anm. d.Verf.); dies, um zusammen mit dem Fehlen jeder Anleitung zur Anwendung dieser Technik technologische Auswertungen und daraus resultierende Durchbrüche zu verhindern und der Wissenschaft den Eindruck zu vermitteln, daß es sich bei den Kontaktberichten bloß um Schwindel oder wertlose Science Fiction handelt. Auch die überlassenen physischen Beweise würden sie ablehnen, weil sie die daraus resultierende Schlußfolgerung, daß diese phantastischen Kontakte stattgefunden hätten, nicht akzeptieren könnten. Zur gleichen Zeit würden die Botschaften veröffentlicht, übersetzt und in aller Welt als okkulte Literatur verbreitet werden. Folgen wir den Erwägungen von Papagiannis, könnte man erwarten, daß die Botschaften einige spirituelle, zumindest aber ethische Aspekte beinhalten, was Wissenschaftler noch stärker abschrecken wird. Als ob dies nicht genug wäre, um eine verfrühte wissenschaftliche Akzeptanz zu verhindern, dient die Existenz von ähnlichen Kommunikationen, die sich als Schwindel erwiesen, der weiteren Verwirrung der Lage.« Und, wie vielleicht im Fall Meier, könnten sie auch echten Kontakten bestimmte Elemente hinzufügen, die es schwer machen, ihnen »blind« zu glauben. Und auch damit könnten sie ein Ziel verfolgen...

Deardorff: »Die Frage, wie die Öffentlichkeit, die mit der einschlägigen Literatur in Kontakt kommt, eine wahrscheinlich außerirdische Botschaft von all den Schwindlern und Sektierern unterscheidet, mag eher Teil der extraterrestrischen Lösung als des Problems zu sein. Eine Überwindung dieser Schwierigkeit könnte langfristig zur Akzeptanz außerirdischer Botschaften führen und dabei das Risiko einer öffentlichen Panik oder religiöser Unruhen vermindern, da es den Einsatz der Logik und des gesunden Menschenverstandes bedarf, herauszufinden, welche Botschaft essentiell wahr sein könnte. Das erfordert unabhängiges, kritisches Denken von so vielen Menschen wie möglich. Eine Ablenkung von der Tatsache, daß unsere Technologie der der Außerirdischen weit unterlegen ist, könnte ihre Vorbedingung zur Lüftung des Embargos sein. Eine weitere Vorbedingung *wird wohl die sein, daß wir bis dahin so viel Verständnis entwickelt haben, um zu begreifen, daß wir sie nicht als Götter verehren dürfen, sondern respektvoll als Mitbewohner des Universums, die ihren Lauf durch die Evolution einige Jahrtausende früher begannen. Damit wäre das Embargo schon heute ziemlich löchrig...«*

Über den Autor:

Billy Eduard Albert Meier, 1937 in der Schweiz geboren, hatte im Vorschulalter seine erste Begegnung mit Außerirdischen. Die Plejadier, mit denen er schon seit seiner Kindheit auf der irdischen Ebene im ständigen Kontakt steht, übertrugen ihm die Aufgabe, als Mittler zwischen den Plejadiern und den Menschen aufzutreten. Zu diesem Zweck gründete er 1975 die nicht gewinnorientierte »Freie Interessengemeinschaft für Grenz- und Geisteswissenschaften und UFOlogiestudien«.

Weitere Informationen und Bücher über Billy Meiers Kontakte zu den Plejadiern und deren Philosophie erhalten Sie unter:

Wassermannzeit-Verlag, F.I.G.U.
Semjase-Silver-Star-Center
www.figu.org

Weiterführende Informationen zu
Büchern, Autoren und den Aktivitäten
des Silberschnur Verlages erhalten Sie unter:
www.silberschnur.de

Natürlich können Sie uns auch gerne den
Antwort-Coupon aus dem beiliegenden
Lesezeichenflyer zusenden.

Ihr Interesse wird belohnt!

320 Seiten, gebunden
ISBN 978-3-89845-113-0
€ [D] 21,90

Johannes von Buttlar & Trutz Hardo

Supersurfing – Reisen durch Raum und Zeit

Dies ist das erste zusammenfassende Buch, das dem Leser die Technik vermittelt, wie man sowohl Reisen außerhalb seines Körpers in die Nähe und Ferne als auch Zeitreisen in die verschiedensten vergangenen und zukünftigen Leben erfolgreich durchführt. Reisen durch Raum und Zeit bedeutet Aufbruch ins holistische Zeitalter.
Erweitern Sie Ihre Erlebnisgrenzen. Dieses Buch gibt Ihnen die Praxis in die Hand, wie Sie die Grenzen von Zeit und Raum durchbrechen können, um die aufregendsten Abenteuer gefahrlos erleben zu können.

572 Seiten, broschiert
ISBN 978-3-89845-494-0
€ [D] 19,95

Vadim Zeland

Ausstieg aus dem technogenen System

Vadim Zeland macht klar, dass technischer Fortschritt nicht dem Menschen sondern nur dem System selbst dienlich ist und zeigt Ihnen, wie Sie sich aus dem System ausklinken können. Er bietet Ihnen dadurch die Chance, Ihre individuelle Lebensqualität zu steigern. Entdecken Sie, wie Sie sich von den Abhängigkeiten und Konventionen des Systems loslösen können. Ihr Bewusstsein wird wieder frei, die Kraft Ihrer Intelligenz und Ihrer Kreativität wird steigen und es wird Ihnen nicht mehr schwerfallen, Ihre Ziele zu erreichen.

342 Seiten, mit Farbteil,
gebunden, Schutzumschlag
ISBN 978-3-930243-23-5
€ [D] 20,40

Grazyna Fosar & Franz Bludorf

Vernetzte Intelligenz – Die Natur geht online

Gruppenbewußtsein – Genetik – Gravitation

Gruppenbewusstsein, Genetik, Gravitation – diese drei Themen stellen die Autoren in einem bisher kaum bekannten Zusammenhang dar.
Die Kernthesen dieses spannenden Buches lauten:

- Alle Lebewesen im Kosmos sind über Hyperkommunikation miteinander verbunden und bilden ein Bewusstseinsnetzwerk.
- Als Sender- und Empfängersystem dient dabei die DNA, die in Wahrheit eine Antenne ist.
- Gravitation und Schwerkraftanomalien beeinflussen unser Bewusstsein und das Weltgeschehen.

240 Seiten, Flexocover
ISBN 978-3-930243-65-5
€ [D] 14,95

Edi Mann

Der Grenzwächter

Durchbrechen der torlosen Schranke

Der Grenzwächter – ein nondualistischer Roman?
Ein philosophischer Science Fiction?
Eine (selbst)mörderische, erleuchtende Biographie?
Oder der verrückteste Satsang, in den du je geraten bist?

Auf jeden Fall ein Werk, das mit spirituellen Suchern kurzen Prozeß macht!

240 Seiten, gebunden
ISBN 978-3-89845-517-6
€ [D] 19,95

Wilhelm Mohorn

Raumenergie – Das decodierte Rätsel

Neue Energiequellen zum Nulltarif

Unsere Energiequellen versiegen nach und nach und neue Energien werden sind teuer und nicht immer ausreichend vorhanden. Wir brauchen dringend eine Alternative für eine neue, preiswerte, saubere Energie. Wilhelm Mohorn erläutert eine der faszinierendsten Entdeckungen auf dem Energiesektor. Die Raumenergie ist unerschöpflich, umweltfreundlich, ungefährlich und kann kostenfrei genutzt werden.
Er erklärt die konkrete Anwendung der Raumenergie und zeigt, dass jeder bereits heute von dieser Energie-Revolution profitieren und sich diese neue Energiequelle zum Nulltarif zunutze machen kann.

336 Seiten, gebunden
ISBN 978-3-930243-72-3
€ [D] 19,95

Heide Adam & Hermann Schnabl

Die Wunschmaschine

Wie Geist Materie beeinflußt

Ist es möglich, Materie mit Mitteln des Geistes zu beeinflussen, und kann dies wissenschaftlich bestätigt werden? Die beiden Autoren erforschen die Bewusstseinstechnologie Radionik, bei der über eine Maschine Einfluss auf die Realität genommen wird – auf Gesundheit oder Leistung von Personen, auf den Erfolg von Unternehmen und auf vieles mehr. Sie führen eine Reihe von Experimenten dazu durch, jedes spannender und faszinierender als das vorhergehende, bis zum letzten mit einem ebenso erstaunlichen wie beeindruckenden Ergebnis. Die Klärung der Frage, ob und wie der Geist einen Einfluss auf Materie auszuüben vermag, führt zu überraschenden Antworten.

216 Seiten, durchgehend farbig, mit Fotos, gebunden
ISBN 978-3-89845-508-4
€ [D] 29,95

Jay Goldner

Die Wahrheit über das Jesus-Foto

Das Turiner Grabtuch entschlüsselt

Ist das Turiner Grabtuch wirklich echt? Wurde in dieses Tuch wirklich der Leichnam Christi gewickelt? Ist das Antlitz, das wir darauf sehen, tatsächlich Jesus Christus?
Dieses Buch ist eine Sensation, denn es beweist erstmals und unumstößlich die Echtheit des Grabtuchs. Jay Goldner enthüllt seine verblüffende Entdeckung, die zeigt, dass das Leintuch nicht nur echt ist, sondern tatsächlich Jesus Christus darstellt. Und er beweist: Das Jesus-Grabtuch ist das erste fotografische »Lichtbild« der Weltgeschichte! Der Schlüssel zum Verständnis eines der größten Mysterien der Menschheitsgeschichte ...

408 Seiten, broschiert
ISBN 978-3-89845-176-5
€ [D] 19,90

Frank Fabian

Die größten Lügen der Geschichte

Wie »historische Wahrheiten« gefälscht wurden

In diesem brisanten Buch geht es unter anderem um folgende Fragen: Welches sind die raffinierten Methoden und Techniken der Lüge, wenn es um »historische Tatsachen« geht? Wie manipulierten die berühmtesten Tyrannen und Diktatoren Geschichtsschreibung von der ersten Stunde an? Worin besteht die Lüge über die Entdeckung Amerikas?
Das Ergebnis ist ein völlig neues Geschichtsbild, aber auch ein tieferes Verständnis der Historie und eine Immunisierung gegen alte und neue Manipulationsmethoden.

272 Seiten, broschiert
ISBN 978-3-89845-254-0
€ [D] 14,90

Vadim Tschenze

Übersinnliche Phänomene

Mystische Begebenheiten aus der Anderswelt

Fast jeder hat in seinem Leben schon einmal etwas Unheimliches erlebt, wofür es scheinbar keine Erklärung gibt ... In seinem neuesten Buch sammelt Bestsellerautor Vadim Tschenze zahlreiche solcher Erfahrungen, die er selbst erlebt hat oder von denen ihm Kunden in seiner Praxis berichtet haben. Zu jedem Ereignis gibt er auf seine gewohnt pragmatische Art eine aufschlussreiche Erklärung und liefert so Antworten auf viele Fragen, ohne dem Thema jedoch seine geheimnisvolle Faszination zu rauben ...

128 Seiten, bros., durchgehend farbig
mit vielen Illustrationen und Bildern
ISBN 978-3-89845-008-9
€ [D] 13,00

Jay Goldner

ET hat geantwortet:

Die Zeichen im Korn von Chilbolton

2001: Der Kontakt ist Realität! Eine Analyse der Weltsensation, die von den Medien totgeschwiegen wurde!
Es ist tatsächlich passiert: Am 17. August 2001 kam es zum ersten offiziellen Alien-Kontakt mit der Erdenmenschheit! 1974 war mit dem Arecibo-Radioteleskop von der Erde aus eine Suchmeldung in den Kosmos gestrahlt worden – die Antwort kam mittels Binär-Code: In das britische Getreidefeld vor der Teleskopschüssel von Chilbolton wurde ein 25 x 80 Meter langes »Antwort-Fax« gebeamt. Schwindel ist aufgrund der raffinierten Machart und des überraschenden Inhalts faktisch auszuschließen ...

204 Seiten, gebunden
mit vielen farbigen Abbildungen
ISBN 978-3-89845-012-6
€ [D] 24,90

Michael Hesemann

Die Kornkreis-Chroniken

Die Geschichte eines Phänomens geht weiter

Naturwissenschaftler sammeln Beweise für das Unglaubliche! – Die Kornkreise sind kein Werk von Menschenhand, sondern eine Botschaft an uns alle, übermittelt von einer kosmischen Intelligenz. Michael Hesemann untersuchte vor Ort geheimnisvolle Formationen in drei Kontinenten – und stieß dabei auf neue und faszinierende Fakten. In diesem Buch fasst er die aktuellen Forschungsergebnisse in einer Geschichte der Kornkreise zusammen – von den Anfängen bis zum ersten spektakulären »Kornkreissommer« des neuen Jahrtausends mit über 400 Piktogrammen in einer einzigen Nacht!

350 Seiten, broschiert,
viele Farb- und s/w-Illustrationen
ISBN 978-3-931652-37-1
€ [D] 19,90

Michael Hesemann

UFOs – Die Kontakte

Aktualisierte und stark erweiterte Neuauflage einer faszinierenden Enzyklopädie der Begegnungen mit Außerirdischen. Mit vielen s/w-Fotos und Farbabbildungen. Deutschlands führender UFO-Experte dokumentiert in diesem Buch die 60 interessantesten Fälle von Kontaktaufnahmen außerirdischer Intelligenzen mit Menschen in 26 Ländern der Erde. Diese große Enzyklopädie könnte in Zukunft einer neuen Wissenschaft zur Grundlage dienen - der Wissenschaft von außerirdischen Menschheiten und ihren Kulturen.